全国高等教育自学考试指定教材
消防工程专业（独立本科段）

灭火技术与战术

(2014年版)

(含：灭火技术与战术自学考试大纲)

全国高等教育自学考试指导委员会　组编

主编　商靠定
参编　贾定夺　王　铁　汤华清
　　　夏登友　任少云

机械工业出版社

本教材是全国高等教育自学考试消防工程专业指定教材，灭火技术与战术课程是全国高等教育自学考试消防工程专业选考课程之一。

本自学考试教材以国内现行的消防相关法律、法规、条令、专业技术规范和标准为基础，充分吸收了本学科领域国内外最新研究成果，密切联系灭火救援工作实际，形成了具有一定先进性、实用性和综合性的知识体系。教材内容主要包括绪论、灭火战斗行动、灭火战斗原则、灭火救援指挥、执勤战斗预案、建筑火灾扑救、石油库罐区火灾扑救和危险化学品泄漏事故处置等。

本教材供参加全国高等教育自学考试消防工程专业学习的学生和指导教师使用，也可供消防领域相关人员阅读。

图书在版编目（CIP）数据

灭火技术与战术/商靠定主编. —北京：机械工业出版社，2014.3
（2024.8 重印）
全国高等教育自学考试指定教材. 消防工程专业. 独立本科段
ISBN 978-7-111-45782-4

Ⅰ.①灭… Ⅱ.①商… Ⅲ.①灭火-高等教育-自学考试-教材 Ⅳ.①TU998.1

中国版本图书馆 CIP 数据核字（2014）第 025338 号

机械工业出版社（北京市百万庄大街 22 号　邮政编码 100037）
策划编辑：何文军　责任编辑：李　超
责任校对：王　欣　责任印制：郜　敏
北京富资园科技发展有限公司印刷
2024 年 8 月第 1 版第 6 次印刷
184mm×260mm・13.25 印张・321 千字
标准书号：ISBN 978-7-111-45782-4
定价：39.00 元

电话服务　　　　　　　　　网络服务
客服电话：010-88361066　　机 工 官 网：www.cmpbook.com
　　　　　010-88379833　　机 工 官 博：weibo.com/cmp1952
　　　　　010-68326294　　金 书 网：www.golden-book.com
封底无防伪标均为盗版　机工教育服务网：www.cmpedu.com

组 编 前 言

21世纪是一个变幻难测的世纪，是一个催人奋进的时代，科学技术飞速发展，知识更替日新月异。希望、困惑、机遇、挑战随时随地都有可能出现在每一个社会成员的生活之中。抓住机遇，寻求发展，迎接挑战，适应变化的制胜法宝就是学习——依靠自己学习，终生学习。

作为我国高等教育组成部分的自学考试，其职责就是在高等教育这个水平上倡导自学、鼓励自学、帮助自学、推动自学，为每一个自学者铺就成才之路。组织编写供读者学习的教材就是履行这个职责的重要环节。毫无疑问，这种教材应当适合自学，应当有利于学习者掌握和了解新知识、新信息，有利于学习者增强创新意识、培养实践能力、形成自学能力，也有利于学习者学以致用，解决实际工作中所遇到的问题。具有如此特点的书，我们虽然沿用了"教材"这个概念，但它与那种仅供教师讲、学生听，教师不讲、学生不懂，以"教"为中心的教科书相比，已经在内容安排、编写体例、行文风格等方面都大不相同了。希望读者对此有所了解，以便从一开始就树立起依靠自己学习的坚定信念，不断探索适合自己的学习方法，充分利用已有的知识基础和实际工作经验，最大限度地发挥自己的潜能，以达到学习的目标。

欢迎读者提出意见和建议。

祝每一位读者自学成功！

全国高等教育自学考试指导委员会
2013年3月

目 录

组编前言

灭火技术与战术自学考试大纲

| 出版前言 …………………………………… 2 | Ⅳ．关于大纲的说明与考核实施要求 … 13 |
| 一 | 一 |
Ⅰ．课程性质与课程目标 ………………… 3　Ⅴ．题型举例 ……………………………… 14
Ⅱ．考核目标 ……………………………… 3　后记 ……………………………………… 16
Ⅲ．课程内容与考核要求 ………………… 4

灭火技术与战术

编者的话 ………………………………… 18
第一章　绪论 …………………………… 19
　　自学指导 …………………………… 25
　　复习思考题 ………………………… 25
第二章　灭火战斗行动 ………………… 26
　　第一节　接警出动 ………………… 26
　　第二节　火情侦察 ………………… 30
　　第三节　战斗展开 ………………… 33
　　第四节　战斗进行 ………………… 34
　　第五节　战斗结束 ………………… 51
　　自学指导 …………………………… 53
　　复习思考题 ………………………… 53
第三章　灭火战斗原则 ………………… 55
　　第一节　灭火战斗原则的基本属性 … 55
　　第二节　灭火战斗原则的内容 …… 57
　　第三节　灭火战斗原则的运用 …… 60
　　自学指导 …………………………… 61
　　复习思考题 ………………………… 61
第四章　灭火救援指挥 ………………… 63
　　第一节　灭火救援指挥概述 ……… 63
　　第二节　灭火救援指挥方式 ……… 67
　　第三节　灭火救援指挥规律 ……… 69
　　第四节　灭火救援指挥原则 ……… 72

　　第五节　灭火救援指挥活动 ……… 78
　　自学指导 …………………………… 84
　　复习思考题 ………………………… 84
第五章　执勤战斗预案 ………………… 86
　　第一节　执勤战斗预案概述 ……… 86
　　第二节　执勤战斗预案制定准备 … 88
　　第三节　重点单位灭火作战预案 … 94
　　自学指导 …………………………… 101
　　复习思考题 ………………………… 101
第六章　建筑火灾扑救 ………………… 102
　　第一节　建筑与火灾 ……………… 102
　　第二节　建筑火灾的发展蔓延 …… 105
　　第三节　高层建筑火灾扑救 ……… 110
　　第四节　地下建筑火灾扑救 ……… 125
　　第五节　大型商场火灾扑救 ……… 132
　　第六节　在建建筑火灾扑救 ……… 138
　　自学指导 …………………………… 143
　　复习思考题 ………………………… 144
第七章　石油库罐区火灾扑救 ………… 145
　　第一节　石油库罐区概述 ………… 146
　　第二节　石油库罐区火灾的危险性 … 152
　　第三节　油罐火灾的扑救措施 …… 156
　　第四节　油罐灭火技术要求 ……… 165
　　自学指导 …………………………… 167

复习思考题 …………………………… 168
第八章　危险化学品泄漏事故处置 ……… 169
　第一节　危险化学品泄漏事故处置的任务
　　　　　和程序 ……………………… 169
　第二节　危险化学品泄漏事故现场侦检 …… 171
　第三节　危险化学品泄漏事故现场防护 …… 177
　第四节　危险化学品泄漏事故现场处置 …… 180

　第五节　危险化学品泄漏事故现场洗消 …… 187
　自学指导 ……………………………… 192
　复习思考题 …………………………… 192
附录　部分复习思考题参考答案 ……… 194
参考文献 …………………………… 202
后记 ……………………………… 203

全国高等教育自学考试
消防工程专业(独立本科段)

灭火技术与战术
自学考试大纲

(含考核目标)

全国高等教育自学考试指导委员会　制定

出 版 前 言

为了适应社会主义现代化建设事业的需要，鼓励自学成才，我国在20世纪80代初建立了高等教育自学考试制度。高等教育自学考试是个人自学、社会助学和国家考试相结合的一种高等教育形式。应考者通过规定的专业课程考试并经思想品德鉴定达到毕业要求的，可获得毕业证书；国家承认学历并按照规定享有与普通高等学校毕业生同等的有关待遇。经过30多年的发展，高等教育自学考试为国家培养造就了大批专门人才。

课程自学考试大纲是国家规范自学者学习范围、要求和考试标准的文件。它是按照专业考试计划的要求，具体指导个人自学、社会助学、国家考试、编写教材及自学辅导书的依据。

为更新教育观念，深化教学内容方式、考试制度、质量评价制度改革，更好地提高自学考试人才培养的质量，全国高等教育自学考试指导委员会各专业委员会按照专业考试计划的要求，组织编写了课程自学考试大纲。

新编写的大纲，在层次上，专科参照一般普通高校专科或高职院校的水平，本科参照一般普通高校本科水平；在内容上，力图反映学科的发展变化以及自然科学和社会科学近年来研究的成果。

全国高等教育自学考试指导委员会电子电工与信息类专业委员会参照普通高等学校灭火技术与战术课程的教学基本要求，结合自学考试消防工程专业（独立本科段）的实际情况，组织制定的《灭火技术与战术自学考试大纲》，经教育部批准，现颁发施行。各地教育部门、考试机构应认真贯彻执行。

全国高等教育自学考试指导委员会
2014年1月

Ⅰ．课程性质与课程目标

一、课程性质和特点

"灭火技术与战术"是一门研究火灾扑救对策及应急救援处置行动原则、程序与方法的课程。本课程是全国高等教育自学考试消防工程（独立本科段）的一门选考专业课，具有较强的实践性和应用性。

"灭火技术与战术"课程以火灾和应急救援行动为研究对象，以火灾扑救和应急救援一般规律为基础，分析和研究火灾扑救战斗行动、战斗原则，灭火救援指挥，执勤战斗预案，常见建筑火灾特点、扑救对策，常见危险化学品泄漏事故处置任务、程序和方法，具有较强的实用性和综合性。

二、课程目标

本门课程总体目标是使考生了解各类常见火灾及危险化学品泄漏事故的特点，理解灭火救援战斗行动组织与实施的程序，熟悉灭火救援战斗的基本规律和灭火战术的基本原理；会制定重点单位作战预案。具体讲是通过本课程的教学，要求考生具备和达到以下知识和能力：

1) 了解常见火灾及危险化学品泄漏事故的特点。
2) 熟悉消防部队灭火与应急救援战斗的组织与实施程序。
3) 正确理解灭火救援作战原则和灭火救援指挥原则内容。
4) 正确理解执勤战斗预案制定的程序和内容。
5) 掌握常见火灾扑救对策和危险化学品泄漏事故处置程序和方法，会制定单位作战预案。

三、与相关课程的联系与区别

灭火技术与战术课程是对各种消防技术的综合运用，因此，学习本课程前，要求考生完成消防燃烧学、建筑灭火设施、消防技术装备、防排烟技术、工业企业防火等课程的学习。

四、课程的重点、次重点和难点

本课程的重点是：灭火战术的基本概念、战斗行动过程、执勤战斗预案、常见火灾扑救对策。本课程的次重点是：战斗原则内容和常见危险化学品处置任务、程序及方法。本课程的难点是：灭火救援指挥、危险化学品泄漏事故洗消和侦检。

Ⅱ．考核目标

本大纲在考核目标中，按照识记、领会和应用三个层次规定应能达到的能力层次要求。三个能力层次是递进关系，各能力层次的含义是：

识记：要求考生能够识别和记忆本课程中有关基本概念和理论的主要内容，如灭火战术概念、灭火战斗行动过程、执勤战斗预案的概念、建筑与火灾分类、石油储罐区特点、危险化学品泄漏事故特点等。

领会：要求考生能够领悟和理解本课程中的相关概念和理论的内涵和外延，理解理论的确切含义、背景和应用条件，清楚知识点之间的联系与区别等，作为正确应用基础知识和理论的必要前提。如灭火战术研究的内容、研究方法、灭火战斗行动环节之间的关系、执勤战斗预案的制定过程和内容、灭火战斗原则、灭火组织指挥程序和常见火灾事故特点等。

应用：要求考生能够运用灭火技术与战术的一般理论和原则分析解决灭火救援行动中的相关问题，如执勤战斗预案的制定、常见火灾扑救对策或危险化学品事故处置方法等。

Ⅲ．课程内容与考核要求

第一章 绪 论

一、学习目的与要求

学习本章目的与要求，了解课程的基本性质、熟悉基本概念、掌握灭火战术学习的基本方法。

二、课程内容

一、课程性质与目标

二、基本概念

三、课程研究内容

四、课程研究方法

三、考核知识点及考核要求

识记：课程的性质、灭火战术、应急救援、执勤战斗的概念。

领会：灭火战术研究的内容、灭火战术与科学技术发展的关系。

应用：通过课程研究对象与内容学习，正确理解灭火战术研究的方法。

四、本章重点、难点

本章重点：灭火战术的概念、灭火战术研究的方法。

本章难点：灭火战术与科学技术发展的关系。

第二章 灭火战斗行动

一、学习目的与要求

通过本章的学习，使考生了解灭火战斗过程的组成、接警出动环节、战斗结束环节；理解、领会火情侦察的任务、要求和战斗展开的主要形式、要求；掌握火情侦察的内容、方法和战斗进行环节中的火场供水方法、火场救人方法、物资疏散保护方法以及火场警戒的条件。

二、课程内容

第一节 接警出动

一、受理火警

二、调度力量

三、灭火出动

第二节 火情侦察

一、火情侦察的内容

二、火情侦察的组织

三、火情侦察的方法

四、火情侦察注意事项

第三节　战斗展开

一、战斗展开的形式

二、战斗展开的要求

第四节　战斗进行

一、火场救人

二、疏散与保护物资

三、火场破拆

四、火场排烟

五、火场供水

六、火场通信

七、火场警戒

八、扑救火灾

第五节　战斗结束

一、检查、移交火灾现场

二、清点和归队

三、恢复战备

三、考核知识点与考核要求

1. 接警出动

识记：①受理火警的方式；②调度力量的方式；③出动的时机。

2. 火情侦察

识记：火情侦察的内容。

领会：火情侦察的组织。

应用：火情侦察的方法。

3. 战斗展开

识记：①战斗展开的基本形式；②战斗展开的要求。

4. 战斗进行

识记：①疏散与保护物资的方法；②减少水渍损失的方法；③火场通信的组织形式与方法。

领会：①火场供水的方法；②火场破拆的方法；③火场警戒的组织与实施。

应用：①火场救人的方法；②火场排烟的方法；③选择灭火阵地与扑救火灾注意事项。

5. 战斗结束

识记：①清点和归队；②恢复战备。

领会：检查、移交火灾现场。

四、本章重点、难点

本章重点：火场侦察的内容和方法、火场供水的方法、火场警戒的条件。

本章难点：火场救人、火场排烟、火场破拆的方法。

第三章　灭火战斗原则

一、学习目的与要求

通过本章的学习，使考生了解灭火战斗原则的基本属性；理解、领会救人第一、科学施救指导思想的含义；理解先控制、后消灭，集中兵力、准确迅速，攻防并举、固移结合的战术原则内容；掌握灭火战斗原则的运用。

二、课程内容

第一节　灭火战斗原则的基本属性

一、实践性

二、时代性

三、继承性

四、系统性

第二节　灭火战斗原则的内容

一、先控制，后消灭

二、集中兵力

三、准确迅速

四、攻防并举、固移结合

第三节　灭火战斗原则的运用

一、灵活地运用原则

二、全面地运用原则

三、合理掌握运用原则的"度"

四、创造性地运用原则

三、考核知识点与考核要求

1. 灭火战斗原则的基本属性

识记：①灭火战斗原则的实践性；②灭火战斗原则的系统性。

2. 灭火战斗原则的内容

领会：①先控制，后消灭；②集中兵力；③准确迅速；④攻防并举，固移结合。

3. 灭火战斗原则的运用

识记：①合理掌握运用原则的"度"；②创造性地运用原则。

领会：①灵活地运用原则；②全面地运用原则。

四、本章重点、难点

本章重点：灭火战斗原则的内容。

本章难点：灵活、全面地运用原则。

第四章　灭火救援指挥

一、学习目的与要求

通过本章的学习，使考生了解灭火救援指挥的内涵、灭火救援指挥方式、灭火救援指挥规律；理解、领会灭火救援指挥要素之间的关系、灭火救援指挥原则；掌握灭火救援指挥的程序。

二、课程内容

第一节　灭火救援指挥概述

一、灭火救援指挥的内涵

二、灭火救援指挥要素

三、灭火救援指挥的特点

第二节　灭火救援指挥方式

一、集中指挥与分散指挥

二、逐级指挥与越级指挥

三、属地指挥

四、授权指挥

五、参与指挥

第三节　灭火救援指挥规律

一、灭火救援指挥规律的内涵

二、灭火救援指挥规律的基本特征

三、灭火救援指挥规律的内容

第四节　灭火救援指挥原则

一、灭火救援指挥原则的基本属性

二、灭火救援指挥原则的主要内容

三、灭火救援指挥原则的运用要求

第五节　灭火救援指挥活动

一、掌握现场情况

二、定下灭火救援行动的决心

三、组织灭火救援实施

三、考核知识点与考核要求

1. 概述

识记：①灭火救援指挥的概念；②灭火救援指挥的要素；③灭火救援指挥的特点。

领会：指挥要素之间的关系。

2. 灭火救援指挥方式

识记：①集中指挥与分散指挥；②逐级指挥与越级指挥；③属地指挥、授权指挥与参与指挥。

领会：①集中指挥与分散指挥的关系；②逐级指挥和越级指挥的关系。

3. 灭火救援指挥规律

识记：灭火救援指挥规律的内容。

领会：灭火救援指挥规律的基本特征。

4. 灭火救援指挥原则

识记：灭火救援指挥原则的基本属性。

领会：灭火救援指挥原则的主要内容。

5. 灭火救援指挥活动

识记：①掌握现场情况；②灭火救援行动决心的内容。
领会：①组织灭火救援实施；②协调控制灭火救援行动。
应用：灭火救援指挥一般程序。

四、本章重点、难点

本章重点：灭火救援指挥程序、灭火救援指挥活动。
本章难点：指挥要素之间的关系、协调控制灭火救援行动。

第五章　执勤战斗预案

一、学习目的与要求

通过本章学习，使考生了解执勤战斗预案尤其是重点单位灭火作战预案的概念，执勤战斗预案的类别；正确理解制定执勤战斗预案的准备工作，掌握重点单位灭火作战预案制定的方法。

二、课程内容

第一节　执勤战斗预案概述
一、执勤战斗预案制定的原则
二、执勤战斗预案制定的要求
三、执勤战斗预案的管理
四、执勤战斗预案的应用

第二节　执勤战斗预案制定准备
一、辖区情况熟悉内容
二、各类人员熟悉内容
三、辖区情况熟悉方法

第三节　重点单位灭火作战预案
一、制定灭火作战预案的目的和意义
二、预案制定的程序
三、灭火作战预案的内容
四、灭火作战预案图绘制

三、考核知识点和考核要求

1. 执勤战斗预案概述
识记：执勤战斗预案的概念、类型、制定的范围
领会：执勤战斗预案制定方法、制定原则、管理和应用

2. 执勤战斗预案制定准备
识记：执勤战斗预案准备内容
领会：执勤战斗预案准备方法

3. 重点单位灭火作战预案
识记：重点单位灭火作战预案的含义
领会：重点单位灭火作战预案制定的意义、重点单位灭火战斗预案制定程序
应用：掌握重点单位灭火作战预案的内容

第六章 建筑火灾扑救

一、学习目的与要求

通过本章学习，使考生了解建筑分类、建筑火灾发展蔓延规律等；理解和领会高层建筑、地下建筑、大型商场和在建建筑火灾特点；掌握高层建筑火灾、地下建筑火灾、商场火灾和在建建筑火灾扑救措施和注意事项等。

二、课程内容

第一节 建筑与火灾

第二节 建筑火灾的发展蔓延

一、建筑物室内火灾的发展过程

二、建筑物室内火灾的蔓延

三、建筑结构的倒塌破坏

第三节 高层建筑火灾扑救

一、高层建筑的基本特点

二、建筑特点

三、高层建筑的火灾特点

四、高层建筑火灾的扑救措施

五、高层建筑火灾扑救行动要求及注意事项

第四节 地下建筑火灾扑救

一、地下建筑的分类与构造组成

二、地下建筑火灾的发展蔓延

三、地下建筑火灾扑救措施

第五节 大型商场火灾扑救

一、大型商场的基本特点

二、大型商场的火灾特点

三、大型商场火灾的扑救措施

四、大型商场火灾扑救行动要求及注意事项

第六节 在建建筑火灾扑救

一、在建建筑的基本特点

二、在建建筑的火灾特点

三、在建建筑火灾扑救措施

四、在建建筑火灾扑救行动要求及注意事项

三、考核知识点与考核要求

1. 建筑与火灾

识记：建筑的分类。

领会：建筑的耐火等级。

2. 建筑火灾的发展与蔓延

识记：建筑火灾的发展过程、影响建筑火灾发展的因素。

领会：建筑火灾条件下倒塌破坏规律和征兆。

应用：火灾条件下建筑倒塌破坏的原因。

3. 高层建筑火灾扑救

识记：高层建筑的分类。

领会：高层建筑火灾的特点。

应用：高层建筑火灾的扑救措施和注意事项。

4. 地下建筑火灾扑救

识记：地下建筑的分类和特点。

领会：地下建筑火灾的特点。

应用：地下建筑火灾的扑救措施和注意事项。

5. 大型商场火灾扑救

识记：大型商场的含义。

领会：大型商场火灾的特点。

应用：大型商场火灾的扑救措施和注意事项。

6. 在建建筑火灾扑救

识记：在建建筑的含义。

领会：在建建筑火灾的特点。

应用：在建建筑火灾的扑救措施和注意事项。

四、本章重点、难点

本章重点：高层建筑火灾扑救、大型商场火灾扑救。

本章难点：地下建筑火灾扑救、在建建筑火灾扑救。

第七章 石油库罐区火灾扑救

一、学习目的与要求

通过本章学习，使考生了解油品的分类、油罐的类型等；理解、领会石油库内消防设施的设置、油品的特性、火灾特点及灭火战斗过程中应遵循的原则与采取的基本战术方法等；掌握石油库罐区不同类型火灾扑救的技术、战术措施、辨识重大危险发生时的征兆和处置行动中的注意事项等。

二、课程内容

第一节 石油库罐区概述

一、油品分类与特征

二、油品库罐

三、消防设施

第二节 石油库罐区火灾的危险性

一、油品的火灾危险性

二、油罐火灾特点

第三节 油罐火灾的扑救措施

一、加强出动，集中调配

二、查明火情，掌握情况

三、油罐火灾的作战原则

四、灭火战术方法

五、几种油罐火灾扑救方法

六、油罐火灾扑救的注意事项

第四节　油罐灭火技术要求

一、水灭火技术

二、泡沫灭火技术

三、干粉灭火技术

三、考核知识点与考核要求

1. 石油库罐区概述

识记：①油品的分类与特性；②油罐的附件。

领会：油罐的类型。

应用：石油库消防设施。

2. 石油库罐区火灾的危险性

识记：①油品的火灾危险性；②爆炸的形式。

领会：沸溢喷溅的形成过程、征兆与判断。

应用：变形倒塌的形式与技术措施。

3. 油罐火灾的扑救措施

识记：①油罐火灾发生后的力量调集；②火情侦察的主要内容。

领会：①扑救油罐火灾的作战原则；②油罐火灾的扑救方法。

应用：①不同类型火灾的特点与处置；②与人员、装备、现场作战相关的安全注意事项。

4. 油罐灭火技术要求

识记：干粉、泡沫的使用技术及联用。

领会：①水灭火技术；②泡沫灭火技术。

应用：①水灭火力量的计算与应用；②泡沫灭火力量的计算与应用。

四、本章重点、难点

本章重点：油罐火灾的特点、油罐火灾的处置原则与战术方法、不同类型火灾的扑救措施。

本章难点：沸溢、喷溅、变形等险情的处置；集中兵力的标准。

第八章　危险化学品泄漏事故处置

一、学习目的与要求

通过本章的学习，使考生了解危险化学品泄漏事故的形成过程、危险化学品泄漏事故处置的基本任务和程序；理解、领会危险化学品事故现场的侦检方法及侦检的实施过程、危险区域的确定方法以及常见危险化学品洗消方法、所采用的洗消剂种类、所需的药剂量的确定及具体洗消过程的实施；掌握危险化学品泄漏事故现场人员的安全防护技术和方法以及危险化学品泄漏事故的现场控制技术和泄漏物的现场处置技术。

二、课程内容

第一节　危险化学品泄漏事故处置的任务和程序

一、现场处置的基本任务

二、现场处置的一般程序

第二节　危险化学品泄漏事故现场侦检

一、现场侦检的方法

二、现场侦检的实施

三、现场危险区域的确定

第三节　危险化学品泄漏事故现场防护

一、现场安全防护标准

二、呼吸防护器材

三、皮肤防护器材

第四节　危险化学品泄漏事故现场处置

一、危险化学品泄漏事故的形成过程

二、危险化学品泄漏的控制技术

三、危险化学品泄漏物的处置技术

第五节　危险化学品泄漏事故现场洗消

一、洗消原则

二、洗消方法

三、洗消剂

四、洗消技术及洗消器材

五、常见危险化学品的洗消

三、考核知识点与考核要求

1. 危险化学品泄漏事故处置的任务和程序

识记：①现场处置的基本任务；②现场处置的一般程序。

2. 危险化学品泄漏事故现场侦检

识记：现场侦检的方法。

领会：现场侦检的实施。

应用：现场危险区域的确定。

3. 危险化学品泄漏事故现场防护

识记：①呼吸防护器材的种类；②皮肤防护器材的种类。

领会：①呼吸防护器材的选择原则；②皮肤防护器材的选用与维护。

应用：①现场安全防护标准的确定；②呼吸防护和皮肤防护技术和方法。

4. 危险化学品泄漏事故现场处置

识记：危险化学品泄漏事故的形成过程。

领会：①堵漏封口的方法；②倒罐的方法。

应用：①危险化学品泄漏事故的现场控制技术和泄漏物的现场处置技术；②常见类型泄漏介质的处置。

5. 危险化学品泄漏事故现场洗消

识记：①现场洗消原则；②洗消剂种类。

领会：①危险化学品洗消方法；②洗消剂量的确定；③洗消过程的实施。

应用：常见危险化学品的洗消。

四、本章重点、难点

本章重点：现场安全防护技术与方法、危险化学品泄漏事故的现场控制技术和泄漏物的现场处置技术。

本章难点：便携式检测仪侦检法、现场安全防护标准的确定。

Ⅳ. 关于大纲的说明与考核实施要求

一、自学考试大纲的目的和作用

"灭火技术与战术"自学考试大纲是根据专业自学考试计划的要求，结合自学考试的特点而确定的。其目的是对个人自学、社会助学和课程考试命题进行指导和规定。

"灭火技术与战术"自学考试大纲明确了课程学习的内容以及深广度，规定了课程自学考试的范围和标准。因此，它是编写自学考试教材和辅导书的依据，是社会助学组织进行自学辅导的依据，是自学者学习教材，掌握课程内容、知识范围和程度的依据，也是进行自学考试命题的依据。

二、课程自学考试大纲与教材的关系

"灭火技术与战术"自学考试大纲和《灭火技术与战术》自学教材所体现的内容基本上是一致的，考试大纲是进行课程学习和考核的依据，自学教材是学习掌握课程知识的基本内容与范围，教材内容对大纲所规定的课程知识和内容有所扩展与发挥。

三、关于自学教材

《灭火技术与战术》，全国高等教育自学考试指导委员会组编，商靠定主编，机械工业出版社出版，2014年版。

四、关于自学要求和自学方法的指导

本大纲的课程基本要求是依据专业考试计划和专业培养目标而确定的。课程基本要求还明确了课程的基本内容，以及对基本内容掌握的程度。基本要求中的知识点构成了课程内容的主体部分。

为了有效地指导个人自学和社会助学，本大纲已指明课程的重点和难点，在章节的基本要求中也指明了章节内容的重点和难点。

本课程共4学分。

五、对社会助学的要求

（一）帮助自学者掌握本课程的重点内容，形成系统的知识体系

助学者在辅导时帮助自学者掌握全部考核知识点的内容，按照学习目标和考核目标中的不同层次要求对章节的重点内容进行梳理和讲解，对难点问题进行细致分析。注意本课程章节内容之间的内在联系，以灭火战术的含义、灭火战斗行动环节、战斗原则为基础，以常见火灾特点和扑救对策、危险化学品泄漏事故处置程序方法为核心，以制定重点单位作战预案为应用，形成系统的知识体系。

（二）注意培养自学者的应用能力

"灭火技术与战术"是一门应用性、实践性很强的课程，助学者在帮助自学者掌握课程重点内容的基础上，应强调理论联系实际，通过实际案例引入等方法提高自学者的学习兴

趣，注重知识点在灭火救援工作中的具体应用，以便深入理解课程内容，切实提高自学者分析和解决灭火救援工作中的具体问题。

六、对考核内容的说明

本课程要求考生学习和掌握的知识点内容都作为考核的内容。课程中各章的内容均由若干知识点组成，在自学考试中成为考核知识点。因此，课程自学考试大纲所规定的考试内容是以分解考核知识点的方式给出的。由于各知识点在课程中的地位、作用以及知识自身的特点不同，自学考试对各知识点分别按照识记、领会和应用三个层次确定考核要求。

七、关于考试命题的若干规定

1）本课程为闭卷考试。满分为100分，60分为及格线。考试时间150分钟。考试需要携带规定用笔及无储存功能的科学计算器。

2）本大纲各章所规定的基本要求、知识点及知识点下的知识细目，都属于考核内容。考试命题要覆盖课程的全部章节内容，并注意突出课程重点和章节重点，加大重点内容的覆盖度。

3）命题不应超出大纲中考核知识点范围，考核目标不得高于大纲中所规定的相应最高能力层次要求。命题应着重考核自学者对基本概念、基本知识和基本理论是否了解或掌握，对基本方法是否会用或熟练。不应出与基本要求不符的偏题或怪题。

4）本课程在试卷中对不同能力层次要求的分数比例大致为：识记占30%，领会占40%，应用占30%。

5）要合理安排试题难易程度，试题难度为易、较易、较难和难四个等级。每份试卷中不同难度试题的分数比例为：2:3:4:1。

6）课程考试命题的主要题型有单项选择题、简答题、分析论述题、计算题和综合应用题等。各种题型的具体形式，可参见本大纲的题型举例。

Ⅴ. 题型举例

一、单项选择题 （在每题后列出的四个备选项中只有一个是符合题目要求的，请将其代码填写在题后的括号内。错选、多选或未选均无分）

油罐发生火灾时，在实际操作中冷却着火罐供水强度为（　　）。

A. $0.8L/(s \cdot m)$ B. $0.6L/(s \cdot m)$
C. $0.45L/(s \cdot m)$ D. $0.45 \sim 0.6L/(s \cdot m)$

二、简答题

简述灭火战术与技术的关系。

三、分析论述题

结合实际论述如何正确理解"先控制、后消灭"战斗原则。

四、计算题

某高层建筑（建筑高度60m）室内消火栓设计用水量为30L/s，试计算灭火水枪数量。

五、综合应用题

1）基本想定

某石油库，有拱顶汽油罐6个，平面布置见图：

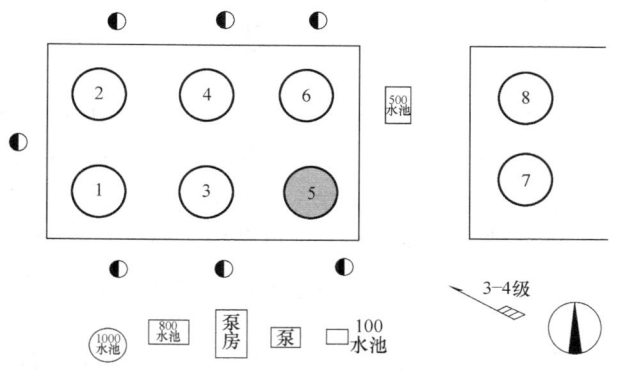

1992年10月5日上午8时10分，因该库工人违章作业引起5号罐爆炸起火，罐盖被炸飞，呈敞开式稳定燃烧。该库消防队随即出动2台消防车（一台中型水罐消防车，一台重型泡沫消防车），边扑救边向市支队报警求援。市支队接到报警后，当即命令一中队4台车（2台解放水罐消防车，1台153水罐消防车，1台中型泡沫消防车），二中队3台车（2台解放水罐消防车，1台153水罐消防车），迅速赶赴火场灭火，支队指挥车随即出动。支队指挥车在行驶途中接到火情报告说火势很大，且有蔓延扩大的危险，支队指挥员考虑到火场实际情况，于是命令三中队（3台水罐消防车，1台重型泡沫消防车）、四中队（3台中型水罐消防车）增援。

2）补充想定

辖区一中队指挥员到达现场后，在对火场进行侦察的基础上，并进行了战斗部署。

请根据基本想定，回答下列问题：

写出一中队指挥员的战斗决心。

问需要冷却的邻近罐有几个？共出多少支冷却水枪才能满足火场的需要？

注：油罐直径22m，燃烧面积400m²，相邻罐壁之间的最小间距为20m。一支口径19mm的水枪控制周长为10m。

后　　记

　　本大纲是根据全国高等教育自学考试指导委员会电子电工与信息类专业委员会制定的《高等教育自学考试消防工程专业（独立本科段）考试计划》和全国高等教育自学考试指导委员会《关于修订高等教育自学考试课程自学考试大纲的几点意见》的精神制定的。

　　本大纲提出初稿后，曾聘请专家通审，并由电子电工与信息类专业委员会在河北省廊坊市组织召开审稿会进行审稿，根据审稿意见由编者做了修改，最后由电子电工与信息类专业委员会定稿。

　　本大纲由商靠定教授负责编写。参加审稿并提出修改意见的有姜连瑞高级工程师（中国人民武装警察部队学院，主审）、张国高级工程师（天津消防总队）。

　　对参与本大纲编写和审稿的各位专家表示感谢。

全国高等教育自学考试指导委员会
电子电工与信息类专业委员会
2014 年 1 月

全国高等教育自学考试指定教材
消防工程专业（独立本科段）

灭火技术与战术

全国高等教育自学考试指导委员会　组编

编 者 的 话

为了满足社会对高素质消防工程专业人才的需求，全国高等教育自学考试指导委员会与公安部共同论证，制定了高等教育自学考试消防工程专业（独立本科段）考试计划，《灭火技术与战术》被列为本专业选考课程之一。为了配合消防工程专业（独立本科段）自学考试需要，我们编写了《灭火技术与战术》教材。本自学考试教材以国内现行的消防相关法律、法规、条令、专业技术规范和标准为基础，充分吸收了本学科领域国内外最新研究成果，密切联系灭火救援工作实际，形成了具有一定先进性、实用性和综合性的知识体系。教材内容主要包括绪论、灭火战斗行动、灭火战斗原则、灭火救援指挥、执勤战斗预案、建筑火灾扑救、石油库罐区火灾扑救和危险化学品泄漏事故处置等。

本教材由中国人民武装警察部队学院商靠定教授任主编。第一章、第六章由商靠定教授编写；第二章由王铁副教授编写；第三、四章由贾定夺副教授编写；第五章由任少云副教授编写；第七章由汤华清讲师编写；第八章由夏登友副教授编写。

本教材充分考虑了自学和助学的特点，合理安排教材内容，突出灭火救援工作的重点和难点，并给出了较为全面的课后复习思考题，帮助总结复习。教材最后列出了参考文献，为自学者提供了详尽的参考资料。

由于编者水平有限，不足之处在所难免，敬请读者批评指正。

编 者

2014 年 1 月

第一章 绪 论

学习目标
1. 应了解、知道的内容
- 灭火战术、应急救援的概念及含义。
2. 应理解、清楚的内容
- 技术与战术的关系、灭火技术与战术研究的内容。
3. 应掌握的内容
- 灭火技术与战术的研究方法。

自学时数 4 学时

老师导学

本章从灭火战术基本概念分析入手,讲解本门课程研究的内容和研究方法。

一、课程性质与目标

灭火技术与战术课程为武警学院高等教育自学考试消防工程专业的一门选考专业课程,是为满足毕业生适应灭火救援工作和拓宽知识面需要而开设的一门专业课。本门课程是一门讲授火灾扑救和应急救援知识、方法及手段的课程。

本门课程的总体目标是使考生了解常见建筑火灾及危险化学品泄漏事故的特点,理解灭火救援战斗行动组织与实施的程序,熟悉灭火救援战斗的基本规律和灭火战术的基本原理;会制定重点单位作战预案。具体来讲,通过本课程的教学,要求考生具备和达到以下知识和能力:

1)了解常见建筑火灾及危险化学品泄漏事故的特点。
2)熟悉消防部队灭火与应急救援战斗的组织与实施程序。
3)正确理解灭火救援作战原则和灭火救援指挥原则内容。
4)正确理解执勤战斗预案制定的程序和内容。
5)掌握常见建筑火灾扑救方法和危险化学品泄漏事故处置程序方法,会制定单位作战预案。

二、基本概念

灭火技术与战术是消防部队执勤战斗行动的核心和关键内容,按照 2009 年颁布的《公安消防部队执勤战斗条令》(以下简称条令)总则第二条的规定,执勤战斗是指公安消防部队为完成火灾扑救、应急救援任务以及重大活动现场消防勤务而实施的准备与行动。本课程就是以执勤战斗为研究对象,研究火灾扑救和应急救援行动准备与实施的原则与方法以及相关应用技术,为了确保研究学习顺利,就必须对以下基本概念有一个正确的理解。

（一）灭火战术

1. 灭火战术的含义

灭火战术是指导执勤战斗行动的原则与方法。要正确理解和领会灭火战术的含义，就必须从以下三个方面进行分析：

首先灭火战术已发展成为一门独立的学科。灭火战术的发展大体经历了以下几个阶段：第一阶段（1977—1985年），本阶段灭火战术教学主要以消防部队在职干部培训为主，教材主要移植和借鉴前苏联1962年出版的《消防战术》，在消化和吸收的基础上，于1982年由沈阳人民警察干部学校出版第一本《灭火战术》。第二阶段（1986—2002年），本阶段主要为消防指挥大专学历教育为主，在原有《灭火战术》的基础上，于1990年出版《灭火战术学》，1995年出版《灭火应用战术》，1998年先后出版《灭火战术基础》和《灭火应用战术》等教材，使得灭火战术学科和教学得以进一步完善；第三阶段（2003年至今），消防指挥专业全面发展阶段，在原有专科学历教育的基础上，正式跨入本科和研究生教育的新阶段，学科得到进一步加强和发展，2004年正式出版国家规划教材《灭火战术》、2006年编写《灭火救援指挥》、2008年出版《灭火救援战术训练教程》等消防指挥专业主干课程教材，并于2003年成功申请并招收消防指挥学研究生，使灭火战术真正成为一门独立学科。

其次灭火战术是对各种技术的综合运用。灭火技术决定战术，反过来，灭火战术又促进灭火技术的不断进步和发展。不同的发展时期就有不同灭火战术水平，而且是与当时的科学技术水平相适应的。春秋时代就有用水灭火的记载，当时韩非子说："失火而取水于海，海水虽多，火必不灭矣。"指出灭火要用一定量的水，且要就近取水的道理；南朝《贵速篇中》写道："焚烧烟室，则飞驰救之。若穿井而救火，则飓焚栋矣。"提出救火要快，而且事先要有准备；宋代《宋会要辑稿》中"遗漏之始，不过一炬之微其于救火为力之易，火势既发亦不过一处，若尽力就应，亦未为难。"对初期火灾扑救就有明确的论述；明、清、民国时期随着科学技术的发展，出现专门负责灭火的消防队伍。明代实行"火政"制度，建立了"火兵"和义务消防组织；清代在沿袭明代消防制度的基础上，在消防组织和制度方面更加完善，清光绪年间建立消防警察队，同时灭火战术理论也有了发展，提出"施救时，必须查火势、风势、地势、决定方法，不得紊乱，火势急以救护人命为先，财产次之"的战术方法；民国时期，1935年《中国消防警察》对灭火战术有较为系统的论述，提出"火灾之扑救，以敏捷为要务，稍有犹疑，贻误甚大。初期用升斗之水可以扑救之火，倘一迟误，则罄井之水无济于事。为此消防指挥官者不能不注意也""消防官之指挥救护，应首重人命，次及财产。对于人命之救护，亦须注意其最危险者；对财产之救护，亦需注意其最重要者；对于任何火灾应以迅速扑灭，不使火势蔓延为第一要义"等战术理论和观点。

新中国成立后，在共产党的领导下，消防队伍取得了长足发展。20世纪60年代在借鉴前苏联消防经验的基础上，在大连旅顺举办了新中国消防干部培训班，编写相应的灭火战术教材，并制定了消防部队灭火战斗规定。尤其是改革开放以来，科学技术的飞速发展也使得灭火战斗对象发生深刻的变化，高层建筑、地下建筑、石油化工等领域的火灾事故不断出现，为适应火灾事故不断发生的情况，随之大功率消防车、举高消防车、中低压泵消防车、消防飞机等技术装备也就应运而生，也使得灭火战术和技术有了较大发展。公安部消防局也相继颁布了消防法、消防部队执勤战斗条令等法律文件，武警学院相继编写了《灭火战术基础》《灭火应用战术》《灭火战术学》和《灭火救援战术训练教程》等教材，对战术理论进行了较为系统的论述和规范。

再其次灭火战术是执勤战斗三要素之一。执勤战斗三要素包括消防员、装备和战术，消防员与消防装备是执勤战斗必需的物质基础，而灭火战术是人员与装备结合的纽带和桥梁，对最终灭火战斗的成败起着至关重要的作用。消防部队灭火救援战斗力的强弱，不仅取决于人的素质和装备的实力，还与建立在现有技术装备基础上的战术方法密切相关。人员的素质再高，技术装备再先进，没有与之相配套的战术方法，一样不能取得灭火战斗的胜利。

2. 灭火战术的分类

灭火战术按照不同分类方法有很多种，具体如下：

按照行动规模大小可分为单兵战术和合同战术。单兵战术是指由单个战斗员完成的战术行动，如射水、吸水等行动。合同战术是指班以上完成的战术行动，如单车单干线出枪灭火等行动。

按照适用范围分为基本战术和应用战术。基本战术主要是指适用于所有的灭火救援行动的一般原则和方法，应用战术是指仅适用于某一个或某一类对象灭火救援行动的原则和方法。

按照时间分为传统灭火战术和现代灭火战术。这一观点是由消防专家朱吕通教授在1987年全国（贵州）战训研讨会上提出的。朱吕通教授认为1987年以前所采取的灭火行动均属于传统灭火战术，1987年以后属于现代灭火战术。所谓现代灭火战术是指现代建筑、现代工艺设备中设有现代化灭火工程技术手段情况下的灭火战术，与传统战术相比，现代灭火战术主要有以下特点，一是在空间上由过去平面作战转为立体作战，二是在装备上由移动装备为主转为以固移结合为主的作战，三是在兵力上由单兵种转入多兵种联合作战。

（二）应急救援

《中华人民共和国消防法》（以下简称消防法）第三十七条规定，公安消防队、专职消防队按照国家规定承担重大灾害事故和其他以抢救人员生命为主的应急救援工作。条令规定，消防部队除承担火灾扑救外，还应承担以抢救人员生命为主的危险化学品泄漏、道路交通事故、地震及其次生灾害、建筑坍塌、重大安全生产事故、空难、爆炸及恐怖事件和群众遇险事件等救援工作，并参与配合处置水旱灾害、气象灾害、地质灾害、森林、草原火灾等自然灾害，矿山、水上事故，重大环境污染、核与辐射事故和突发公共卫生事件。简言之应急救援就是应对社会上发生的紧急情况所进行的施救援助行动。应急救援的"急"突出体现了时间因素，是指正在发生、发展、进行的时态，是对以抢救人命为主的灭火救援行动的准确表述。而抢险救援突出的是"险"，强调解除危险的迫切性，对于灭火救援范围的参与配合处置等许多内容显然未能包括在内，未能准确地表述灭火救援的全部范围的概念。

（三）重大活动现场消防勤务

公安消防部队除承担火灾扑救、应急救援工作外，还承担重大活动现场消防勤务活动。条令第九十一条规定，公安消防部队应当在当地人民政府的统一领导和公安机关的指挥下，认真组织实施重大活动现场的消防勤务活动。公安消防部队主要承担下列重大活动现场消防勤务：

1）重大节日庆典活动以及众多群众集会。
2）大型政治、经济、文化、科技、体育活动。
3）其他需要现场消防安全保卫的重要活动。

重大活动现场消防勤务应当按照下列程序和要求组织实施：

1）成立现场消防安全保卫指挥机构，派员参与政府和公安机关安全保卫总指挥部，掌握重大活动的性质、规模和危险性，领受消防安全保卫任务。

2）开展实地调研，熟悉重大活动以及场地的基本情况，制定现场消防勤务预案。

3）组织开展灭火救援实战演练或者参加综合协同演练。

4）派出现场执勤力量，做好现场消防安全保卫工作。

实施重大活动现场消防勤务，应当注意下列事项：

1）必须对执勤人员进行勤务教育和培训。

2）根据保卫任务，落实现场保卫车辆、装备。

3）执勤人员必须坚守岗位，发现问题迅速、妥善处理。

4）执勤人员应当举止端庄，严守纪律，依法文明执勤。

5）执勤人员进入现场执勤后、撤离前应当向有关方面负责人报告情况，认真做好与其他执勤力量的协同配合。

三、课程研究内容

本课程研究的内容是由研究的对象和任务决定的。本课程主要研究内容按照知识体系分为两部分，即基础理论和应用战术。

基础理论部分主要研究灭火救援行动的一般原则和方法，具有普遍性，包括灭火救援战斗行动、灭火救援战斗原则、灭火救援组织指挥、灭火救援执勤战斗预案等。灭火战斗行动主要讲授灭火战斗行动规程；灭火战斗原则依据条令重点讲授火灾扑救的作战原则和战术方法；灭火救援组织指挥主要讲授指挥的原则、指挥层次、指挥程序、指挥任务和指挥决策等内容；灭火救援执勤战斗预案主要讲授执勤战斗预案的分类、灭火作战预案的基本构成、制定方法步骤以及执勤战斗预案的应用等内容。

应用战术知识模块主要针对某种对象或者某类事故研究其作战的原则和方法，具有一定的特殊性，包括建筑火灾扑救、石油储罐区火灾扑救、危险化学品泄漏事故处置等应急救援内容。建筑火灾主要讲授高层建筑火灾、地下建筑火灾、人员密集场所火灾（大型商场火灾）等特点、扑救措施和注意事项；石油储罐区火灾主要讲授石油储罐火灾的特点、扑救措施和注意事项；应急救援主要讲授应急救援的基本任务、危险化学品泄漏事故处置程序、方法和关键技术等。

四、课程研究方法

现代条件下，由于火灾对象和火灾规模的不断发展变化以及高科技在消防领域的广泛运用，过去那种单纯"从战争中学习战争"的方法，仅凭个人的实践经验去研究和运用战术，已经远远不能满足现代灭火战术理论研究的要求了。灭火战术的理论研究必须建立在深刻地领会和掌握灭火战术理论特点的基础上，并运用一定的科学方法，才能透过火场纷繁复杂的现象，揭示灭火救援战斗的本质和规律，形成系统的灭火战术理论体系。

灭火战术是人们在不断地总结灭火救援战斗实践经验的基础上形成和发展起来的，具有鲜明的历史性和实践性。历史的联系与实践的检验，决定了灭火战术的理论研究必须从灭火战术的形成和发展历程开始，坚持从实践到认识、从感性到理性、从具体到抽象的科学方法，才能揭示灭火救援战斗的本质，从而把握灭火救援战斗的基本规律，并为创造性地运用灭火救援战斗规律奠定基础。

（一）灭火基础理论学习

研究灭火战术理论，应当而且必须分析、比较、借鉴前人的成果，吸取别人的营养，充实和丰富自己，以不断地开拓创新。

灭火战术的形成和发展是一个历史的过程，它是研究和发展灭火战术理论的基础。正确的灭火战术思想和战术原则，总是在继承历史的遗产和以往经验理论的基础上，汲取其精华并加以创造性发展的结果。

灭火战术是人类社会灭火救援实践活动的产物，并随着火灾特点的变化、消防技术装备的发展和人类抗灾救灾的需要而逐渐形成和发展起来的。灭火战术应用的基本原则和规律，来源于灭火救援的实践活动。在人类长期的灭火救援实践中，前人已总结出一系列的灭火救援战法和原则，这些战法和原则主要体现在灭火救援法规和条令以及战术教材和专著中。系统地研究学习这些战法和原则，是研究灭火战术理论的捷径。

灭火战术来源于灭火救援实践，又必然会落后于新的灭火救援实践。因此，研究灭火战术理论重要的不是熟知过去灭火救援战斗的指导规律和原则，而应着力去研究适应未来灭火救援战斗特点的指导规律和原则。随着科学技术的一些新成果广泛应用于消防领域，使灭火战术发展变化所依赖的物质基础发生了实质性的变化，正在引起一系列深刻的变革。因此，灭火战术理论研究的立足点，必须瞄准新时期、新形势下的灭火救援工作，放开眼光，展望消防部队未来灭火救援的发展趋势，特别要着力于探索大规模、高技术条件下的灭火救援战斗理论与实践。

（二）战例分析与理论概括相结合

战例分析是通过对以往发生过的重特大火灾及其他灾害战例进行分析、研究和推理，从而得出正确的判断和结论的过程。其目的是利用间接的作战经验学习战争，它是灭火战术理论产生、发展的源泉。理论概括是一个学习、思考、再抽象和再加工的过程。其目的是在继承前人成功经验的基础上，从现实的纷繁复杂的战斗现象中，总结出一般原理。二者的有机结合不失为研究战术理论的有效方法之一。

战例分析是战术理论研究的重要手段和方法，是利用间接的作战经验学习战争的有效方法。战例分析是选择有针对性的战例，进行较为系统的介绍、深入的研究和讨论，总结经验和吸取教训。对这些经验总结和教训加以整理和改造，并进行合理的推理和判断，就可能得出正确的概念和理论来。因此，战例研究是战术理论研究的必由之路和重要方法。战例分析必须运用辩证唯物主义的立场、观点和方法对当时灾害现场的情况、作战的条件、救援力量的编成、技术装备、作战企图、力量部署以及战术特点等进行全面的分析和研究，切忌主观片面、以偏概全，或者停留在表面现象。

战例的研究必须和理论概括相结合。理论概括是对占有的各种材料，运用辩证唯物主义的观点，进行精心地研究，取其精华、去其糟粕、由此及彼、由表及里地加以科学考察，并借助逻辑思维的方法，通过判断、推理和抽象概括，总结出系统的理论的过程。理论研究和战例分析相结合，就是把从战例分析中得出来的经验、反映出的新的战斗特点、新的战斗方式以及新的战术理念提炼概括出来，从而发展成为新的战术理论。

（三）战术研究与技术研究相结合

灭火战术理论研究要与灭火救援技术研究紧密结合起来。灭火救援技术的研究主要是指消防装备技术的研究。各种灭火救援技术是灭火救援战斗的基础，有什么样的灭火救援技术水平就对应产生什么样的灭火战术，灭火救援技术影响灭火战术的应用和发挥，新的灭火救援技术的运用往往直接形成新的灭火救援作战样式和作战方法。在灭火救援的实践过程中，运用战法也不能只考虑灭火战术需要，而要兼顾消防技术装备战斗效能的制约因素和必需条件。因此，在进行灭火战术理论研究的过程中要特别重视灭火救援技术的研究。

另一方面，灭火救援技术以物化形态（即消防技术装备）在灭火救援中发挥作用，其具体表现出来的已不是灭火救援技术本身，而是各种灭火救援技术参数和性能指标。例如，直流水枪的工作压力、射程、流量；泡沫消防车的水罐容量、泡沫液罐容量、最大泡沫供给量；举高消防车的举高高度、变幅角度、回转范围等。这些技术参数和性能指标的确定性，决定了灭火救援技术的局限性。例如，灭火救援技术本身并不能解决各种问题；灭火救援技术对其在参数之外的情形无能为力等。因此，灭火救援技术要在灭火救援现场真正发挥作用，必须有灭火战术的运用。灭火战术作为连接灭火救援人员和消防技术装备的一个中间纽带，对最终的灭火救援战斗能力起着至关重要的作用。消防部队灭火救援水平的高低，不仅取决于灭火救援人员的素质和消防技术装备的实力，还与建立在现有消防装备技术基础上的灭火战术方法密切相关。只有不断地去研究和探索灭火救援人员与消防技术装备之间的最佳结合，才能形成新的灭火救援战法，使消防部队发挥出最大灭火救援效能，取得最佳灭火救援效益。

认识灭火救援战斗的规律既要看到灭火救援技术对灭火战术的影响，由此制定正确的灭火战术原则，也要看到灭火战术的发展对消防技术装备、战斗编成、消防指挥自动化等的需求，进而促进灭火救援技术的进步和发展。灭火战术研究与灭火救援技术研究的结合将深化灭火战术理论的研究，进一步丰富和完善灭火战术理论。

（四）灭火救援想定作业和灭火战术演练相结合

灭火救援想定作业是以灭火战术理论为指导，按照构想的情况，运用图上作业、现地作业、沙盘作业等方式研究灭火战术的一种方法。运用想定作业法，研究探讨新的灭火救援战斗方法，早已成为研究灭火战术理论的一种重要手段。灭火战术演练是对灭火救援理论研究成果进行验证的一种有效的方法，其目的是通过近似灭火救援实战环境的演练，对理论和数据进行检验，找出正确的战斗方法，从而发展灭火战术理论。灭火救援想定作业和灭火战术演练的相互结合，即经过灭火救援想定作业得出来的经验，再拿到类似灭火救援实战的环境中去检验，这是灭火战术理论的一种基本研究方法，也是丰富和发展灭火战术理论的有效途径。

进行灭火救援想定作业时，首先，应根据研究课题与可能的灾害场景，编写周密而完善的作业方案；然后，按照作业方案，分段进行战斗推演。课题内容应符合研究任务和目的，研究的问题要集中、适量，切忌贪大求全，研究不深。设定的灾害场景应符合灾害对象的特点和灾害发生发展的规律。预想作业方案，应以研究探讨战术方法为主，合理设置多种情况，既要从难又要从严，以能达到研究探讨问题的目的为度。战斗推演，应按预想的情况逐个处置。对每个设定的情况，要依据作战企图、使用兵力、作战部署、采取的战术战法等条件综合考虑，认真研究，运用多种处置方法，反复比较，从中选择最佳方法。

灭火战术理论检验的途径，包括灭火救援战斗实践、演练和训练等，最基本、最有效的是灭火救援战斗实践。但是，灭火救援战斗实践并不是人人都能经历的，特别是对于理论研究者更是这样。因此，消防界非常重视战术演练，将灭火战术演练作为验证灭火战术理论的重要手段。灭火战术演练的方法有多种，通常有实兵演练、网上模拟演练等；可以是单项战术的演练，也可以是综合性战术的演练。值得注意的是，灭火战术演练是一项耗资、费时的复杂工程，每一个战术理论的更新和创立都要进行灭火战术演练是不可能的。同时，战术演练毕竟与实战有较大的差距，对灭火战术理论研究成果的检验，经常的、大量的是消防部队的训练和实践。因此，从事灭火战术理论研究，必须经常深入消防部队训练的第一线，采取跟踪调查的方法，深入作战实践，并注重对灭火救援实战经验的总结，有效地检验已有的认识和不断发展新的认识。

上述灭火战术理论研究的几种方法，是借鉴以往灭火战术理论研究的成果，从不同角度或侧面加以概括的，可以说是多年来灭火战术理论研究中常用的基本方法，并不是灭火战术研究方法的全部。更多的方法有待于进一步地研究和探讨。

在学习研究灭火救援基础理论的过程中，既要注意研究理论产生的背景，深刻领会其内在的本质，又要尽量做到理论联系实际，增强学习的针对性和可操作性，真正把握灭火救援基础理论的精髓，为后续应用知识的学习奠定坚实的基础。

自学指导

学习重点：灭火战术的基本概念和灭火战术研究的方法。

学习难点：灭火技术与战术的关系。

复习思考题

一、名词解释

1. 执勤战斗
2. 灭火战术
3. 应急救援

二、简答题

1. 如何正确理解灭火战术的含义？
2. 简述灭火技术与战术的关系。
3. 灭火战术研究的内容有哪些？
4. 简述研究灭火战术的方法。

第二章 灭火战斗行动

学习目标
1. 应了解、识记的内容
- 灭火战斗行动包括的主要环节。
- 接警出动。
2. 应理解、领会的内容
- 战斗展开的形式。
- 战斗结束环节的主要内容。
3. 应掌握、应用的内容
- 火情侦察的方法。
- 战斗进行环节的主要内容。

自学时数 8学时
老师导学

本章在介绍灭火战斗行动五个环节的基础上，系统阐述了火情侦察、火场救人、火场破拆等方法。重点强调了扑救火灾的技术和方法，能针对不同类型、规模的火灾，进行战斗阵地和力量的部署。在本章的学习中，应重在应用，要求学员掌握灭火战斗行动包括的五个主要环节，熟悉每个环节的内容，能够运用理论知识指导实践工作。

灭火战斗行动包括从受理火警至灭火战斗结束整个过程的活动。灭火战斗过程由接警出动、火情侦察、战斗展开、战斗进行、战斗结束等主要环节组成。

第一节　接警出动

消防队由接警至到达火场的过程，称为接警出动。它包括受理火警、调度力量、灭火出动三个方面。

一、受理火警

受理火警是指作战指挥中心和基层消防中队的通信室，对外界通过各种渠道和方式报来的火灾信息，进行处理的活动。它是灭火战斗行动的开始。

（一）受理火警的方式

公安消防队受理火警主要有集中接警和分散接警两种方式。

1. 集中接警

集中接警是指在消防力量辖区内，只设置一处报警受理点，集中受理辖区内发生的火灾及其他灾害事故报警。它适合经济发达、人口密集、规模较大的城镇地区。我国地级（含）以上城市均采用了集中接警方式。这种接警方式有利于实现接警技术专业化、调度指挥自动化、力量调派集中化。

2. 分散接警

分散接警也称独立接警，是指在消防力量辖区内，划分若干个接警区域，对应设置若干处报警受理点，分别独立接收和处理本区域的火灾和其他灾害事故报警。它以消防中队独立接警为主要形式。这种接警方式由于是直接受理报警，出动响应时间短、差错率低，但不利于实现接警调度自动化。

（二）受理火警的方法

报警受理的方法可归纳为"一问、二听、三记录"。

1. 问

向报警人询问灾害事故的有关情况。主要内容包括：

（1）灾害事故地点　包括灾害事故单位名称、地址，附近标志性建筑等。

（2）灾害事故情况　包括燃烧物类型或事故的性质、灾害程度，建筑物、构筑物情况，灾害现场有无被困人员和爆炸、倒塌、泄漏等情况。

（3）报警人相关信息　包括报警人姓名、单位，报警电话号码和报警人所处的位置等。

2. 听

听报警人对灾害事故实际情况的描述。特别要听清和辨别灾害事故发生的地点、危害的程度或规模等关键性内容。

3. 记录

人工或计算机记录报警内容，填（输）接警单（表），并启动录音录时等相关设备。记录的内容要简要、完整，不能缺项。

（三）受理报警的要求

受理报警是接警调度的首要环节，既具有专业性，也是体现"执法为民"思想的一个重要窗口。因此，接警人员必须做到：

1）坚守岗位、有警必接、态度热情、语言规范。

2）在外国人聚居的地区，应创造条件提供外语接警服务；在少数民族居民聚居的地区，应提供当地通用的少数民族语言接警服务。

3）对超出消防队报警受理范围的其他报警，应向报警人说明情况，并告知相关部门的报警电话。当遇到特殊或紧急情况，报警人无法向相关部门报警时，接警人员应代其转报，并做好记录。

4）接警过程要体现"稳、准、快"。"稳"就是要沉着冷静地按程序受理报警；"准"就是要听准和问清报警的关键性内容，不出差错；"快"就是要为调度力量争取时间，迅速完成接警过程。

二、调度力量

（一）力量的调度方式

调度灭火战斗力量的方式取决于接警方式。

采用集中接警方式时，消防调度由消防总（支、大）队的作战指挥中心集中组织实施。接警调度人员受理灾害事故报警后，立即调派首批出动力量出动，并向值班首长报告出警情况。同时，与首批出动力量保持不间断的通信联络，及时掌握并向上级领导报告灾害现场的态势和灭火救援战斗的进展情况，并根据现场指挥员的要求或上级首长的指示，完成增援力量的调度任务，直至灭火救援战斗行动结束。

采用分散接警方式时，消防调度由消防中队的通信室独立组织实施。值班通信员受理灾害事故报警后，如果确定灾害事故地点属本中队辖区内的，应立即发出出动信号，并向执勤的中队指挥员和上级作战指挥中心报告情况。同时，保持与现场的通信联络，及时上报相关信息，并按中队现场指挥员的要求，及时请求增援，直至灭火救援战斗行动结束。待中队出动力量归队后，向上级作战指挥中心报告归队时间。

（二）力量调度的方法

受理报警后，应当根据灾情、预案和调动方案，迅速调派力量，及时了解灾害事故现场情况，并立即向全勤指挥部和值班首长报告，根据需要和指挥员的命令通知供水、供电、供气、通信、医疗救护、交通运输、环境保护等有关单位、技术专家到场配合作战行动。

（三）力量调度的要求

1）一般单位、居民住宅、小面积可燃物质发生火灾时，作战指挥中心可首先调派辖区消防中队的灭火力量。

2）当接到消防安全重点地区、重点单位报警或者在重点时段等易发生重大人员伤亡、财产损失及政治社会影响的灾害事故报警时，必须加强首批出动力量，及时启动执勤战斗预案，并通知值班首长或者全勤指挥部遂行作战。

3）调度与火灾相适应的灭火力量，并根据报警情况和火场需要，及时请求调度特勤队（班）及特种车辆进行灭火。

4）两个以上公安消防支（大、中）队处置同一起灾害事故时，上一级全勤指挥部或者值班首长、值班人员应当立即出动。

5）公安消防支（大、中）队接到本辖区以外的报警或者增援请求时，应当及时向上级报告，按照命令出动。情况紧急时，可以边出动边报告。

6）接到邻国（地区）、使（领）馆、外籍船舶、军事管理区等特殊区域报警或者救援请求时，应当立即向上级报告，并做好出动准备，待批准后按照相关规定、协议处理。

三、灭火出动

灭火出动是指消防人员从接到出动指令至奔赴火场的过程，是灭火作战行动的首个环节。

（一）出动时机

遇有下列情况时，公安消防部队必须立即出动：

1）接到火灾及其职责任务范围内的报警或者上级命令时。

2）上级检查执勤战备情况，发布出动命令时。

3）其他需要立即出动的情况。

（二）出动时间要求

公安消防中队执勤人员听到出动信号，必须按照规定着装登车，首车驶离车库时间一般不得超过一分钟。

（三）登车出动

登车出动是指消防人员接到出动信号至消防车驶出车库的过程，包括着装登车、检查登车情况、驶出车库三个环节。登车出动要做到迅速、有序、人员、器材齐全。

1. 着装登车

执勤消防人员听到出动信号后，应立即停止一切活动，跑步进入车库，按照规定着装登车，并按规定的位置乘坐。

（1）按规定着装　根据季节的不同，穿着夏季或冬季的战斗服，戴消防头盔，扎消防安全带，穿消防靴。通常执勤消防人员应在战斗服内穿着纯棉衣物。

（2）按规定携带器材装备　指挥员、战斗员携带防爆电筒、呼救器、方位灯等个人装备；通信员领取出车单、携带对讲机；驾驶员打开车库门后，迅速发动车辆。开启车载电台、车载计算机等设备。

（3）按规定位置乘坐　执勤消防人员应按照号员分工依次登车，在规定的位置乘坐。严禁坐在车厢顶部或站在车外。非执勤人员不得登车。

2. 检查登车情况

各车战斗班长应迅速检查战斗员登车情况，发现问题及时纠正。

（1）检查人员　检查本班战斗员是否全部着装登车，是否按规定位置乘坐，有无手和身体露出车外等不安全的因素。

（2）检查器材装备　检查乘员室内器材装备是否放置牢固，乘员室的门是否关好。

3. 驶出车库

战斗班长检查完登车情况后，即可宣布出动命令。执勤队长乘中队指挥车或首车奔赴火场。

（1）开启警示设备　通常应开启执勤消防车上的全部警灯奔赴火场。当道路行车不畅时可视情鸣响警报。

（2）开启交通信号灯　消防站车库门外道路上安装有自控交通信号灯的，中队通信员应开启红灯，禁止其他车辆通行，确保消防车驶出车库时的安全。

（3）依次驶出车库　通常情况下，出动车辆应按编队顺序，依次驶出车库。向火场行驶途中，各车应保持安全距离，按顺序行驶，原则上不得相互超车。

（四）选择行车路线

消防队接到出动命令后，应根据作战指挥中心的指令、平时"六熟悉"掌握的情况或应用车载导航设备选择最佳的行车路线，迅速、准确、安全地到达火场。

在行驶中，应注意观察前方情况，发现行车路线异常时，应及时更改行车路线。

（五）保持途中联络

奔赴火场途中，应保持出动车辆与作战指挥中心、各出动车辆之间的通信联络畅通。途中联络的主要内容包括：

1. 核对情况

车辆驶出车库后，首车通信员应及时向作战指挥中心核对火场地址和任务，发现差错立即纠正，然后通知各出动车辆。

2. 报告情况

奔赴火场的途中，执勤队长应向作战指挥中心报告观察到的火情，如浓烟升腾，夜间火光映红半边天等火势状态；途中遇到的意外情况以及行进方位、路况等信息。途中即使未发现烟雾和火光等燃烧迹象，也应及时报告。

3. 传递信息

消防车出动途中,作战指挥中心与中队首车之间应及时互相传递下列信息:报警人提供的灾害信息;预案及数据库中存储的此类灾害的性质、特点及处置对策;作战指挥中心以及上级指挥员下达的各项指令;消防车行驶情况;气象报告;火场及周围道路、消防水源、建筑结构、地形地物等资料。

(六) 做好战斗准备

奔赴火场的途中,执勤队长通过观察和作战指挥中心告知的火场情况,判断预测火情,提前向各车部署作战任务和停车方位。

(七) 应对意外事件

奔赴火场途中,有时会遇到意外情况,执勤队长应及时、妥善处置。

1. 遇到第二火场

奔赴火场途中,如遇到第二处火灾或灾害事故,执勤队长应根据出动的消防力量及两起火灾的危害程度进行判断,并采取相应对策。通常可留下 1 辆消防车在第二火场处置;若第二火场情况非常严重时,全部力量参与处置,原来的火场立即报告作战指挥中心另调派力量处置;若出动人员、灭火剂和装备不足,则要及时请求增援。

2. 遇到交通堵塞

遇到交通堵塞时,执勤队长应及时改变行车路线奔赴火场;若车辆被堵,无法行进及倒退时,由作战指挥中心另外调派力量处置;辖区中队车辆在交通畅通后,如火灾未扑灭应立即赶赴火场。

3. 发生交通事故

出动途中如发生交通事故,应拦截过往车辆立即将受伤人员送往医院救治,同时应保护好事故现场,并向作战指挥中心报告情况。将事故车辆留在现场等候交警处理,并留下 1 名干部或士官处理事故,事故车上的人员分乘其他出动车辆继续奔赴火场。

(八) 保证行驶安全

奔赴火场途中,执勤队长和各车班长应提醒驾驶员注意观察道路和行人情况,控制消防车速度,确保行驶安全。

第二节 火情侦察

一、火情侦察的内容

指挥员到达火场后,应当立即组织火情侦察,并将侦察工作贯穿于火灾扑救的全过程。火情侦察应当查明下列情况:

1) 有无人员受到火势威胁,人员数量、所在位置和救援方法及防护措施。
2) 燃烧的物质、范围、火势蔓延的途径和发展趋势以及可能造成的后果。
3) 消防控制中心和内部消防设施启动及运行情况,现场有无带电设备,是否需要切断电源。
4) 起火建(构)筑物的结构特点、毗连状况,抢救疏散人员的通道,内攻救人灭火的路线,有无坍塌危险。

5）有无爆炸、毒害、腐蚀、忌水、放射等危险物品以及可能造成污染等次生灾害。
6）有无需要保护的重点部位、重要物资及其受到火势威胁的情况。

二、火情侦察的组织

火情侦察是一项艰巨、复杂、细致的任务，必须有组织有领导地进行，才能保证侦察任务的顺利完成。火情侦察工作的顺利进行，与侦察组织的建立是不可分割的，在侦察工作进行中，应根据火场情况和侦察任务及时建立和调整侦察组织。

火场指挥员应根据到场力量的实际情况，指定有经验的人员组成火情侦察组。

（一）中队火情侦察组

消防中队在组织人员进行火场侦察时必须谨慎严密。

1. 战斗班

战斗班单独进行灭火救援战斗时，由战斗班长和 1~2 名战斗员组成侦察小组。

2. 消防中队

一个消防中队实施灭火救援战斗时，由中队火场指挥员、战斗班长和 1 名战斗员组成侦察小组。

3. 多个消防中队

多个消防中队实施灭火战斗，消防总（支）队指挥员尚未到达火场时，由辖区消防大（中）队火场指挥员、战斗班长和战斗员组成 1 个侦察小组，进行火情侦察，为增援队的作战部署提供依据。在工艺流程烦琐、内部结构复杂的火场，辖区火场指挥员应视情吸收增援中队的火场指挥员和火灾单位的工程技术人员共同进行火情侦察。

（二）总（支）队火情侦察组

1. 火情侦察小组

由 1 名火场副总指挥员负责，组织总（支、大）队作战参谋、中队指挥员、战斗员，组成若干个小组进行火情侦察。

2. 火场观察小组

为防止爆炸、建筑物倒塌等险情的发生，火场指挥部应在便于观察火灾现场的地点，设置火场观察哨，指定具有灭火作战经验的指挥员、灭火专家、有关工程技术人员，组成火场观察小组，及时向指挥部报告了解、观察到的火场情况。

三、火情侦察的方法

不同的火灾有不同的火情侦察方法，通常情况下可采用外部观察、内部侦察、询问知情人、利用消防控制中心侦察监控和仪器检测等方法进行。

（一）外部观察

外部观察是指火场指挥员通过直观火场外部情况的方式进行火情侦察的过程。外部观察包括途中观察和火场观察。

1. 途中观察

消防指挥员在向火场行驶途中，通过对燃烧区上空升腾的烟雾和火光情况的观察，可以初步判断出火场上的燃烧物质及火势发展的方向。

途中观察有利于及时了解火场的初步情况，并可把观察到的情况通报给作战指挥中心，为提前调集增援力量提供决策依据。

2. 火场观察

火场观察是指火场指挥员到达火场后,通过视觉器官对火场上火势发展的程度、热辐射强度、火势蔓延对周围建筑、设施影响程度的侦察行动。通过火场观察,可判断着火部位的大概位置、燃烧物的性质、燃烧的范围,火势蔓延的主要方向、对毗邻建(构)筑物和对被困人员的威胁程度,以及飞火对周围可燃物的影响等基本情况。

(二) 深入内部侦察

侦察人员深入火场内部,查看燃烧部位、火势蔓延方向和途径,贵重仪器设备和物资受火势威胁的程度,寻找被困人员,辨别燃烧物质的性质,了解建筑结构特点,建筑物有无倒塌破坏征兆,是否需要破拆,寻找进攻路线与疏散通路,发现对灭火战斗有利和不利的因素等。

(三) 询问知情人

侦察人员直接向火灾单位负责人、安全保卫干部、工程技术人员、值班人员、周围群众和目击者,询问调查火场的详细情况。必要时,由熟悉火场情况的人员作向导,带领侦察人员进入火场内部侦察。

(四) 仪器检测

在有可燃气体、放射性物质、有毒物质、浓烟、空心墙、闷顶等特殊情况的火灾现场,侦察人员应使用可燃气体测爆仪、辐射侦察仪、红外线火源探测仪等专用检测仪器进行侦察,以便及时查明火场情况,找到火源位置,采取有力措施,避免发生不应有的人员伤亡和财产损失。

(五) 利用消防控制中心侦察监控

设有消防控制室的建筑发生火灾时,侦察人员应通过消防控制室内各种可视监控系统,迅速了解以下内容:

1) 着火楼层、着火部位、燃烧范围及火势蔓延方向等情况。
2) 着火建筑内有无人员被困,被困人员所处的位置、数量及受烟火威胁的程度。
3) 可供人员救助、实施灭火进攻等路线的可利用情况。
4) 消防控制室内部各种消防设施接受火灾报警;自行启动灭火,防、排烟系统;切断非消防电源;对各类建筑消防设施联动控制及供水系统正常运行等情况。

四、火情侦察注意事项

消防人员进行火情侦察时应注意严谨细致,确保安全。

1) 火情侦察小组通常由2~3人组成,严禁1人进入火场实施侦察。
2) 实施侦察行动前,应明确侦察任务,做好个人安全防护工作,针对带电、有毒物质扩散、放射性物质泄漏等不同情况,采用相应种类和级别的防护措施。
3) 侦查时应携带必要的通信、救生、侦检探测器材。
4) 进入有火焰、高温和浓烟的区域进行侦察时,应利用水枪喷雾射流进行掩护。
5) 进行登高侦察时,侦察人员应利用绳用安全工具组、救生吊带组、防坠落器材、缓降器等进行自身的安全防护。
6) 在有毒物质扩散区域侦察时,侦察人员在做好自身安全防护的同时,必须从上风方向进入染毒区域,利用侦检器材进行检测。

7)侦察人员进行火情侦察时,要充分利用地形地物隐蔽和保护自己。在建筑物内行走时,要靠近承重结构。视线不清时,要前虚后实,探步前进。在火场内不宜直立行走时,应改用低姿或匍匐前进。对行走过的路线要标记特征,以便顺利返回。

第三节 战斗展开

战斗展开是指消防队到达火场后,火场指挥员根据火场情况或按该单位灭火作战预案的规定,下达作战命令,灭火力量按照各自的任务分工,迅速进入作战阵地和位置的战斗行动。

一、战斗展开的形式

参战公安消防部队根据火场情况,可以采取下列战斗展开形式:

(1)准备展开 从建筑外部看不到燃烧部位和火焰时,指挥员应当在组织火情侦察的同时,命令参战人员占领水源,将主要战斗装备摆放在消防车前,做好战斗展开的准备。

(2)预先展开 从建筑外部能够看到火焰和烟雾时,指挥员在组织火情侦察的同时,命令参战人员携带战斗装备接近起火部位,铺设水带干线供水,做好进攻准备。

(3)全面展开 基本掌握火场的情况后,指挥员应当确定作战意图,果断命令参战人员立即实施火灾扑救。

二、战斗展开的要求

(一)铺设水带

灭火战斗中,战斗员铺设水带的速度是否迅速、方法是否正确及保护措施是否得当等,都直接影响着灭火战斗的成效。因此,要求战斗员铺设水带时做到以下几点:

1)正确选择铺设水带的路线。
2)保证不间断供水。
3)不影响车辆通行。
4)水带要留有机动长度。
5)避开腐蚀和油污。

(二)运送器材

战斗员在向前方运送消防器材和工具时,尽量做到一次带全,避免多次往返,延误时机。

(三)架设消防梯

在火场上架设消防梯主要用于灭火、救人和疏散贵重物资,要求做到安全、可靠和有利于灭火战斗。

1. 架设两(三)节拉梯

1)选择安全位置。
2)确保架梯角度。
3)不得随便移梯。

4）不得超过荷载。

5）互相保护。

2. 举高消防车架设

1）选择好地点（位置）。

2）严禁超荷载。

3）搞好安全防护。

第四节　战斗进行

战斗进行是灭火战斗行动的主要环节。战斗进行阶段主要包括救人、保护和疏散物资、破拆、排烟、供水、减少水渍、扑救火灾等主要任务。

一、火场救人

火场救人是指消防战斗人员使用各种器材装备，采用各种有效方法营救火场上受火势围困和其他险情威胁的人员的战斗行动。

（一）寻找被困人员的方法

1. 询问知情人

了解被困人员的基本情况（如人数、性别、年龄、所在地点等），确定抢救被困人员的途径和方法。

2. 主动呼喊

消防人员未佩戴防护面具时，向可能有被困人员的燃烧区喊话，唤起被困人员的反应，以便迅速发现被困人员所在地点。

3. 搜寻

消防人员可通过所携带的照明灯具，探棒等工具进入室内寻找被困人员。寻找时应沿周围墙壁开始，对小隔间、橱柜、浴室、床上床下等处均应寻找，以免遗漏。搜寻完一室后应留下已寻找过的标记，例如将椅子翻过来，将床垫横在床上等。建筑物室内温度过高不能进入时，可利用长柄工具由门窗伸入探找，晕倒的人员常可在门窗附近找到。

4. 细听

注意倾听被困人员的求救声以及喘息、呻吟和响动等，以辨别他们所在的位置。

（二）火场救人的途径、器材和方法

1. 救人途径

充分利用建筑物的安全疏散通道、安全出口、疏散楼梯、消防电梯、外墙门窗、阳台、避难层（间）等途径和举高消防车、消防梯以及其他一切可以利用的救生装备进行施救。

2. 救人的器材

火场上救人的装备器材主要有：举高消防车、直升机；两（三）节拉梯、挂钩梯、单杠梯、摇梯；安全绳、缓降器、救生垫、救生布（网）、救生梯、救生滑竿、射绳枪等。

3. 救人的方法

（1）内攻救人　内攻救人是灭火救援行动中救人的主要方法。救人时，要根据救人任务量的大小，成立若干个救人小组，采取背、抬、抱等方法，迅速将被困人员抢救出来，并根据被救者的危险程度，进行现场急救或送往医院抢救。当内攻救人通道被烟火阻挡时，应用水枪开辟通道，并兼顾排烟灭火，掩护救人行动。

消防人员深入建筑内部施救时要搞好个人安全防护，必要的侦检、照明、通信、破拆、救生等器材要尽可能携带齐全，以保证救人任务的完成。

（2）利用举高消防车救人　发生火灾后，如果人员被困在楼房内或楼顶，疏散楼梯、安全出口等内攻救人通道被烟火封堵，消防人员无法进入内部时，在高度允许的范围内，可利用云梯消防车、登高平台消防车等举高消防车登高救人。救人时，根据现场环境条件选用不同高度、不同车型的举高消防车登高，当工作斗接近楼房窗口或房顶后，由消防人员引导被救人员进入工作斗或爬梯下至地面。对于不能行走或昏迷的人员，消防人员应直接救护至地面，并及时送往医院抢救。

（3）运用消防梯救人　当建筑楼层不高，或举高消防车无法使用，内攻救人无法实施时，可利用消防梯登高救人。救人过程中，消防人员在登高或下梯时要做好安全保护；被救者沿梯子到地面的过程中，要用安全绳保护，地面有专人接应。

（4）使用安全绳救人　利用安全绳救人主要有安全绳斜下救人法、安全绳横渡救人法、拉梯与安全绳联用救人法等。被救人员悬挂在安全绳上横渡或下滑时，消防人员应当使用引绳引导，控制下滑或横渡的速度。具体救人方法可结合现场实际灵活运用。

（5）使用缓降器救人　利用缓降器救人法不受场地限制，随时可以实施，特别适用于营救行动不便的被困人员。当被困人员较多时，可选用往返式缓降器。

（6）使用救生软梯救人　当多层楼房发生火灾，疏散救人通道被封堵时，利用救生软梯营救被困人员是很有效的方法。它只适用于对有自主逃生能力的人员实施救助。

（7）使用救生气垫救人　当楼房发生火灾，无法实施登高救人且情况危急时，利用救生气垫在安全使用高度内，营救跳楼逃生的被困人员，是营救被困人员的应急方法。

（8）利用地形地物疏散救人　利用地形地物救人是指在灭火救援行动中根据事故现场所能利用的各种设施、建筑构件、机械设备等实施救人的方法。如利用建筑物的防烟楼梯、封闭楼梯、消防电梯以及室外疏散楼梯疏散救人；利用建筑连系阳台、连廊、天桥救人，将被救者由着火层转移至安全区域；利用超高层建筑的避难层（避难间）疏散救人；将被困人员先救至着火楼顶，然后通过其他方式逃生；利用工程起重机起吊铁钩上挂工作斗救人；利用供电工程车、路灯维修车的举升高度救人等。在实施救人时，必须考虑所利用地形地物的安全性和可靠性，避免发生人员伤亡事故。

（9）强行破拆救人　在实施救人行动中，如遇到某些建筑构件、门窗、防盗门、防盗网等阻拦，影响救人行动继续进行时，就应根据实际情况果断实施破拆，开辟救人通道，将被困者迅速安全救出。

4. 火场救人要求与注意事项

火场救人工作十分艰巨、危险而又复杂。要组织好火场救人工作，应遵循以下要求：

1）组织精干的救人小组，救人小组的人数应根据火场需要确定，一般不少于3人。

2）担任火场救人任务的消防人员，在未进火场救人之前，要通过火情侦察和询问知情人等手段，尽可能多地了解和掌握被困人员的基本情况、燃烧物、建筑结构及火场环境等情况，确定救人行动的方法、进退路线、救生器材及安全防护措施。

3）在救人之前，要对防护装备、救生气垫、安全绳、缓降器等器材的可靠性和正常使用情况进行严格检查,同时要严格按照操作规程和要求,保证救生器材安全使用。

4)火场救人工作,需要内外协调、相互配合。救人行动展开之前,要事先确定联络信号及通信联系方式,保持火场内外及火场内部救人小组之间的通信联络。

5)在进入浓烟大、温度高、能见度低的区域救人时,消防人员要穿着阻燃性能好的防护服装,佩戴好呼吸保护器具,在水枪掩护下沿承重墙摸索前进;根据火场情况,可采用低姿或匍匐方式行进。

6)对于获救的受伤人员,除在现场进行急救外,要及时送往医院进行抢救治疗。

7)沿消防梯从楼层救人时,要组织好被困人员按秩序进行疏散,防止一拥而上,并用安全绳予以保护,或由消防人员护送下梯,以免造成人员意外坠落、梯倾翻等事故。

8)进入现场救人的消防人员,要尽量将所需器材带齐。各级火场指挥员要密切关注深入火场救人的消防人员的安全。同时,外部要准备好接应的预备力量。

二、疏散与保护物资

疏散与保护物资是指在灭火战斗中参战人员采用各种方法将受到火势(险情)直接威胁的物资疏散到安全地带,或用灭火、遮盖等方法将物资就地保护起来的战斗行动。

(一)确定需要疏散与保护的物资

1. 受到火势威胁的物资

燃烧区域内和火势蔓延方向的物资受到火势或其他险情直接威胁,有被烧毁和遭受严重水渍,而火势尚不能立即得到控制时,应予以优先疏散。在受到威胁的物资中应首先疏散贵重物资、易燃易爆化学危险物品以及珍贵的文物、珍宝、资料档案、贵重物资设备等,然后再疏散其他物资。

2. 妨碍灭火救人的物资

在灭火、救人的过程中,遇到妨碍或影响火情侦察、破拆、营救被困人员、妨碍灭火战斗顺利进行的物资时,应予迅速疏散和搬移,以使进攻路线畅通。

3. 超过建筑物承重能力的物资

堆放有物资的建筑物,在着火时,因其承重结构经火烧后失去承重能力,或因物资被灭火水流浸湿,使建筑物内单位面积的重量急剧增加,楼板、支撑柱荷载过量,建筑物有倒塌危险时,应将物资疏散到建筑物外的安全地带。

4. 隔离带上的物资

及时疏散、转移火势蔓延方向及其两侧物资,开辟灭火隔离带,是阻止火势蔓延扩大的有效方法。

5. 需要就地保护的物资

对体积大、质量大、靠人力无法移动的贵重机械设备,或不能移动或移动后容易造成损坏的珍贵物资,在火势发展迅猛、来不及疏散时,需要就地加以保护。

(二)疏散物资的方法

物资疏散必须有组织地进行,疏散物资的工作由火场指挥部及失火单位统一组织疏散。以确定疏散物资的方法、先后顺序、疏散路线、存放地点等。有较多人员参加疏散物资时,应将人员编组,确定负责人,确保人员和物资的安全,使疏散工作安全而有秩序地进行。

火场上需要疏散和保护的物资,因其形态、重量、体积、价值等不同,其疏散方法也不同，需要根据轻重缓急和具体情况分别采取不同的疏散方法。

1. 人工传递疏散

在疏散距离长、物资多且疏散人员有限的情况下，为减少疏散人员的体力消耗，避免长距离负重作业，可采取人工传递的疏散方法，将物资逐步疏散至安全地点。

2. 机械搬运疏散

为加快物资疏散速度，可调用附近可利用的电动车、板车、铲车、叉车、电梯、起重机和汽车等设备，进行装卸搬运，缩短疏散时间，减少火灾损失。

3. 安全绳疏散

当正常疏散通道受阻（如消防电梯故障、疏散楼梯被烟火封锁）时，可先利用安全绳在室内固定牢固后，然后把捆扎包装好的物资挂在安全绳上，在导引绳的控制下，安全滑向室外或地面疏散。

4. 举高消防车疏散

在高层建筑火灾扑救中，当建筑内部的疏散通道无法使用、贵重物资数量不多且方便搬运时，在高度允许的范围内，可利用云梯消防车、登高平台消防车等举高车疏散贵重物资。使用此法疏散虽然比较有效，但疏散速度缓慢。

5. 管道疏散

对于易燃液体、可燃气体储罐着火，可利用罐区的管道、输送泵，将着火罐或受火势威胁储罐内的物料输转到安全的储罐或槽车内。输转完成后迅速关闭连通阀门，完成物料的疏散。

6. 强攻疏散

需要疏散的物资如果受到火势或浓烟威胁，可组成疏散小组，在灭火进攻的同时组织物资疏散。在疏散过程中，应使用开花水流或雾状水流掩护。

7. 利用地形地物疏散

利用地形地物疏散是指在灭火救援行动中，根据现场所能利用的各种设施、建筑构件、机械设备等实施疏散的方法。在实施物资疏散时，必须考虑所利用地形地物的安全性和可靠性，避免发生人员伤亡事故。

8. 强行破拆疏散

在实施疏散行动中，如遇到某些建筑构件、门窗、防盗门、防盗网等阻拦，影响疏散行动时，应根据实际情况果断实施破拆，开辟疏散通道，将贵重物资疏散至安全区域。

9. 应急疏散

需要疏散的物资因火势迅猛，来不及全部疏散到安全地带时，可将物资搬往最近、相对较为安全的区域内（如邻近的房间、走廊、通道等），然后再往安全地带疏散，以便赢得疏散物资的时间。

（三）保护物资的方法

对于难以疏散且又必须保证安全的物资，应灵活利用现场条件，采取有效措施予以保护。

1. 堵截火势保护物资

对于固定的大型机械设备或无法及时疏散的物资，在其受到火势威胁时，应采用喷射雾状水流或设置水幕等方法堵截火势以防止向其蔓延，从而达到保护物资的目的。

2. 覆盖无法转移的物资

当被保护物资不能用水冷却时，可用不燃或难燃材料予以覆盖。对于易燃可燃液体，可喷射泡沫予以覆盖。对于忌水渍、烟熏、灰尘污染的物资，如香烟、布匹、纸张、粮食、家用电器等，应用苫布等进行遮盖防护。

3. 冷却保护物资

对固定的大型机械设备，运用喷淋系统、喷射雾状水流、设置水幕等方法实施冷却保护。对于受到火势威胁且又无法实施管道疏散的油、气储罐，可以用固定冷却系统或高强度、不间断的水枪（炮）射流实施冷却保护。

4. 破拆法保护物资

对于毗邻建筑密集的平房区、棚户区或大面积火灾，为降低火灾损失，可利用破拆法保护物资。主要是利用破拆工具以及推土机、铲车等工程机械等拆除易燃结构，形成隔火带阻止火势蔓延，从而达到保护物资的目的。

（四）疏散和保护物资注意事项

1. 疏散物资的注意事项

1）疏散物资应由火场指挥部派专人负责组织指挥，必要时可请着火单位的负责人和工程技术人员参加，并将参加疏散的人员编成小组，明确负责人，确定好疏散方法、顺序、路线以及疏散出来的物资存放地点，保证疏散行动安全、有序进行。

2）首先疏散受火、水、燃烧产物威胁最大的物资，必要时应用水枪射流掩护疏散物资的通路。

3）疏散出来的物资应堆放在上风方向、地势较高和相对较为安全的地方，不要再受火、水、烟的威胁，且不得堵塞通道，影响灭火行动。

4）火场物资较多时，在不妨碍主要方面灭火行动的原则下，可以利用一切可用的通道和工具进行疏散。为防止物资丢失，可由该单位指派专人看管。

5）危险化学品与已经泄漏的桶装液体，在没有可靠的安全措施的情况下，不要盲目疏散。利用管道输转需要保护的气体、液体时，应当由着火单位工程技术人员或操控人员实施。

2. 保护物资注意事项

1）保护物资时应根据被保护物资的性质和所处环境认真分析，确定冷却、覆盖等具体的保护方法，避免因方法不当使被保护物资受到人为损害。

2）在采用黄砂、土、阻燃材料等覆盖，或用防水材料遮盖，并用水枪射流冷却时，应尽量避免砂、土、水渍等对物资造成污染与损害。

三、火场破拆

火场破拆是指消防人员为完成火场侦察、救人、疏散物资、阻截火势蔓延、灭火等各项战斗任务，对建（构）筑物及其构件或其他物体，进行局部或全部拆除的行动。

（一）破拆的目的

灭火战斗中，消防人员对建（构）筑物及其构件或其他物体进行破拆，必须是基于以下目的：

1）为查明火源和燃烧的范围，以及抢救人员和疏散重要物资需要开辟通道时，可以对毗邻火灾现场的建（构）筑物、设施进行破拆。

2）当火势迅速蔓延难以控制时，可以在火势蔓延的主要方向，根据火势蔓延的速度，选择适当位置拆除毗邻火灾现场的可燃建（构）筑物，开辟隔离带，阻断火势蔓延。

3）当发生火灾的建筑物或者局部出现倒塌的危险，直接威胁人身安全、妨碍灭火战斗行动时，可以进行破拆。

4）当发生火灾的建筑物内部聚集大量的高温浓烟时，为改变火势发展蔓延方向，定向排除高温浓烟，便于救人、灭火，应当选择不会引起火势扩大的部位进行破拆。

（二）火场破拆部位的确定

火场破拆部位的确定应根据火灾现场的实际情况，以满足消防人员完成火情侦察、灭火、救人、疏散物资、阻止火势蔓延等战斗行动的需要为前提。

1. 根据灭火战斗行动的需要确定破拆部位

消防人员可以对影响和妨碍火情侦察、抢救人员、灭火进攻、疏散物资等灭火战斗行动的障碍物进行破拆，且破拆后不能对灭火战斗行动产生不利影响。

2. 根据阻止火势发展蔓延的战术需要确定破拆部位

当火场火势发展猛烈、迅速，短时间内难以及时控制时，消防人员可以选择在火势发展的主要方向及两侧的建（构）筑物上确定破拆部位，从而起到开辟隔离带、阻隔火势蔓延的目的。

3. 根据消除潜在危险的需要确定破拆部位

为消除潜在危险，保证作战安全，消防人员应对直接威胁施救人员灭火作战行动安全的潜在危险及时进行破拆。

4. 根据有效控制和消灭火势的战斗需要确定破拆部位

为达到有效控制和消灭火势的目的，消防人员可根据着火部位、燃烧范围以及火势蔓延的方向确定破拆部位。选择需要破拆的墙体、隔断、屋顶时，应留出适当的提前量。

5. 根据建（构）筑物及管道设备的结构确定破拆部位

在破拆建（构）筑物内部构件时，应首先确认建（构）筑物承重结构，防止误拆承重构件造成建（构）筑物倒塌。在有各种管道设备的建（构）筑物内部破拆时，破拆部位的选择应尽量避开管道设备，避免因破拆造成管道损坏，引起易燃气体、有毒物质泄漏，或影响通信、供电、供气。

（三）破拆方法

灭火战斗中，灭火人员能否迅速破拆建（构）筑物及其构件，直接关系到灭火、救人、疏散物资等战斗任务的完成，有时还关系到灭火人员的安全。破拆的方法主要有以下几种。

1. 砸撬法

砸撬法是使用铁铤、腰斧、大斧头等破拆工具进行的破拆行动。主要用来打开锁住的门、窗，撬开地板、屋盖、夹墙等。

2. 拉拽法

拉拽法主要是利用消防安全绳、消防钩等工具进行破拆。当需要拉倒建（构）筑物时，可将安全绳或钢丝绳系住建（构）筑物的承重构件，用人或消防车等拉拽；需要破拆顶棚时，可用消防钩拉拽。

3. 切扩法

切扩法是用油锯、手提砂轮机、气体切割器、气动切割器、扩张器等功效较高的破拆器材进行破拆。当需要破拆船舶、车辆、汽车、飞机、高层建筑的高强度玻璃、钢门窗等硬度较大部位时，使用这些动力破拆器材可迅速完成破拆任务。

4. 冲撞法

冲撞法主要是使用推土机、铲车等机械进行破拆。当需要进行拆除面积较大的建筑群时，可用这些机械冲撞建筑物使其倒塌，开辟隔离带。

5. 爆破法

爆破法是使用炸药和爆破器材进行的破拆行动。当需要拆除楼房、大跨度厂房等建（构）筑物时，可用定向爆破的方法进行破拆。

（四）破拆的要求和注意事项

1）消防人员在破拆建（构）筑物内部构件时，应注意保护自身的安全，防止因误拆承重构件而造成建（构）筑物的倒塌；在高处破拆时，也要做好个人防护，并事先在下面划出安全警戒区，设置安全警戒岗哨，防止破拆物坠下或往下扔物件时砸伤人员。

2）破拆时应慎重从事，尽可能减少损失，破拆前，最好采取措施保护建筑内的物资和设备，以免砸坏。

3）消防人员在有各种管道的建筑物内破拆时，不得损坏管道，防止造成煤气泄漏或影响通信、供电、供水、供气等。

4）火场总指挥员决定对大面积建筑进行拆除时，火场指挥部要确定实施方案，根据拆除建筑物所需时间确定拆除位置。破拆前，应将建筑物内人员、贵重物资设备、危险物品等，疏散到安全地带，并切断电源，关闭煤气管道总阀，排除一切危险因素，然后才能进行破拆。

四、火场排烟

火场排烟是消防人员在火场上，为增加火场能见度，减小高温毒气的危害，有效控制火势蔓延，提高救人、灭火效率，而进行的排除高温烟气的战斗行动。

（一）排烟方法

在灭火救援过程中，火场排烟应针对现场情况的不同，根据烟气流动规律，结合现有装备，采取不同的排烟方法。排烟方法主要有：自然排烟、人工排烟、机械排烟等。

1. 自然排烟

自然排烟是利用火灾产生的烟雾气流的浮力和外部气象条件作用，通过建筑物的对外开口把烟气排至室外，或利用建筑物本身的排烟竖井、排烟道（塔）或普通电梯间，从顶部排烟口或窗口将热气流和烟雾排除的排烟方式。其实质是热烟气和冷空气的对流运动。

2. 人工排烟

人工排烟是指通过消防人员的人为排烟行动将室内的烟气经过空气对流和热压作用排到室外的排烟。

（1）破拆建筑结构排烟 在较为封闭的建筑内发生火灾时，大量烟气积聚室内无法排除，消防人员可通过破拆部分建筑结构使烟雾排除。

（2）使用喷雾水流排烟 雾状射流喷射面大，在向火场推进时引入的新鲜空气多，形成空气对流，对烟雾有顶推作用。同时，雾状射流水雾颗粒小、吸热量大、汽化程度高，冷却降温效果好,有利于掩护消防人员进行救人和灭火。在利用喷雾水枪排烟时,要注意控制喷射压力和水流喷射角度。火势大时,要设置一定数量的直流水枪,防止火势扩大,达到排烟、灭火同步进行的目的。

3. 机械排烟

机械排烟是利用固定排烟设备或移动排烟装备,把着火建筑内的烟气通过排烟口排到室外的排烟方式,是通过机械力强制排烟与送风来排除火灾烟气的方式。对高层、地下建筑火灾,尤其是地下建筑火灾,使用机械排烟是比较有效的方法之一。

(1) 固定设备排烟

1) 自动、手动机械排烟。在有些高层建筑或地下建筑的防烟楼梯间前室、消防电梯前室以及合用前室,设置有机械排烟竖井或排烟口。排烟口设在前室内靠入口附近墙面上部,各层前室的排烟口和进风口都设置自动或手动开启装置,且与排烟风机联动,当任何一个排烟口开启时,排烟风机启动,将烟气排出。

对于不允许采用自然排烟的无窗房间或地下室等,也可采取机械的排烟方法,即利用设置在防烟分区内的走道、房间等部位的排烟口(平时处于关闭状态,发生火灾时自动开启,也可手动开启)将烟排出。

2) 正压机械送风排烟。向楼梯间及其前室、消防电梯前室或合用前室送风,使楼梯间、前室或合用前室形成 25~50Pa 的压力,以阻止走道内的烟雾流向楼梯间及其前室或合用前室。

3) 通风、空调系统排烟。如果建筑物的通风、空调系统是按排烟要求设计的,并有自动切换装置,也可以利用通风和空调系统排烟。

(2) 移动装备排烟

1) 移动排烟机排烟。一般利用离心式排烟机(主机)排烟,而以轴流式排烟机送风,以加快排烟的速度;对地下建筑火场排烟,在只有一个出入口时,用一台排烟机接上送风管后,在靠近地面处往里送风,用另一台排烟机接上排烟管后,在靠近顶棚处往外抽吸;有两个以上出入口时,首先必须找到自然形成的进风口和出风口,进风口送风,出风口排烟,并在排烟处设置开花或喷雾水枪冷却热烟气,但不得破坏自然形成的烟气流向。

2) 排烟消防车排烟。排烟消防车主风机固定在消防车底盘上,利用汽车本身的动力直接驱动风机进行排烟。排烟消防车上备有分别为主、辅风机配套的排烟管,但因受排烟管长度和现场环境影响以及车辆停靠位置的限制,降低了大功率排烟消防车的使用范围。排烟消防车对地下建筑、地上低层建筑物火场排烟效果较好。

3) 排烟降尘装备排烟。排烟降尘装备排烟主要是利用遥控微型水雾排烟消防车、水驱动排烟风机等移动消防排烟装备喷射高压雾状水来排除烟雾、灰尘。在地铁、隧道以及大空间、大跨度建筑内含有高浓度烟雾和大量灰尘的、相对较为封闭的火场,用高压喷雾水驱烟降尘,有很好的效果。它具有使用方便、移动灵活等特点。排烟降尘装备应用于可燃气体、有毒气体泄漏场所的现场驱散、稀释,也有很好的效果。

(二) 注意事项

(1) 与起火单位共同确定排烟方式 在使用固定排烟设施排烟时,应与起火单位的技术人员共同确定排烟方式、方法和时间,在任务明确、各操作岗位上的人员落实后方可实施。

(2) 做好射水准备　在开启门窗进行排烟时，应以开花、雾状水流掩护，注意防止爆燃的发生；为防止高温烟气排出时在途经处造成火势蔓延，对这些部位也应预先做好射水准备；要防止排出的高温烟气威胁上层房间及毗邻建筑物而造成火势蔓延，应根据排烟口周围的情况，部署必要的防御力量。

(3) 加强自身安全保护　为确保担任排烟任务的消防人员的安全，排烟时必须穿隔热服，佩戴空气呼吸器，用开花或雾状水流掩护，并切实做好通信联络。

(4) 防止"中性面"下移　对高层建筑火场，为防止"中性面"下移，造成烟气对更多人员的威胁，不应在着火层以下开口（包括开启门窗），而可在顶部和着火层以上楼层开口，将烟气排出。

五、火场供水

火场供水是指消防人员利用消防车、泵和其他供水器材，将水输送到火场，供灭火战斗人员出水灭火的战斗行动。

（一）供水原则

(1) 就近占用水源　到达火场的供水灭火战斗车，为保证迅速及时地供水灭火，应占据距离火场较近的消防水源，以便达到迅速供水灭火的目的。占据水源切忌舍近求远。

(2) 确保重点，兼顾一般　火场供水必须着眼于火场主要方面，应集中主要的供水力量，保证火场主攻方向的水量和水压，有效地控制火势，消灭火灾。在重点阵地供水得到可靠保证后，对火场其他方面的用水，应根据火场的供水力量，科学合理地组织供应，从而兼顾到一般阵地的火场用水。应该指出，当火场供水力量不足时，宁可放弃次要阵地，也要保证重点阵地，注意防止平分兵力的错误做法。

(3) 力争快速不间断　第一出动供水力量到达火场，对扑救初期火灾保持有绝对优势时，应以最快的速度组织供应扑救初期火灾的用水量，做到战术上的速战速决。

（二）火场供水方法

当灭火人员到场时火灾已发展扩大，第一出动供水力量不足时，应迅速调集增援力量，同时，通知供水部门增大火灾地区供水管网供水的流量和压力，以达到加快灭火进程的目的，并要根据火场实际情况，采取一切手段满足灭火用水的需要。

1. 直接供水

直接供水是指火场供水战斗车（泵）直接停靠在水源处取水，或利用车载水直接出水枪灭火。

(1) 直接供水的条件

1) 当水源与火场之间的距离在消防车（泵）供水能力范围内时，消防车（泵）应就近停靠使用水源吸水，铺设水带直接出水枪灭火。

2) 当到场消防车总载水量足以扑灭初期火灾时，消防车可靠近燃烧区，消防人员铺设水带直接出水枪灭火。

(2) 直接供水的形式　直接供水的形式有两种：消防车利用车载水直接出水枪（炮）灭火；消防车（泵）停靠在水源处吸水，出水枪（炮）灭火。

2. 串联供水

（1）串联供水的条件

1）火场附近有消火栓或其他可以使用的水源，消防车不需要到较远的地方去加水。负责供水的消防车可以使用消火栓等其他技术措施取水，然后向负责灭火的消防车供水。

2）在需要提高普通水罐（低压泵）消防车出水口压力时。

3）火场燃烧面积大，灭火用水量较大，需要长时间不间断供水。

4）水带数量充足或有利于铺设水带的情况下，水源距离火场超过1000m时也可采用串联供水的方法。

（2）串联供水的形式

1）接力供水。当水源距离火场超过消防车、泵供水能力时，可利用若干辆消防车分别间隔一段距离，停放在供水线路上，由后车向前车依次连接水带，通过水泵加压将水输送到前车水罐（没有水罐的消防车，将水带与集水器连接到前车的进水口上），供前车出水枪灭火。供水干线应尽量使用大口径水带。

2）耦合供水。当火灾现场高度或距离超过普通（通常是指低压泵消防车）水罐消防车、泵的供水高度或供水距离时，可利用若干辆消防车或消防车与手抬机动泵进行耦合供水，提高前车泵压，将水供到高处或远处。

3. 运水供水

运水供水是利用若干辆消防水罐车、洒水车、运输液体的槽（罐）车等，从水源处加水运送到主战消防车处供出战消防车出水灭火。

运水供水主要适用以下情况

1）火场附近没有消火栓或其他可以使用的水源，消防车需要到较远的地方去加水。

2）火场燃烧面积较大，灭火用水量较多，火灾现场附近水源供应不足时。

3）消防队配备有大容量水罐消防车，火场周围交通道路、水源情况便于运水时。

4）火灾现场环境复杂，不便于远距离铺设水带供水时。

（三）火场供水要求

消防人员在灭火救援中应根据火灾现场的实际情况，合理使用各种水源，正确选择供水方法，最大效能地发挥消防器材的作用，保证火灾现场灭火用水的需要。

1. 正确选择供水方法

在灭火战斗中，火场指挥员应根据水源、火灾荷载密度和消防装备的性能，正确选择供水方法。

2. 选准停车位置

火场指挥员应正确选择供水消防车的停靠位置，避免发生意外事故。

3. 保证灭火用水量

当火灾现场规模较大或缺水地区发生火灾，车载水或供水能力不能满足灭火需要时，火场指挥员应根据现场实际情况采取加强力量调集、合理使用水源、节约用水等措施以确保灭火用水量。

六、火场通信

火场通信是灭火工作的重要组成部分。迅速、准确地做好火场通信工作，是顺利进行灭火战斗的保障。

（一）火场通信的任务和要求

通信联络是双方或多方之间运用通信手段实施的信息传输。它是保障指挥的基本手段，是部队的神经系统，是灭火战斗行动的重要保障措施。

1. 火场通信的任务

1）参战各中队的指挥员与火场总指挥员（指挥部）、通信员的通信联络。

2）中队指挥员与战斗班长、战斗员的通信联络。

3）各参战消防中队与专职、义务消防队的通信联络。

4）指挥员（指挥部）与各有关部门，如供水、供电、救护、抢险、治安、交通等部门的通信联络。

5）火场指挥员与受灾单位、受灾群众的通信联络。

2. 火场通信的要求

要保持迅速、准确、不间断的通信联络；要将火场不断变化的情况及时反馈给各级指挥员、报告给后方调度室；要保证指挥员的命令迅速、准确地传达到有关单位和人员。

（二）火场通信的组织形式

火场通信的组织形式应根据火场的具体情况和到场的灭火力量来确定。

1）责任区消防中队到达火场的通信形式是由中队火场通信员负责火场与作战指挥中心或中队通信室联络。

2）两个消防中队到达火场的通信形式是由责任区中队火场通信员负责火场通信联络工作，增援中队火场通信员积极配合。

（三）火场通信方法

目前，我国城镇消防中队已基本普及了有线通信，无线通信等通信手段。同时，在特殊情况下，如地震、暴风雨、发生战争，有线与无线通信设备遭到破坏时，还必须采用一些简易的通信方法，有条件的地方可采用卫星电话。总之，火场通信要充分运用现有的设备，保证火场通信畅通无阻。

1. 有线通信

消防队通信员到达火场后可利用火灾单位或火场附近的有线电话，负责火场与后方作战指挥中心之间的联络。

中队指挥员与战斗员之间的联络还可利用广播喊话，以及使用旗语、灯光、笛音、手势等简易通信方法。

2. 无线通信

根据火场通信的要求和任务，需组成三级无线通信网。一级网，又称城市管区覆盖网，使用基地台和车载台，能够覆盖总（支、大）队管辖的城市市区范围。二级网，又称火场指挥网，一般使用便携台或袖珍台，通信半径不小于1km。三级网，又称灭火战斗网，一般使用便携台或袖珍台及头盔台，适用于中队指挥员与水枪手、水枪手与驾驶员、后方供水车辆与后方指挥员之间的联络。

无线通信的方式主要有：单工通信，是指两个台之间使用相同的频率，甲台发话时，乙台只能处于接收状态，绝不允许发话，否则双方都收不到信息，反之亦然；半双工通信，是指收发信号时分别使用两个频率，甲台有天线共用装置，乙台无天线共用装置，甲台可以同时发话和收话，乙台则可以顺次发话与收话；双工通信，是指使用两频道的电台同时发射和接收，可直接对话，和半双工不同之处是乙台也必须使用天线共同装置；中继转接，为了满足一定的通信距离或需要与不同频率的两个电台通话时，就需要中继转接。

七、火场警戒

（一）火场警戒的类型

火场警戒的类型是由警戒的范围和管制的内容决定的。不同性质的火灾事故，其火场警戒的范围和管制的内容也各不相同。

1. 维持秩序类警戒

当发生重大火灾、重大灾害事故或严重的交通事故时，火场警戒的主要目的是禁止无关人员和车辆进入灭火救援的工作范围，并对警戒区域内实施交通管制，维持火场秩序，保证火灾扑救和抢险救援工作顺利进行。

2. 防爆炸类警戒

当发生液化石油气、甲烷、乙烯等易燃气体或汽油、酒精等易燃液体的泄漏时，火场警戒的主要目的是防止发生爆炸燃烧事故。警戒范围内必须同时禁绝一切着火源。

3. 防中毒类警戒

当发生不燃的有毒气体泄漏时，其现场警戒的目的是防止人员中毒。要及时划定警戒范围，进入警戒区的施救人员等，必须按要求做好安全防护。

4. 防毒防爆类警戒

当发生可燃的有毒气体泄漏时，其火场警戒的目的是既要防止人员中毒，又要防止发生爆炸燃烧事故。警戒范围内应同时禁绝一切着火源，管制交通，控制一切无关人员进入，进入警戒区的人员必须做好安全防护。

（二）火场警戒的范围

火场警戒的范围是根据火灾事故特点和消防队开展灭火救援工作所需要的行动空间和安全要求来确定的。

1. 火场警戒范围的确定

阻止无关人员随意进入危害区，保证灭火救援通道和灭火剂供应线路的安全，为参战力量提供足够的活动空间，是火场警戒的基本目的。所以，确定火场警戒范围十分重要。

（1）根据直接危害范围确定　火灾事故的直接危害范围是指火灾蔓延的途径范围、火灾烟气的侵袭范围、爆炸冲击波直接波及的范围以及危险化学品泄漏扩散的范围等。它是确定火场警戒区域的重要依据。

（2）根据间接危害范围确定　火灾扑灭后有可能造成空气、水源和地面污染，或使市政、生活等设施遭到破坏而影响人们正常工作和生活的重特大火灾事故现场，火场指挥员要对事故的严重程度、可能发生的严重后果和可能波及的范围提前作出预测，确定间接危害区域的警戒范围。

（3）根据侦检监测结果确定　如果火灾现场发生有毒物质泄漏，火场警戒的范围应根据有毒物质的性质、风向风力和侦检结果来确定。从有毒中心区向外按照检测结果确定污染区。

(4)根据处置需要的空间确定　火灾事故的处置工作具有综合性特点，如切断毒源、扑灭火灾、抢救人员、排险抢修、治安维持等，处置行动涉及消防、公安、医疗、交通、环保等许多单位和部门。因此，在确定火场警戒范围时，要留有足够的工作空间，保证所有参战力量能够顺利开展灭火救援行动。

2. 确定火场警戒范围的注意事项

火场警戒范围的确定，既涉及指挥部的设置位置、作战力量的集结地、进攻路线的选择、器材以及人员投入等问题，又涉及人员疏散安置、停产停业、消除着火源、封闭道路、管制交通等问题。所以，警戒范围的确定应当科学合理。

1）要根据泄漏的危险化学品的性质、数量、危害程度和当时当地的风向风力科学分析。在准确侦毒检测的基础上确定火场警戒的范围。

2）火场指挥员对火灾等灾害的危害程度要心中有数，尽量将损失和影响降到最低。

3）确定火场警戒范围时，既要保证参战车辆的通道、灭火进攻路线畅通，又要保证与灭火救援无关的人员或车辆不能随意进入现场。

4）确定火场警戒范围时，要提前对火灾事故或灾害有可能导致的直接危害及其次生灾害作出预测，准确划定火场警戒范围。

（三）火场警戒的实施

火场警戒工作通常由公安消防队组织实施，但当火场情况复杂，需要警戒的范围很大时，应报告公安机关由相关警种到场实施火场警戒。

1. 实施火场警戒的条件

发生火灾或其他灾害事故时，必须严格按灾害现场的需要实施火场警戒。

1）有大量人员围观，严重影响灭火战斗行动的现场。

2）参战人员和车辆多，实施灭火战斗行动需占用道路的现场。

3）火势不能迅速有效控制，有蔓延扩大趋势的现场。

4）发生有毒气体、易燃气体、易燃液体泄漏扩散的灾害事故时，有可能引起爆炸燃烧、人员中毒、建（构）筑物倒塌等严重危害后果的现场。

5）需要疏散大量被困人员或需要组织人员疏散大量贵重物资的现场。

6）存放有危险化学品或危险化学品有泄漏危险的现场。

7）火场指挥员认为有必要实施火场警戒的现场。

2. 火场警戒力量的组成

火场警戒力量由消防人员、属地民警、交巡警、武警以及事故单位的保安人员等组成。

3. 火场警戒器材的使用

火场警戒器材是灭火救援现场用来警示某种危险和圈划各种警戒区域的器材。

（1）常用警戒器材　常用警戒器材主要有：警戒标志杆、底座、警戒带、警戒灯、形象警示牌、警戒桶等。警戒带为卷状，用高强度塑料加工而成，表面喷有红白反光漆，标有"警戒"字样；形象警示牌用图形、文字、标识、颜色等内容构成，用于表示剧毒、爆炸、燃烧、泄露、核放射等不同含义的标牌，多为三角形状，金属制成；警戒桶为圆锥状，塑料制品，表面喷有环状红白反光漆。

（2）警戒器材使用　警戒器材可根据不同警戒场所，灵活运用，主要是以联用为主，但也可单独使用。平时维护要注意防止表面损坏。

警戒标志杆及底座一般不单独使用，它主要与警戒带或形象警示牌联用；警戒带可以单独使用，使用时捆绑在现场周边的树木、路灯杆、栏杆上形成警戒区域；警戒桶可单独使用，也可以和其他警戒器材配合使用；警戒灯一般用于夜间或光线较暗的场所。

4. 实施火场警戒的注意事项

（1）强化联动作战的意识　遇有重大火灾或重大灾害事故，火场指挥员必须强化联动作战意识，充分发挥相关部门和社会各界力量的作用，根据火场需要，及时调集公安、武警力量，到场实施警戒。

（2）警戒标识要明显　设置警戒区时，要根据火灾或灾害事故的不同种类、性质，设置相应的警戒标识。危害程度不同的警戒区域，应设置不同的警戒标识。夜间要尽可能使用带有发光、照明功能的警戒标识。

（3）保证人身安全　在实施警戒的过程中，要防止无关人员或围观群众随意进出火场。警戒人员要做好个人防护，防止中毒、灼伤等事故的发生。

（4）及时做好检查记录　在警戒区的出入口处，应设置专职的警戒员，做好进入危险区域的人员、器材的安全检查，强调安全注意事项并做好记录，确保进入火灾现场的人员安全。

八、扑救火灾

扑救火灾是指消防战斗人员使用消防器材装备将灭火剂喷射到燃烧物体上，或采取其他方法破坏燃烧条件，终止燃烧的过程。扑灭火灾，受许多因素制约，灭火人员要进行有效的灭火，应做好以下几个方面的工作。

（一）正确使用灭火剂

目前，我国消防队伍装备的灭火剂种类较多，使用时应根据不同的燃烧对象、燃烧物质的性质、不同的燃烧状况以及风力、风向等因素，正确选择灭火剂，并保证供给强度。要避免因盲目使用灭火剂造成适得其反的结果或更大的损失。

（二）正确选择灭火方法

1. 灭火

主要通过喷射水、泡沫、干粉等灭火剂灭火。

（1）喷射水流　水枪手应把水流喷到火焰根部，即把水流喷射到燃烧物体上，不要喷射到火焰上；在看不见火焰的情况下，不要盲目射水；要根据火场燃烧情况，及时变换水枪射流。通常采用先室外后室内、先上方后下方、先暴露部位后隐蔽部位、先贵重物品后一般物品的射水原则。

（2）喷射泡沫　应根据不同的扑救对象采取相应的喷射方法，对于罐内液体火灾，扑救时要朝罐内一侧的罐壁上喷射泡沫，使泡沫顺罐壁自动流淌到液面上覆盖火焰，不要用泡沫直接冲击燃烧的液面；地面流散液体火灾，要从近处开始，左右两侧同时喷射，逐步向远处推进。

（3）喷射干粉　对准燃烧物体的火焰根部平行喷射，如果燃烧区火焰面积较大，可将干粉车停在距火源 25～50m 处的上风或侧上风的位置，操作干粉炮向左右两侧稍微平行摆动，使干粉完全覆盖燃烧区。

2. 冷却

通常用水流对燃烧物体进行冷却,为充分发挥水流的冷却作用,应将水流喷射到燃烧物体上。被冷却的物体面积较大时,水枪应左右平行摆动,使水流均匀地散布,避免需要冷却的部位出现空白点。

3. 掩护

火场辐射热强烈、可用雾状水流掩护灭火人员进攻和疏散群众,特殊情况下,可采用数支水枪依次交替掩护。

(三) 选择好灭火阵地

在不同的距离、角度和位置上喷射灭火剂,会产生不同的效果,灭火所用的灭火剂数量和时间也不相同。选择灭火阵地应根据便于观察、便于喷射灭火剂、便于进攻、转移和撤退的原则来进行。选择有利的灭火阵地,对充分发挥灭火剂的效能和战术技术以及保护灭火人员的安全,有着十分重要的作用。

1. 分水器设置

中队(班)火场指挥员在选择水枪阵地前,应首先确定分水器的位置,以便于水枪阵地的转移和保证主攻阵地供水不间断。

(1) 确定分水器位置

1) 地面进攻时的位置。在地面实施灭火作战行动时,供水线路上的分水器位置,应根据水枪阵地的选择情况进行设置,通常情况下设置在火势蔓延方向的侧面,或设置在两支水枪的中间部位,设置的条件是便于阵地的转移。

2) 进攻楼层火灾时分水器的位置。水枪阵地进入楼层内部时,分水器通常设置在接近燃烧层的楼梯间外;若几层楼同时燃烧,担负下层进攻的消防员应将分水器设置在下层楼梯间;担负上层堵截任务的消防员,应将分水器设置在上层楼梯间。

向楼层进攻时,如果两支水枪在同一楼层设阵地,分水器应设置在该层楼梯间。

当两支水枪阵地需要分别设在两个楼层,上一层的水枪阵地堵截向上蔓延的火势时,分水器应设置在着火层楼梯间。

火势已燃烧至上一层,上一层的水枪阵地以控制与围歼为主要任务时,分水器设置在上一层楼梯间。

3) 垂直铺设水带分水器的位置。在扑救高层建筑火灾实施垂直铺设水带时,应在地面水带干线向楼上垂直铺设部位和进攻起点层分别设置分水器,以便于部署水枪阵地或在水带线路出现意外时及时更换水带。

(2) 设置分水器的注意事项 同一分水器前的水枪阵地标高差不宜超过10m;进入闷顶的水枪,不宜与室外地面水枪合用分水器;两支水枪间的距离相距80m以上时,不宜合用分水器;实施向纵深进攻的水枪,不宜与室外水枪阵地合用分水器。

2. 水枪阵地的设置

(1) 确定水枪阵地位置 消防人员正确选择水枪阵地的位置,可以充分发挥水枪射流的作用,有效控制和消灭火灾。

1) 依托门(窗)口设置。依托门(窗)口设置水枪阵地具有出入方便、视线开阔、较为安全的特点。进攻时消防人员以门窗为掩护,可防止被室内的建筑碎片砸伤,并能减少高温烟气的侵袭。

2）依靠承重墙设置。在宽大的车间、仓库和大厅等建（构）筑物内灭火时，为防止屋顶塌落或其他物体坠落伤人，消防人员不应站在建（构）筑物内的中间，应依靠承重墙设置水枪阵地。

3）吊顶内、外设置。扑救闷顶火灾时，室内吊顶检查口、屋顶上的老虎窗是设置水枪阵地的理想部位，有利于战斗员进攻和撤退。

4）在建筑内走廊设置。深入建筑内走廊设置水枪阵地进攻时，水枪手回旋余地大、进退方便，如走廊内设有室内消火栓，则可直接使用室内消火栓设置水枪阵地。

5）利用消防梯设置。利用消防梯设置水枪阵地时，可在燃烧房间的窗口或相邻的窗口处设消防梯，可先在消防梯上设置水枪阵地，控制由窗口向上蔓延的火势，视情逐步攻入室内。

6）利用举高消防车设置。建筑物附近有停靠举高消防车的位置，并且着火楼层在举高消防车工作高度之内时，可利用举高消防车设置水枪阵地直接出水灭火。

7）利用机器设备设置。进入跨度较大的车间扑救火灾时，为防止建筑结构倒塌和热辐射的强烈烘烤，可利用大型机器设备作掩体设立水枪阵地。

8）利用地形地物设置。当液化石油气瓶等危险物品在街道爆炸着火时，水枪手可利用周围的树木、电杆等作掩护设立水枪阵地；附近没有其他掩蔽物时，可利用坑凹地设立水枪阵地。

（2）确定水枪阵地的注意事项

1）不能在堆垛、轻质屋顶、遮阳棚、雨搭上、卧式压力储罐的两端设置水枪阵地。

2）扑救氧气瓶、液化气钢瓶和油桶火灾时，在进行长时间的冷却，气（液）瓶、油桶温度下降，没有膨胀爆炸可能的情况下，才能深入内部设置水枪阵地。

3）楼房发生火灾，当着火层超过水枪射程时，不应在地面上设置水枪阵地。但遇有下列情形，着火层没有超过水枪射程时，则应在地面设置水枪阵地。

4）水枪手进入闷顶时，应在水枪射流能够覆盖的空间内，不应距入口较远，以便及时转移和撤退。进入闷顶内的水枪手应尽量站在承重构件上，或以垂直柱、斜撑为依托射水。

5）任何进攻阵地上的水枪手都要根据火情变换合适的水枪射流。当火势凶猛时，应使用强劲水流攻击；当火势猛烈且热辐射强烈时，应使用开花、雾状水保护正在进攻灭火的水枪手；进入居民家庭火势不大的火灾现场，应使用喷雾射流；冷却压力容器、掩护关闭阀门、进入室内掩护救人、开辟通道兼作排烟时，应选用喷雾水枪；进入烟雾浓、温度高的地下场所时，前方应采用强水流冲击，紧随其后的是雾状水流掩护；明火已经消灭或火势已被控制时，均应改直流为喷雾、降低射程、控制用水，减少水渍损失。

3. 泡沫、干粉枪阵地的选择

消防人员在选择泡沫和干粉枪的灭火阵地时，应遵循在上风或侧上风设置的原则设置灭火阵地。

（1）泡沫枪阵地 喷射泡沫灭火剂扑救易燃、可燃液体火灾时，从上风或侧上风处向着火液面喷射效果较好，在下风位置顶风向着火液面喷射泡沫，在风力作用下会影响喷射的有效射程，并对泡沫扩散流动起阻碍作用，灭火效果较差。在风力较大的情况下，如果从上风和侧上风方向同时向着火液面喷射泡沫灭火剂，则有利于泡沫扩散流动，得以迅速覆盖油面。

（2）干粉枪阵地　在其他条件相同的情况下，干粉枪在火场的上风处，向燃烧区喷射效果最佳，侧风喷射效果较差，在下风处顶风喷射效果最差。因此，火场指挥员应考虑风向对干粉灭火效果的影响，尽可能占据上风处的有利位置设置干粉枪阵地，以提高灭火效能。

4. 消防车炮和移动炮阵地的选择

使用载有消防炮的消防车以及移动式消防炮灭火，应根据所扑救的火灾对象、火场地形、风向风力以及所使用的灭火剂的特性和消防炮的技术性能等因素，选择灭火阵地。

（1）泡沫炮阵地　泡沫炮阵地的选择通常在距离燃烧区或燃烧物体位置适当的上、侧风方向，泡沫炮上倾角宜保持在30°~45°，避开有可能发生爆炸的部位。

（2）干粉炮阵地　干粉炮阵地的选择通常在距离燃烧区或燃烧物体位置适当的上风向，前方没有遮拦物，最好是居高临下的地方；当上风方向无法喷射时，可选择侧上风方向。

（3）水炮阵地　水炮阵地的选择通常在火势蔓延方向的前方和两侧，根据火势和火场地形情况，选择最能发挥水炮作用的位置进行灭火。消防水炮流量大，冲击力强，不宜在近距离使用，防止伤害人员和损毁建筑物。

（四）"保护"起火点

起火点即引起火灾的部位。通常引起火灾的物体（如电热器具、铜铝线接头、电灯泡等）在起火点都能发现。因此，"保护"起火点不被破坏，对事后调查火灾原因有着十分重要的作用。在灭火战斗中，对最先起火部位或有可能是起火点的部位应给予保护。

（五）注意事项

1. 搞好安全防护，避免人员伤亡

灭火人员进入燃烧区灭火、救人，应佩戴空气呼吸器，有条件时应穿隔热服，携带安全绳、照明灯具和通信器材等；进入高层建筑时，还应携带缓降器等。灭火战斗中，当火场有爆炸、毒害、腐蚀、倒塌、沸溢、喷溅等危险因素时，火场指挥员应组织精干力量实行重点突破，其余人员撤至安全地点，防止情况突变造成不应有的伤亡，在没有安全保护的情况下，不能盲目向高压电器设备射水。

2. 搞好协同配合

灭火战斗中公安、企业消防队之间，都要顾全大局，互相配合，协同作战，在火场总指挥员的统一指挥下，完成各自的战斗任务。水枪手与操作分水器的战斗员要保持联系，水枪阵地设在建筑物内部时，要与室外的战斗员相互联系，便于及时加压、停水或转移阵地。相邻的水枪手，要互相配合射水，在火情复杂、水枪射流压力较大并需要转移阵地时，应有1~2名战斗员协助水枪手操作。接近火焰的水枪手在高温和热辐射较强的情况下，可以组织其他水枪手利用喷雾水流进行掩护，并组织人员替换，轮流射水。

3. 保护车辆和器材装备

各级指挥员要密切注视火势变化情况，当火势威胁到车辆、器材时应及时转移或撤退到安全地带，防止车辆和器材被火烧坏。

第五节 战斗结束

一、检查、移交火灾现场

灭火救援行动结束后，火场指挥员应组织消防人员对火场进行全面细致的检查。在确认没有人员被困、没有复燃、复爆可能的情况下，向当地公安机关或受灾单位移交现场。

（一）检查火场

火灾扑灭后，火场指挥员应率各战斗班长对火场进行全面细致的检查，消除残火，排除隐患，防止复燃。

1. 建（构）筑物火灾

检查建筑物的过火部位和构件，如闷顶、空心墙、地板、通风管道、保温层、电梯井等，翻扒被压埋在瓦砾灰烬中的可燃物质，尤其是棉被、木质家具等，看是否有余火和阴燃，发现后及时扑灭。

2. 堆场火灾

过火的物资要逐垛逐件（包、箱、捆、袋）地翻扒，用水浇灭内部的阴燃后搬运至安全处，由受灾单位继续观察看守。

3. 液（气）体储罐火灾

用侦察检测器材（可燃气体测爆仪、测温仪等）检测火已扑灭的着火液、气储罐的泄漏部位是否仍有泄漏气体和周围空间的气体浓度，如易燃液体、气体浓度仍达到爆炸浓度极限或接近爆炸浓度极限，应继续堵漏或用雾状水流稀释驱散。检测相邻罐的罐壁温度，直到确认储罐内的温度不会导致复燃为止。

4. 石油化工装置火灾

对燃烧区内的釜、塔、管、线和容器等设备进行检查，看是否仍有跑、冒、滴、漏现象，以便及时采取相应的处置措施。

5. 大风天火灾

应检查火场下（侧）风方向有无被热辐射或飞火引燃的可燃物质、建筑物等，检查距离应根据风力等级视情延长。

消防人员对于火灾现场检查中发现的安全隐患，应采取相应的处置措施，如切断电源、关闭气源等。

（二）移交现场

检查火场结束后，火场指挥员应向公安机关或受灾单位负责人移交现场，并交代有关要求和注意事项。

1) 指定专人对火场进行限定时间的监护，以免发生复燃。

2) 妥善保管消防人员从火灾现场抢救和疏散出来的物资，确保受灾单位和个人的财产得到保护。

3) 在采取有效措施前，禁止恢复供电、供气，限制无关人员进入火灾现场，进入现场需要必要防护等。

4) 对火灾现场进行保护，以免火灾现场遭到人为的破坏，影响火灾原因调查和责任认定。

二、清点和归队

灭火战斗结束后,各级指挥员要及时清点消防人员,部署整理器材的工作,组织消防车辆、人员安全归队。

(一)清点人员和装备

在战斗结束后,火场最高指挥员应下达清点人员和装备的命令。参战人员要准确、迅速地完成清点和归放工作。各消防中队和战斗班没有接到命令前不得自行收拾器材,擅自返回。

1)各战斗班长接到上级下达清点人员和装备的命令后,班长负责清点本班(车)人员;战斗员将各自分工保管的装备归放到消防车上。火场上损坏或需要维修的器材,归队后予以更换。

2)各班清点完毕后,执勤队长集合本中队人员,进行人员、装备数量核对,如发现灭火人员和装备缺失,要立即组织人员寻找。

3)将灭火使用过的水泵接合器、消火栓的出水阀和闷盖等拧紧并恢复原状。

4)各消防中队执勤队长向上级指挥员报告清点人员、装备情况。

(二)归队

在清点完人员和装备,移交现场后,执勤队长应率领消防车辆、人员归队。归队有集中归队、分批归队两种形式。归队有如下要求:

1)归队前中队执勤队长和各班长要检查人员是否全部登车、随车器材放置是否牢固及器材箱门是否关闭等情况。

2)消防车通常应按出动队形原路返回,途中应保持与作战指挥中心和其他出动车辆的通信联络畅通。

3)归队途中若遇有火场,应立即进行扑救,并报告作战指挥中心。当燃料油、灭火剂和水带等器材不足时,应及时请求增援。

4)归队后应及时向作战指挥中心报告。

三、恢复战备

归队后,执勤队长应立即组织消防人员按照各自的任务分工,检查保养消防车辆,补充油、水、电、气和灭火剂,清洗消防车(泵),维护保养器材,恢复执勤战备状态。

执勤队长应根据人员和车辆状况,充实或调整执勤号员,并对执勤战备状态的恢复情况进行检查。

(一)维护保养车辆

灭火战斗归队后,消防车驾驶员应及时维护保养消防车辆,使消防车迅速恢复执勤状态。

消防车驾驶员完成车辆恢复执勤状态的工作后,应及时向执勤队长报告。

(二)补充灭火剂

补充灭火剂的工作由战斗班长组织战斗员和驾驶员共同完成。执勤人员应及时完成灭火剂的补充。

1. 现场补充

灭火战斗结束后，如火灾现场有市政消火栓，水罐消防车应就地将水罐加满。

2. 途中补充

若火灾现场没有水源，消防车可在返回途中选择水源加水。

3. 归队补充

归队后利用站内消火栓为水罐消防车加水。泡沫消防车应补充泡沫、干粉、二氧化碳等灭火剂。消防中队有储存的，应及时补充；中队没有储存的，消防车到储存点补充，或保障部门运送补充。

灭火剂补充完毕后，战斗班长要向执勤队长报告。

（三）保养和补充器材

灭火战斗结束后，消防人员应对使用过的器材进行检查保养，损坏的进行维修，无法修复的，予以更换。

（四）恢复战备的要求

消防人员应按照落实责任、明确任务、快速高效、及时报告的要求恢复战备。

1. 落实责任

各级指挥员对恢复执勤战备工作负有监督、检查、落实的责任。执勤中队的各类人员应根据装备档案的统一编号，按照定人、定物、定位、定时的要求，落实管理责任。

2. 明确任务

各级各类人员、后勤保障单位应明确恢复执勤战备工作的具体任务，并按各自的任务检查、维护、保养、补充灭火剂和器材。

3. 快速高效

消防人员应在最短的时间内迅速恢复执勤战备状态，是由灭火救援的突发性、不可预见性的特点所决定的。快速高效应体现在检查、维护、保养、补充的每个环节。消防总（支）队应建立切实可行的物资保障机制和物资保障储备中心（库），大（中）队应储备一定数量的常用易损器材，以保证执勤战备的快速恢复。

4. 及时报告

消防中（大、支）队恢复执勤战备工作完毕后，应及时向主管领导和作战指挥中心报告。

自学指导

学习重点：火场侦察的方法和要求及灭火战斗进行环节的主要内容。

学习难点：火场侦察的方法及火场救人、火场排烟、火场破拆的方法。

复习思考题

一、填空题

1. 受理火警的方式有（　　　）和（　　　）。
2. 灭火战斗过程包括（　　）、（　　）、（　　）、（　　）、（　　）五个基本环节。
3. 战斗展开分为（　　　）、（　　　）、（　　　）三种形式。
4. 火场供水的方法主要有（　　　）、（　　　）和（　　　）。

二、简答题
1. 简述火情侦察的方法。
2. 简述火场破拆的目的。
3. 简述火场排烟的目的和方法。
4. 简述火场警戒实施的条件。

第三章 灭火战斗原则

学习目标
1. 应了解、识记的内容
● 灭火战斗原则的基本属性。
2. 应理解、领会的内容
● 灭火战斗原则的五个内容。
3. 应掌握、应用的内容
● 灵活、全面地运用原则。

自学时数 6 学时

老师导学

本章介绍了灭火战斗原则的基本属性，着重论述了灭火战斗原则的具体内容，并对如何运用灭火战斗原则进行了阐述。在本章的学习中，应重在对灭火战斗原则的内容的理解，要求能对灭火战斗原则在实践中的应用有初步的认识。

灭火战斗原则是公安消防部队在灭火战斗中必须遵循的准则。它是对灭火战斗提出的基本要求，是规范消防部队灭火战斗的行为准则，是灭火战术的具体反映和运用。公安消防部队执行灭火与应急救援任务，应当坚持"救人第一，科学施救"的指导思想，在灭火战斗中按照先控制、后消灭，集中兵力、准确迅速，攻防并举、固移结合的作战原则，果断灵活地运用堵截、突破、夹攻、合击、分割、围歼、排烟、破拆、封堵、监护、撤离等战术方法，科学有序地开展火灾扑救行动。

第一节 灭火战斗原则的基本属性

灭火战斗原则有其独特的本质属性，正确认识这些属性对于深入理解原则、正确运用原则是不可缺少的。

一、实践性

灭火战斗原则的实践性包括两个方面的含义：一是灭火战斗原则来源于灭火战斗实践，并用于指导灭火战斗实践；二是灭火战斗原则只有在灭火战斗实践中，才能得以检验和发展。

1. 灭火战斗原则来源于灭火战斗实践

首先，灭火战斗原则是灭火战斗实践的需要。灭火战斗实践表明，决定灭火战斗成败的因素，除了力量等客观条件对比上的差异外，最根本的原因在于灭火战斗指挥思想和原则，以及组织和实施灭火战斗的方法正确与否。灭火战斗实践在客观上要求人们趋利避害，取得胜利，必须自觉地透过灭火战斗实践的一般现象，去认识灭火战斗规律，能动地提出科学的、用于指导灭火战斗的原则。其次，实践经验是灭火战斗原则的理论源泉。从灭火战斗原则的产生和表现形式上讲，它具有主观性，是人的主观意志的体现。但是，从本质上讲，灭火战斗原则又具有客观性，它不仅反映了指导灭火战斗的客观要求，而且是人们通过研究大量灭火战斗实践经验，总结、归纳所得出的系统理论。只有以灭火战斗实践作为中介，尤其是当正反两方面灭火战斗经验积累得十分丰富后，经过加工和理论升华，才能使灭火战斗原则符合灭火战斗实际，主观行为才有可能与客观要求相统一。再者，灭火战斗原则是人们认识灭火战斗规律的归宿。灭火战斗是一种特殊的社会现象，有自身矛盾运动的特殊规律，反映灭火战斗规律的一般灭火战斗原则，是人们长期探索、认识灭火战斗规律并加以深刻提示和总结的结果。舍此，就无法创立真正符合灭火战斗规律的灭火战术指导原则，唯心的、盲目的、主观臆造出来的灭火战斗原则，不能用于指导灭火战斗实践。

2. 灭火战斗原则用于指导灭火战斗实践

用于指导灭火战斗实践是人们总结灭火战斗原则的根本目的，是其生命力所在。人们研究灭火战斗实践，归纳、总结灭火战斗原则，只是完成了对灭火战斗原则的初步认识，要判断其是否正确，还必须再回到实践中去。因为不是自然界和人类去适应原则，而是原则只有在其适应于自然界和历史的情况下才是正确的。也就是说，灭火战斗原则虽然可以用于"阐述"和"解释"以往发生过的灭火战斗，但是其主要功能或者说根本功能，是指导未来灭火战斗。当然这种指导不是对原则的生搬硬套，如果将灭火战斗原则当作固定模式和僵死的教条，硬要实践服从于原则，那是注定要失败的。灭火战斗原则只是为人们在灭火战斗实践中思考问题、指导灭火战斗行动指明了方向，人们在原则支配下，有相对的行动自由，只要不违背原则的基本精神，就有可能到达胜利的彼岸。

灭火战斗原则在灭火战斗实践中得以检验和发展。灭火战斗原则具有客观性是对的，但是，灭火战斗原则毕竟是人们一种主观意志的行为，由于受对客观事物认识能力和认识程度的限制，人们所总结的灭火战斗原则是否符合客观实际，还必须再回到灭火战斗实践中加以检验。"实践—认识—再实践—再认识"这种循环过程是认识的一般规律。灭火战斗原则是否正确，既不能主观臆断，也不能通过理论到理论的推理去检验，必须沿着认识事物的一般规律，在实践中进行考查和验证。通过实践的检验，不但可以发现灭火战斗原则中那些不合理的部分，并加以修正，而且可以发现真理，发展和完善灭火战斗原则。

二、时代性

灭火战斗原则的时代性是指灭火战斗原则具有时代特点，是对一定历史时期灭火战斗实践的客观反映，随着灭火战斗实践的变化，灭火战斗原则也必须填充新的内容或者注入新的思想。

马克思主义哲学认为，物质运动是绝对的，静止是相对的。这就是说，一方面，灭火战斗随着时代的演进、条件的变化虽然不断发展变化，但是，这种发展变化是渐进的，所以，在一定时期内，灭火战斗运动规律又是稳定的、相对静止的。正是因为灭火战斗规律具有相对静止的特性，才使得研究和总结灭火战斗原则有实际意义。另一方面，灭火战斗随着时代的不同、条件的变化，发展是绝对的，有时甚至是质的飞跃。因此，反映灭火战斗规律的灭火战斗原则必须随着时代的进步而发展。

我国消防部队的灭火战术指导思想也发生过多次变化。公安部1962年颁发试行的《公安消防部队灭火战斗规定》提出了"集中优势兵力打歼灭战"的指导思想；1980年公安部颁发的《公安消防部队灭火战斗条令》规定公安消防队在灭火战斗中"必须坚持速战速决和集中兵力打歼灭战"的指导思想；1996年公安部颁发的《公安消防部队执勤条令》（试行）规定"公安消防部队在灭火战斗中，要贯彻救人第一和准确、迅速、集中兵力打歼灭战"的指导思想。2009年公安部颁发的《公安消防部队执勤战斗条令》中规定公安消防部队执行灭火与应急救援任务，应当坚持"救人第一、科学施救"的指导思想，按照"第一时间调集足够警力和有效装备，第一时间到场展开，第一时间实施救人，第一时间进行排烟降毒，第一时间控制灾情发展，最大限度地减小损失和危害"的要求，组织实施灭火与应急救援行动。从这一系列的变化可以看出，灭火战斗原则是随着时代的变化而变化的。

三、继承性

灭火战斗原则的继承性是指灭火战斗原则是在不断批判和继承前人的研究成果的基础上得以发展的，不同国家、不同时期的灭火战斗原则虽然有所不同，但相互之间有着千丝万缕的联系。

灭火战斗原则有些是依据当时、当地的具体情况提出的，只适用于特定的时间和地区，有些则是长期经验的总结，是人类社会发展中形成的共同财富，普遍适用于不同的社会发展。也就是说，一定时期的灭火战斗原则是在总结和发展前人的研究成果中形成的。这是军事科学发展的普遍规律，也是灭火战斗原则发展的规律。

灭火战斗原则是以以往灭火战斗经验为基础的。一方面，灭火战斗经验是建立在一定灭火战斗实践基础之上的，反映了当时的灭火战斗规律；另一方面，灭火战斗经验是前人在一定的观点指导下，按照一定的需求继承和发展起来的，既有直接经验的升华，也有间接经验的借鉴。凡是以往的灭火战斗经验，无论是自己的还是他人的，或者是古今中外的，只要适应于当时的灭火战斗需要，都往往被吸取和继承。

四、系统性

灭火战斗原则的系统性是指灭火战斗原则知识体系内的各条原则既相对独立，有特定的含义，从不同侧面反映灭火战斗的规律，又不是孤立的，相互之间有着内在的、不可分割的联系，以其整体内涵从较高层次上反映灭火战斗规律，形成指导灭火战斗的系统理论。

第二节　灭火战斗原则的内容

公安消防部队执行灭火与应急救援任务，应当坚持"救人第一、科学施救"的指导思想，按照"第一时间调集足够警力和有效装备，第一时间到场展开。第一时间实施救人，第一时间进行排烟降毒，第一时间控制灾情发展，最大限度地减小损失和危害"的要求，组织实施灭火与应急救援行动。灭火战斗原则也必须符合指导思想的要求。

一、先控制，后消灭

"先控制，后消灭"是指消防力量到场后，先把主要力量部署在火场的主要方面，对发展的火势实施有效控制，防止蔓延扩大，为迅速消灭火灾创造有利条件；在控制火势的同时，集中兵力向火源展开全面进攻，逐一或全面彻底消灭火灾。符合火灾"先控制，后消灭"的战术原则，是经灭火实践证明为行之有效的，是指导扑救已经猛烈发展或有迅速蔓延趋势火灾的战术原则。

从火灾发生过程看，先控制后消灭是根据火灾发展规律提出来的。火灾发生后，其发展很快，尤其当火势借助大风，燃烧物又是易燃易爆危险品或气体，蔓延速度极快。因此，灭火战术必须要先注重控制火势的发展蔓延，当遏制住火灾扩大势头后，才能迅速彻底消灭火灾。

从灭火指导的实践看，先控制后消灭是根据灭火战斗规律提出来的。对于发展迅速的火灾，当第一出动力量到达火场时，火灾往往正处于发展阶段，甚至猛烈燃烧阶段，火势相对于最先到场的灭火力量来说，一般在整体上前者强于后者。因此，先期到场的消防力量必须集中兵力于火场的主要方面，阻止火势的进一步蔓延扩大，将其限制在一定的燃烧范围之内，积极等待力量增援。只有这样，才能为消灭火灾创造有利条件。

"先控制，后消灭"的战术原则包含着控制与消灭、被动与主动的辩证关系。在灭火战斗的实际应用过程中，"先控制"和"后消灭"是紧密相连的，不能截然分开。前者是扑灭火灾减小损失的有效手段，后者是前者的继续和发展，是在控制过程中消灭火灾。"后消灭"不能理解为消极地等待控制之后，再组织进攻消灭火灾，因为消灭火灾是灭火战斗的最终目的，然而，彻底扑灭火灾的行动往往是自控制住火势后开始的，直到最终彻底消灭火灾。

对于不同的火灾对象而言，控制的方法和消灭的时机是不同的。如建筑火灾的火势控制是以控制建筑内的高温烟气流动为主的，控制其流动的方向、降低其温度，以达到控制火势蔓延的目的。这就要求在具体实施时要选择好恰当的阵地与喷射的水流，从而提高控制的效率。石油化工火灾的控制则是以冷却为主的，所以充分利用固定设施进行冷却，找出火场的主要方面，提高冷却效率，才能为最后消灭打好基础。总之，"先控制"与"后消灭"在实战时要灵活运用，以提高灭火救援的效率为最终目的。

二、集中兵力

"集中兵力"是指在灭火战斗中把灭火所需兵力集中调派到火场，并部署在火场的主要方面，使灭火力量与火势对比形成相对的优势，以保证火场上有足够的灭火力量来控制火势，消灭火灾。

"集中兵力"有两层含意，即集中调集力量和集中使用力量。

集中调集力量就是火灾发生后，必须及时调派足够的灭火力量赶到火场，才可能迅速控制火势，扑灭火灾。然而，"集中兵力"不单单是要及时调派灭火力量于火场，而且是集中调派，不能搞零敲碎打的加油战术。火灾发展很快，一般砖木结构建筑火灾由初期发展到猛烈约 $10 \sim 15 \text{min}$，而石油化工火灾发展得更快，甚至初期阶段都不明显，即可过渡到猛烈阶段。因此，调派兵力必须及时而且集中，这样才能于火场在较短的时间内形成足够的灭火力量，若是分散调派，就可能出现兵力零散到达火场，很长时间难以形成足够的一次性扑灭火灾的力量，从而贻误战机，导致火势进一步蔓延扩大。

集中使用力量即在灭火力量集中调派于火场后，必须集中使用。对于发展蔓延起来的火灾或是大面积火场，首批集中到场的兵力总是有限的。从总体上看，首批力量与整个火场的火势相比，一般显不出绝对的优势，往往还是劣势。但是，把这些力量用于火场某个局部，就可能在力量对比上形成相对的优势。因此，集中调派于火场的灭火力量还要坚持集中使用的原则，否则，在火场上可能仍然达不到形成优势力量的态势。

"集中兵力"首先是集中调派力量于火场，再根据火场的实际需要，适时地调集和投入增援力量，为取得灭火战斗的主动权，提供必要的力量；其次是集中使用兵力于火场的主要方面，即在战术部署上把兵力集中部署在关系到灭火全局的火场主要方面。只有当二者有效地结合起来，才能为成功灭火提供必要的人力物力保障。

三、准确迅速

"准确迅速"就是以最快的速度，在最短的时间内采取战术行动，实现灭火救援的目的。

在城市火灾中，普通建筑火灾为多。以普通建筑火灾为例，它的发生、发展过程有非常明显的阶段性，一般要经过初起、发展、熄灭三个阶段。火灾发生的前 5~7min 为初起阶段，此时燃烧基本限于着火房间内，火势还未向相邻房间蔓延，火场温度也不高。这是灭火的最有利时机。此后，火灾进入发展阶段，一般能持续 8~15min，火灾开始向相邻房间发展蔓延。消防队如果在这一阶段赶到现场，且力量适宜和措施得当，还可以控制住火势，保护住周围的建筑。这是消防队扑救普通建筑火灾最后一个有利时机。如果失去这一机会，火灾便将进入猛烈阶段，即燃烧面积最大、火焰势头最猛、火场温度最高。这一阶段通常是在着火后的 15~25min，这时的火灾也要奋力扑救，但将火灭掉后，损失也已基本造成。着火25min 后，随着房屋的塌落，火势开始进入衰弱和熄灭阶段，这时的灭火行动基本上是进行扫残火。

从上述过程中可以看出，扑救普通建筑火灾的有利时机是火灾的初起阶段，灭火行动时间要求特别严格，必须反应及时、行动迅速，才能争取到灭火的最佳战机。

根据我国 15min 消防的规定，消防队应力争把火势控制在着火后 15min 左右的范围内。这 15min 消防的意义包括发现起火 4min、电话报警 2.5min、接警出动 1min、途中行驶 4min、战斗展开 3.5min。一般情况下，城市消防队到达火场时，面对的是已经燃烧了 15min 左右的火势。为将火势控制在燃烧猛烈前的发展阶段，公安消防部队要做到接警准、出动快、选择最佳行车路线，迅速展开灭火战斗。

灭火行动要求准确和安全无误，只有"准确"才能保证灭火战斗顺利地进行。对高层建筑火灾、石油化工火灾、地下建筑火灾等的复杂火场，火情判断的准确、灭火行动的安全无误尤其重要。

"迅速"就是以消防部队的快速作战行动去对付火灾的快速发展蔓延，以期达到在短时间内控制或消灭火灾。为此要求所有的战斗行动环节都要体现一个"快"字，即接警要快，并且还要准确无误；出动要快，要求全体参战人员接到出动命令后，能以熟练技术动作登车，确保在最短时间内紧急出动；到场要快，选择最佳行驶路线，熟练驾驶车辆，确保迅速安全到达火场；到场后，火情侦察判断要快；指挥员指挥决策要快；灭火战斗展开、占领阵地、向火点进攻要快。总之，一切战斗行动都要力求快，目的是不失时机地消灭火灾，把火灾消灭在初期阶段，以期达到火灾损失最小。

火灾迅速发展蔓延决定了灭火战斗行动必须迅速。但是，灭火战斗行动一味要求快，可能欲速而不达。在灭火战斗中，准确与迅速是互相依赖的，准确是迅速的前提，迅速是准确的基本要求。灭火行动务必准，准了才能快；若强求准确，一味放慢速度，则灭火行动将失去意义。此外，每一个战斗行动要求快，还要求稳妥，不出差错。如在灭火途中，除了正确选择行驶路线外，在快速行驶时，也要注意安全，避免事故发生，这样才能保证快与准，达到高效率。

四、攻防并举、固移结合

"攻防并举"是指进攻和防御同时进行，进攻和防御相结合；"固移结合"是指在灭火战斗中把移动灭火装备和固定灭火系统结合使用，力求发挥最大的灭火效益的战术原则。

在灭火救援中，不能一味强调进攻，防御也同样重要。这里的防御有两个方面的含义：一是在部署进攻的同时，必须加强消防人员的个人防护。有效防护是为了更好地进攻，防护不力则意味着伤亡。同时，在确定进攻阵地时，要考虑进攻阵地时的安全性。结合选择灭火作战阵地必须便于进攻、便于观察、便于转移和撤退的原则，在作战中一定要考虑突发情况时的安全问题，特别是防止出现爆炸、中毒、倒塌等险情，做到有备无患。二是在灭火进攻中，要防止火势蔓延扩大。这就要求在消灭火灾的同时，要做好对火势蔓延的防御，做到控制与消灭相互补充，最终达到消灭火灾的目的。所以在灭火战斗中，要科学地确定主攻阵地和防御阵地，合理部署力量，才能做到攻防并举，提高灭火战斗的效率。

"固移结合"的战术原则的实质是充分利用灭火救援现场的一切有利资源，并把这些资源有效地结合起来，以达到较高的战斗效率。灭火救援现场除消防部队自身装备外，最有效的可利用资源为固定灭火与防火设施，充分利用这些固定设施，不仅能节约战斗时间，还能发挥出移动装备所不能及的作用。如高层建筑中的内部消火栓系统、固定水喷淋系统、固定防排烟系统、疏散楼梯间等，如果能有效利用，则可对控制火势、疏散救人、防烟排烟等战术行动的展开提供有力支持。

第三节 灭火战斗原则的运用

一、灵活地运用原则

灵活地运用原则是运用灭火战斗原则首要的和最高的要求。灭火战斗原则是灭火战斗行动的指南，不是教条，任何灭火战斗行动都不是以往灭火战斗的再现，每次灭火战斗的情况千差万别，因此，在运用灭火战斗原则时必须结合具体的火灾情况，灵活地运用。

首先，运用灭火战斗原则时要掌握火灾、时机、地点、消防部队四个关节，如果不了解火灾对象的情况，不了解火灾的特点，不得其时，不得其地，不得消防部队的情况，都将不能取胜。比如，某消防支队对化学物质的性能不了解，盲目行动，结果造成可燃气体爆炸，使十几名官兵严重烧伤。其次，运用灭火战斗原则要灵活机动。在任何情况下，不能恪守教条，机械套用，要审时度势，灵活、巧妙地运用。灭火战斗原则的应用不同于应用数学公式，必须适应于当时灭火战斗的具体情况，特别应重视分析、研究其特殊性，力求做到因情措法、灵活善变。

二、全面地运用原则

灭火战斗原则具有系统性，各原则既有相对独立的含义，又是一个相互联系的理论整体。每一条原则可能是指导、解决灭火战斗中某一方面的问题的依据，但对于整个灭火战斗行动来说，仅仅靠一条原则是不能解决所有问题的，因而要求在灭火战斗中必须全面地运用原则。所有灭火作战成功的案例，都是指挥员出色地运用了一系列战斗原则的必然结果。因为每次灭火战斗的情况尽管千差万别，但是，组织与实施灭火战斗的基本程序和方法是大体相同的，共同的规律经常在起作用。如果指挥员遵循了某几条原则，同时又违背了另外几条原则，那是不可能取得灭火战斗胜利的。

全面地运用灭火战斗原则，并不意味着不分主次轻重，在某些情况下，可能这几条原则起主导作用；而在另外一些情况下，可能那几条原则起主导作用。由于灭火战斗的类型、式样不同，战斗的时间、地点和条件的差异，各条原则的实际指导意义和作用也各不相同。因此，指挥员既要进行全面的、系统的思考，遵循诸原则来指导战斗，又要善于紧紧把握对赢得灭火战斗胜利最有决定意义的原则的基本精神。一般来说，对灭火战斗最有决定意义的原则运用得好，那就是具备了胜利的基础。

三、合理掌握运用原则的"度"

原则的基本特征之一是以准则、法则、规则的形式予以确认。原则的规定性具体地表现为一定的"度"，有的可用精确的数值表示，如中和洗消的药品用量；有的可用不太精确的数值表示，如油罐火灾扑救中对于油罐的冷却和灭火所用力量，建筑火灾中控制火势所需要的力量；有的则以达到何种程度提出要求，如全面掌握情况达到知其大略，知其要害。在实际的灭火战斗中，根据不同情况，充分把握住应有的"度"，就能达到预期的目标，并合理地使用兵力，提高灭火的总体效能。可见，一定"度"的要求是原则的基本表述形式。如果原则没有一定的"度"，就失去了其客观性与普遍适用性。

四、创造性地运用原则

创造性地运用原则是指挥员正确运用原则的内在机制的反映。运用原则主要表现为指挥员的决策思维活动，因此，创造性地运用原则首先要求能够进行创造性思维。从根本上讲，灭火战斗情况千差万别，灭火战斗原则只能提出解决问题的一般要求，有许多特殊情况，只有具有创造性的思维并其付诸实践，才能在灭火战斗中正确使用兵力和及时调整战术，使消防部队在灭火战斗中立于不败之地。

自学指导

学习重点：灭火战斗原则的内容。

学习难点：灭火战斗原则的运用。

复习思考题

一、填空题

1. 集中兵力有两层含意，即集中（　　　　）和集中（　　　　）。
2. 固移结合是指灭火战斗中把（　　　　）和（　　　　）结合使用，力求发挥最大的灭火效益的战术原则。

二、简答题
1. 怎样认识灭火战斗原则的实践性？
2. 怎样理解灭火战斗原则的系统性？
3. 怎样灵活地运用灭火战斗原则？

三、论述题
1. 如何正确理解"准确迅速"的灭火战术原则？
2. 论述"先控制、后消灭"在建筑火灾扑救中的体现。

第四章　灭火救援指挥

学习目标

1. 应了解、识记的内容
- 灭火救援指挥要素。
- 灭火救援指挥方式。
2. 应理解、领会的内容
- 指挥要素之间的关系。
- 灭火救援指挥原则的主要内容。
3. 应掌握、应用的内容

灭火救援指挥一般程序及其中的组织灭火救援实施和协调控制灭火救援行动。

自学时数　8学时

老师导学

通过该课程的学习，使学员掌握灭火救援指挥的基本概念及其规律，掌握各种情况下的灭火救援指挥的规律、原则和方法。结合实践教学，注意学员能力的提高。

本章通过对灭火救援指挥要素、灭火救援指挥方式和灭火救援指挥规律基本特征的介绍，充分阐述了灭火救援指挥原则的内容，重点强调了灭火救援指挥活动的内容。在本章的学习中，应重在对基本理论的理解，要熟练掌握灭火救援指挥的原则应用和灭火救援指挥活动的内容。

第一节　灭火救援指挥概述

灭火救援指挥是消防部队指挥者（包括指挥员或指挥机关）为达成一定的作战目的，对所属部队进行的特殊的组织领导活动。

一、灭火救援指挥的内涵

灭火救援指挥的内涵主要从下面三个方面来体现。

（一）灭火救援指挥是有目的的特殊组织领导活动

灭火救援指挥是灭火救援行动中一种特殊的领导活动，其目的在于发挥参战部队的最大效能，尽快消除火灾和其他灾害，将灾害所造成的人员伤亡和财产损失降到最低限度。从消防部队体制、组织指挥方式和行动特点来看，灭火救援行动具有明显的军事性质，但灭火救援作战行动的对象与军队作战的对象完全不同。灭火救援指挥是在特定背景条件、特殊的环境下，并在特定的时限内进行的，具有鲜明的特点和规律。因此，灭火救援指挥既要受到军队指挥的一般规律的制约，同时又有其自身的特殊规律和原则。

（二）指挥员和指挥机关共同构成灭火救援指挥主体

消防部队是我国灭火和抢险救援的主要力量，消防指挥活动不是指挥员的个人活动，而是由指挥员和指挥机关共同进行的群体活动。这是由消防部队人员、装备、通信手段以及面对的火灾对象而决定的。消防指挥还有一个明显区别于军队的特点就是，在大型火灾灭火救援中，要成立指挥部，最高指挥员一般是地方政府官员，同时还吸收有关部门领导和行业专家参加。

（三）灭火救援指挥的客体由所属部队和其他参与行动的队伍构成

灭火救援指挥的客体是所属部队，即由所属部队的指挥者和指挥对象共同构成。与军队指挥所不同的是，参加灭火救援的队伍构成比较复杂。在灭火救援行动中，在需要时会有多种成分的救援队伍参与，除消防部队外，企业专职消防队、武警部队、民警、医疗救护单位、化工专业抢险队伍、水电气抢修队等都可能参与，这些救援队伍都是灭火救援指挥的客体，都接受指挥者的指挥。

二、灭火救援指挥要素

灭火救援指挥要素是构成灭火救援指挥这一事物的必要的、本质的成分，指挥者、指挥对象、指挥手段和指挥信息是实施指挥必不可少的条件，是构成指挥活动的主要因素。

（一）指挥者

指挥员和指挥机关统称为指挥者。指挥者是灭火救援指挥活动的主体，是消防部队灭火战斗行动的筹划决策、组织计划和协调控制者。

指挥者是灭火救援指挥活动的主体和核心，是灭火救援指挥活动的主体要素。

指挥员是掌握灭火救援指挥权力，负有灭火救援指挥责任的人员，是对灭火战斗行动进行决策和监督执行决策的核心力量。

指挥机关主要是指各级司令部机关，是消防部队的指挥中枢，是指挥员实施灭火救援指挥的参谋、决策机构。指挥者在整个灭火救援指挥活动过程中居于支配地位，负责对部队的灭火战斗行动进行筹划决断、组织计划和协调控制，是灭火救援指挥的主体。

（二）指挥对象

指挥对象是灭火救援指挥活动的客体，是指接受指挥者指挥的下级指挥员、指挥机关以及所属部队。相对于总队级指挥者而言，各支队指挥员及指挥机关、各支队参战官兵，都是指挥对象。

灭火救援活动过程中，没有指挥者就没有了核心，就失去了组织和目标；没有指挥对象，指挥者就没有了作用的对象，也就失去了指挥的意义。指挥对象作为指挥信息的接受者、领会者以及执行者、实践者，它的执行情况决定着能否最终实现指挥目的。因而，指挥者和指挥对象相互依存、相互作用，构成了灭火救援指挥活动的两个最基本的方面。

指挥对象作为指挥活动的客观要素，它不是被动存在的。首先，指挥对象包括下级指挥者，当对自己的部属实施指挥时，它也是指挥者，具有主动性；其次，指挥者与指挥对象之间并不是单向作用过程，而是一个不断交流的过程，指挥者发出每一个指令后，都要根据指挥对象反馈回来的信息，及时地调整指挥信息，形成新的正确的指挥信息，发出新的指令，从而形成不间断的指挥。

（三）指挥信息

指挥信息是指保障灭火救援指挥活动正常运作的各种信息。它主要包括三个方面的内容：一是供指挥者进行灭火战斗决策的各种情报信息。如火灾对象情况、火灾燃烧情况、作战环境情况、交通道路情况、水源情况和消防部队战斗力情况等，是指挥者定下正确灭火战斗决心的基本依据。二是体现指挥者决心意图的各种灭火战斗指令。如灭火战斗命令、指示、计划等指挥文书，是指挥对象规范自身行动的基本依据。三是反映灭火战斗行动状况的各种反馈信息，是指挥者协调控制部队灭火战斗行动的依据。指挥对象往往处于灭火救援的最前线，对火场发生的变化、指挥者的意图是否顺利实施、在实施过程中存在什么问题最清楚，应该主动反馈信息。

在灭火救援指挥活动过程中，指挥信息与指挥手段一起构成了指挥者与指挥对象联系的纽带，成为灭火救援指挥活动的基本要素之一。

（四）指挥手段

指挥手段是指挥者在灭火救援指挥活动过程中运用各种指挥技术与器材进行灭火救援指挥的方式和方法。

在灭火救援指挥活动过程中，指挥者与指挥对象之间存在着一种法定的指挥关系，指挥者有指挥的权利，指挥对象有执行的义务。指挥手段作为指挥者与指挥对象联系的中间媒介，是构成灭火救援指挥活动必不可少的内部要素之一。

指挥手段实质上包括两个方面的含义：一是指挥工具，即各种指挥技术器材。指挥工具是构成灭火救援指挥手段的物质基础，是灭火救援指挥得以顺利实施的必要前提。缺少了指挥工具，指挥者就无法了解情况，指令就无法传递给指挥对象，无法对指挥对象的行动进行协调控制，也就谈不上指挥。二是运用指挥工具的方法，就是指挥者运用指挥技术达到指挥目的的方法和措施。指挥工具构成了指挥者与指挥对象之间联系的物质基础。但这种物质基础并不是能动地发挥作用的，而是一种被动的作用，也就是说指挥工具效能的发挥还取决于对其运用的方法。指挥手段对指挥工具的发展具有促进作用，是指挥者的主观能动性在指挥手段上的体现，是指挥工具效能得以发挥的保证。目前我国灭火救援指挥中心的硬件建设普遍比较先进，有些总队的硬件设施甚至超过发达国家水平，但就软件而言，总体水平还相当低，有待不断开发。

（五）指挥要素之间的关系

任何事物都不是全部要素的简单叠加，而是其各要素有机联系的整体。灭火救援指挥要素之间的关系也是如此，指挥者、指挥信息、指挥手段、指挥对象也不是孤立存在的，它们之间相互联系、相互作用，共同构成灭火救援指挥活动的有机整体。

指挥者与指挥对象的关系。指挥者与指挥对象之间是主观见之于客观、指令与执行、作用与反作用的关系。一方面，指挥者的主观意志以指挥信息的形式，通过指挥手段而作用于指挥对象。另一方面，指挥对象对指挥者的指挥具有能动的反作用。指挥对象的能动反作用也不能凌驾于指挥者的指挥之上，而必须在指挥者的指挥之下。

指挥信息与指挥手段的关系。指挥信息与指挥手段的关系，是信息和信道的关系。它们共同构成了指挥者与灭火战斗环境和指挥对象相互联结的现实条件，即灭火救援指挥的媒介要素。因而，在灭火救援指挥活动中指挥信息与指挥手段相互结合，与指挥者、指挥对象相互联系，体现了主体、媒介、客体、环境相互矛盾又相互统一的辩证关系。

指挥者与指挥信息、指挥手段的关系，反映了灭火救援指挥目的与条件的关系。灭火救援指挥从其实质来说就是定下灭火战斗决心和实现灭火战斗决心的活动，指挥者与指挥信息、指挥手段的相互影响、相互作用贯穿于灭火救援指挥活动的全过程，指挥者的主观能动性正体现于这个过程之中。

指挥信息、指挥手段与指挥对象的关系,反映了条件与结果的关系。灭火救援指挥活动的结果最终要靠指挥对象来体现,指挥对象的活动结果体现着指挥目的的实现程度。指挥信息、指挥手段这些灭火救援指挥的物质条件必须与体现灭火战斗结果的指挥对象的实际状态相一致。

灭火救援指挥活动的四个基本要素:指挥者、指挥信息、指挥手段和指挥对象,它们之间相互依存、相互制约。高效益、高质量的灭火救援指挥同样是指挥者、指挥信息、指挥手段、指挥对象四个基本要素形成的统一整体共同作用的结果。

三、灭火救援指挥的特点

灭火救援指挥既然是一种特殊的领导活动,是在特定背景、特殊环境、特定时限内进行的,因此具有强制性、时限性、风险性、复杂性、对抗性等特点。

(一) 强制性

强制性是指在灭火救援指挥活动中,指挥者具有绝对的权威,对被指挥者的指挥是以命令、指示等强制性手段来进行的。灭火救援指挥的强制性,集中体现在指挥者与被指挥者之间,主要是命令与服从的关系。这是灾害现场的危险性和复杂性对灭火救援指挥的客观要求。

灭火救援指挥是一个相对比较复杂的应急行动过程,灾害现场必须采取一些强制性措施进行有序化管理,而且灾害规模越大、持续时间越长,灭火救援行动就越需要采取更多的强制性措施。在为了全局利益而需要牺牲局部利益时,如果没有必要的强制措施,就根本无法保证整个灭火救援工作的顺利进行。

(二) 时限性

时限性是指灭火救援指挥活动要在一定时限内完成,有着严格的时间限制。指挥所拥有的时间是有限的,尽管不同的灭火救援行动,其指挥时间长短不同,但绝不是随意确定的量,不是指挥者的主观意志所能决定的,是由灾害性质、灾害规模、参战力量及作战环境所决定的。指挥者必须在一定的时限内完成指挥活动。否则就会贻误战机、丧失主动。科学技术和指挥理论的发展,以及指挥系统软硬件的不断改善与优化,给缩短指挥时间、提高指挥效率创造了有利条件。

(三) 风险性

灭火救援指挥的风险性主要体现在决策上,主要是由灾害的危险性和危害性、灾害现场情况的复杂性、险情的突发性和不确定性所决定的。灾害现场指挥员要正确地认识指挥过程的风险性,在灭火救援指挥的具体实践中,要正确地运用组织指挥的原则和方法,科学地规范灭火救援指挥活动,减少盲目性和随意性,增强自觉性和科学性,最大限度地降低灭火救援指挥的风险性。

(四) 复杂性

灭火救援工作所涉及的对象非常广泛,既有自然灾害,也有人为灾害。发生灾害的环境千差万别,参加灭火救援所涉及的社会救援力量多,其涉及的技术有时也非常复杂,所以灭火救援指挥是一个复杂的过程,指挥人员必须掌握不同情况下的救援技术,才能作出正确的决策,实施科学指挥。

（五）对抗性

对抗性是指灭火救援指挥活动是在人与自然的抗争中进行的。在灭火救援过程中，救援力量一方面要保护自己，使之不受灾害的伤害，另一方面要竭尽全力，消灭或控制灾害。很多情况下，灾害的破坏能量是巨大的，救援力量与灾害破坏能量相比，未必能够占优势，灾害始终有按自己规律发展的趋势，而救援力量则希望干预灾害的发展趋势，双方始终处于激烈的对抗中。

第二节 灭火救援指挥方式

灭火救援指挥方式是指挥者运用相应的指挥责任和权力实施组织指挥时采取的形式，是进行组织指挥活动和实现指挥决策的有效保证。它的实质是对指挥责任和权力的分配。灭火救援指挥方式只能自上而下地发挥作用，仅表现为指挥员的行为，只能是指挥者作用于被指挥者。灭火救援现场上组织指挥方式的运用受到指挥要素的多方制约，例如指挥者与被指挥者的素质、指挥手段、指挥内容、指挥体制、环境状况等。如何运用灭火救援指挥方式，不仅关系到灭火救援指挥的质量和速度，而且还会影响到灭火救援的进程和成效。

一、集中指挥与分散指挥

按灭火救援指挥责任和权力集中程度，灭火救援组织指挥方式可分为集中指挥与分散指挥。

（一）集中指挥

集中指挥是指在灭火救援战斗中由现场最高指挥员或指挥部，统一确定灭火救援方案，下达行动命令，各受领任务的下级指挥员协调一致地去达成总的灭火救援目的的指挥方式。这种组织指挥方式的实质是对现场的灭火救援力量保持高度的集中统一的指挥权。

实施集中指挥时的整个灭火救援过程中，下级指挥员必须坚决贯彻上级的命令指示；在执行任务过程中，还必须加强请示报告；上级指挥员或指挥部在灭火救援行动过程中应严格监督和检查下属对命令、指示的执行情况，确保集中统一指挥的权威性；现场上火情多变，各战斗区段进展不平衡，或情况突变，此时下级指挥员应见机行事，同时报告上级指挥员，确保现场集中指挥的完整性。

集中指挥具有便于统一组织灭火救援行动、形成整体合力，便于现场指挥员统揽全局，抓住现场的主要方面，更好地集中力量的优点。同时，现场指挥权高度集中，有时不利于充分发挥下属指挥员的主动性和积极性，在处理某些突发险情时，易耽误时间。此外，集中指挥对现场通信保障的依赖性大，一旦通信不畅，就会使整个灭火救援行动受到影响。因此，集中指挥方式适用于在火情比较明确，到场的各种救援力量多，现场的通信联络畅通，或是在集中力量控制和消除现场主要方面的最大险情时。

（二）分散指挥

分散指挥也称分权式指挥，是指根据现场总指挥员或指挥部的总体意图和原则性指示，下级指挥员结合具体情况所进行的独立自主的组织指挥。分散指挥方式的实质是下级指挥员享有较大的指挥职权，其特征是最高指挥员对下级指挥员仅示以任务而不示手段，以利于一线指挥员"当机立断行事"。

分散指挥可使下级指挥员充分发挥各自的主动性和创造性，依靠自己的经验和能力以及现场的具体情况，确定完成任务的有效方法；同时，在处置一些突发险情时，减少一系列的请示报告，便于当机立断行事，并且可降低对现场通信保障的要求。同时，分散指挥对下级指挥员的组织指挥的素质和能力要求高，单独组织指挥的任务重，现场灭火救援行动整体协调增难度大。因此，分散指挥方式常用于现场上独立体系的专业救援队伍多、现场面积大划分有不同的战斗段、现场上特殊的排险任务的指挥、特殊环境中通信困难的情况下的指挥等。

（三）集中指挥与分散指挥的关系

集中指挥与分散指挥是对立统一的关系，它们在指挥权的集中和分散的程度上具有不同的要求。

集中指挥强调现场指挥权相对地集中，而分散指挥则要求现场指挥权相对地赋予下级指挥员，两者在相应的指挥条件下都有各自独特的地位和作用。在灭火救援指挥的实践中，集中与分散两种组织指挥方式是相互依赖和渗透的，职权上的绝对集中和绝对分散是没有的。因为集中指挥离不开分散指挥，下级在上级的统一意图下勇于负责、当机立断行事，有利于上级总的意图和决策的实现；另一方面，分散指挥也离不开集中指挥，下级指挥员只有在集中指挥的前提下，全面、正确地理解上级的总体意图，才能充分发挥各自的主动性和创造性。因此，现场指挥员要依据现场情况灵活运用，把握好集中与分散指挥的尺度，着眼于指挥职权的使用有利于现场灭火救援力量的发挥，有利于灭火救援工作有序、高效地进行。

二、逐级指挥与越级指挥

按跨越指挥层次行使权力的不同，灭火救援指挥方式有逐级指挥与越级指挥之分。

（一）逐级指挥

逐级指挥是指依照隶属关系逐级实施的指挥方式。其要求总指挥员下达命令时应按照隶属关系逐级下达，逐级控制，各负其责地实施组织指挥。

逐级指挥的实质是维护正常的指挥关系。逐级指挥层次清楚、分工明确、有序性强，便于发挥各级指挥职权的作用。逐级指挥方式能够维护正常条件下建立起来的指挥关系，各级指挥员又对本级职权熟悉明确，因而便于逐级发挥作用，形成指挥合力，易于达成灭火救援指挥的有序性和可靠性。逐级指挥通常所占时间较长，为了提高指挥的时效性还应灵活运用其他方法弥补。

（二）越级指挥

越级指挥是指在紧急情况下或出现特殊险情时，指挥员超越一级或数级的指挥方式。其实质是为了应付现场的紧急情况，打破正常的指挥关系，越级对一线战斗员直接实施指挥。

越级指挥便于在现场构成快速的指挥关系，实施及时有效的指挥，减少指挥层次，节约时间，争取宝贵的时机。但是，越级指挥打乱了正常行使指挥职权的秩序，需要有一个适应过程来重建新的指挥关系，并增加上级指挥员的工作负担。越级指挥是现场出现紧急情况时不得已采取的组织指挥方式，例如发生沸溢、喷溅；火势突破外壳，扑向邻近重要建筑物、罐群；突然出现流淌火、飞火等的时候。在实施过程中，上级指挥员应将自己的指示及时通报被越权的下级指挥员；接受者也应及时向直接上级指挥员报告受领任务情况，便于进一步协调行动。

（三）逐级指挥和越级指挥的关系

逐级指挥和越级指挥是一般与特殊的关系。没有逐级指挥，就不存在越级指挥，两者的区别在于指挥职权的直接作用层次不同，适应的范围不同。但是，逐级和越级指挥都是着眼于有利于灭火救援任务的完成。在实践中，逐级和越级指挥方式有时是需要交替使用的。一般情况下，灭火救援指挥是以逐级指挥为主，越级指挥为辅。

三、属地指挥

两个以上消防队到达现场参加灭火救援战斗时，而且上级指挥员未到现场前，以目标对应的主管队指挥员或属地指挥员实施指挥，这种由主管消防队实施指挥的方式称为属地指挥。

属地指挥时，由于属地指挥员平时熟悉目标情况，便于迅速下定决心，迅速实施灭火救援。在消防部队中由两个以上中队参加的灭火战斗比较常见，在支队指挥员到达现场以前，指挥权一般由主管队承担。

四、授权指挥

授权指挥是指在灭火救援战斗正在遂行过程中，当上级指挥员到达现场，判定指挥过程基本符合要求后，可根据现场实际情况把指挥权交给完成这类任务经验丰富的下级指挥员代行指挥或授权给属地指挥员指挥的指挥方式。实施授权指挥时，上级指挥员必须承担指挥责任。如1993年南京炼油厂万吨轻质油罐发生火灾时，省市有关领导和消防总队领导都到现场，总指挥部根据现场具体情况，把灭火总指挥权却交给了灭火组织指挥经验丰富的南京消防支队支队长伍和员同志，这是典型的授权指挥。

五、参与指挥

当发生重大、特别重大灾害事故，需要调动多方面力量协同作战时，公安消防部队现场最高指挥员及相关人员应当加入由地方政府和公安机关以及相关部门领导组成的灭火与应急救援总指挥部。公安消防部队应当适时建立现场作战指挥部，具体负责现场的指挥工作。

第三节 灭火救援指挥规律

任何事物的发展和变化都有自己的运动规律。灭火救援指挥作为一种特殊的实践活动，也必然通过其构成要素及各要素之间的联系，表现出有规律性的运动过程。研究灭火救援指挥规律是正确开展指挥活动、提高指挥效能的重要前提。

一、灭火救援指挥规律的内涵

灭火救援指挥规律就是存在于灭火救援指挥活动内部、各个要素之间本质的必然联系。它必将作用于指挥活动的始终，并决定指挥活动的发展方向。

灭火救援指挥规律是各指挥要素之间固有的联系。灭火救援指挥各要素之间以及各要素与外部因素之间都存在一系列的因果关系和依赖关系。例如：指挥的主观指导与客观实际之间的联系、指挥的组织形式和方式与部队体制及指挥手段之间的联系、指挥活动的效能与指挥信息质量的联系等。这些都是灭火救援指挥活动所固有的，不依赖于指挥活动主体而客观存在的东西，是反映灭火救援指挥活动发展变化的必然趋势和规律性。

灭火救援指挥规律是各指挥要素之间本质的联系。灭火救援指挥有其本质和现象，灭火救援指挥的本质是其内部联系，由其内在矛盾构成，现象则是其外部形态，是其本质的外在表现。本质和现象是统一的，但现象有时并不能直接反映其本质。有时本质表现为多种现象。一种现象只能表现本质的一个方面，不能完全表现本质。而灭火救援指挥规律，就是要研究在指挥活动现象背后的，各指挥要素矛盾运动之间的、内在的、本质的联系。

灭火救援指挥规律是各指挥要素之间的必然联系。各指挥要素之间的联系有偶然的和必然的联系之分。偶然联系只是在一定条件下才出现的，在指挥活动中可能出现，也可能不出现，可能那样出现，也可能这样出现，是不稳定的。必然联系则是在一定条件下重复、稳定出现的联系，是本质联系在指挥过程中的表现。具体来说，当指挥活动某一方面发生变化时，必然引起相互联系的另一方面发生变化。这种变化是客观的、必然的，是不以人的意志为转移的。如指挥手段的变革必然引起指挥方式、方法的调整和变化。所以指挥要素之间的必然联系是不以指挥者意志为转移的。

需要强调指出的是，在认识和揭示灭火救援指挥规律时，必须首先正确把握其定义所界定的研究范畴，即紧紧扣住构成灭火救援指挥活动的各要素，去探讨它们之间内在的本质联系和关系，而不是超越或游离于这些因素及其相互关系之外，去探讨其他相关因素及有关联系问题，更不能不涉及构成灭火救援指挥活动各要素的关系问题，去探讨指挥规律。

二、灭火救援指挥规律的基本特征

灭火救援指挥规律既有事物发展一般规律的特征，又具有其指挥规律的鲜明特征。

（一）灭火救援指挥规律的客观性

灭火救援指挥规律的客观性首先主要地体现在它是指挥活动本身所固有的规律。即指挥规律的客观性是灭火救援指挥活动的本质反映，也是指挥规律能够成为科学规律的基本依据。指挥规律客观地存在于灭火救援指挥活动之中，而不管人们是否认识和承认这一点。不仅如此，指挥规律还始终在灭火救援指挥活动中强制性地起作用，不管谁违背了它，都会受到灭火救援指挥实践的惩罚。灭火救援指挥规律的客观性质还在于，它不以人们的意志为转移，人们只能发现、认识、研究和遵循它，而不能改变或废除它，更不能制定或创造它。

（二）灭火救援指挥规律的可知性

任何科学规律，其客观必然性都决定了它们是"不以人们的意志为转移的客观过程的反映"，但是"人们能发现这些规律，认识它们，依靠它们，利用它们……把某些规律的破坏作用引导到另一方向，限制它们发生作用的范围，给予其他正在为自己开辟道路的规律以发生作用的广阔场所"（《斯大林选集》下卷，第340页）。斯大林的这段论述，既揭示了一切科学规律的客观性，也指出了其可知性。对于灭火救援指挥规律也是如此，人们虽然不能废除和创造它们，但同样可以认识、发现、研究和遵循它们。即灭火救援指挥规律是客观存在的，也是可知的，这也体现着指挥活动规律与人们的主观能动性的统一。灭火救援指挥规律的客观性与可知性，决定了它在指挥理论和实践中的重要地位和作用。对指挥规律的研究、认识和把握程度，不仅影响着灭火救援指挥基础理论研究的深度、广度和发展方向，而且影响着指挥活动实践的得失成败。

(三) 灭火救援指挥规律的必然性

灭火救援指挥规律的必然性是指只要有灭火救援指挥活动出现，指挥规律就不可避免地发生作用，指挥活动必须遵循指挥规律。灭火救援指挥规律的客观性，还体现在它普遍存在于指挥活动的全过程和各个方面。尽管指挥活动同其他一切事物一样，一直处在经常的变化和发展之中，但构成指挥活动的各要素之间内在的本质联系和关系，却是相对稳定的。因此，作为反映指挥活动本质联系和关系的指挥规律，是普遍存在于指挥活动的全过程和各个方面的，而绝不是时有时无、此有彼无的东西。当然，随着指挥活动的发展变化，就对指挥活动的影响看，有时此一指挥规律的作用可能降低，而彼一指挥规律的作用可以增强；或者此时适合运用这一指挥规律，而彼时适合运用那一指挥规律。但就整体情况而言，指挥规律对指挥活动的影响作用是不间断的，离开指挥规律作用的指挥活动是不存在的。

三、灭火救援指挥规律的内容

(一) 指挥者的主观指导必须与客观实际相符合

指挥者的主观指导必须与客观实际相符合是灭火救援指挥规律的核心，是灭火救援指挥活动中最基本的要求，它是灭火救援指挥的根本规律，作用于灭火救援指挥的全过程，并制约和影响灭火救援指挥的其他规律。

客观实际是存在于指挥者头脑之外的与灭火救援指挥紧密相关的客观情况。它既包括灭火战斗力量、火场以及救援现场的态势、时空环境以及指挥手段等物质因素，又包括战斗员的技能、体能同时也包括他们的觉悟、士气等精神因素。客观实际是独立地存在于指挥者的意识之外的，因此永远是第一性、决定性的方面。指挥者的主观指导和火场客观实际是一对矛盾，而火场客观实际是矛盾的主要方面。指挥者的主观指导始终受到火场客观实际的制约。灭火救援指挥活动不是孤立的、抽象的东西，而是一种具体的、建立在一定的客观基础之上的主观指导活动，离开了客观条件，这种指挥就会成为一种空想和盲目行动。因此，在灭火救援指挥实践活动中，指挥者必须以客观实际情况为基础进行指挥。

指挥者的主观指导对客观实际具有积极的能动作用。灭火救援指挥对客观实际不是消极被动的，恰恰相反，灭火救援指挥对客观实际具有积极的能动作用，并极大地影响灭火救援的走势。在灭火救援战斗的客观条件中，存在着有利条件和不利条件的矛盾统一，关键在于指挥者如何去认识它、利用它。面对同一复杂情况下的火灾救援现场，不同的指挥员由于主观能动作用的差异，往往会导致火场指挥效能的不同。

(二) 必须建立合理的指挥系统

灭火救援指挥系统是以指挥员及指挥机关为指挥手段，按照一定规则组合的有机整体，其结构决定着指挥效能的发挥。

灭火救援指挥系统的表现形式，是系统内诸要素之间、要素与系统之间的相互作用和联系的反映，最佳的结构才能出现最佳的效能。灭火救援指挥系统是一个由不同层次、不同级别、不同类型指挥机构和指挥手段所组成的复杂系统。在这个系统中，各指挥机构的相互作用、相互联系影响和指挥制约整个系统的整体功能发挥。要想发挥和提高指挥效能，不仅要构成指挥系统的各个指挥机构内部优化组合，形成最佳结构，而且整个系统的构成必须科学合理，才能使指挥效能真正提高。

大型的灭火救援指挥系统比较复杂，指挥体系的建立必须科学合理。在这种指挥机构中，往往有地方政府有关领导、公安局领导和技术专家，这些成分复杂的指挥人员，如何优化组合、采用何种指挥手段，怎样才能充分发挥效能是值得研究的。在一些发达国家，纷纷建立应对紧急事件的组织指挥体系。如美国的 ICS 指挥系统，可以根据火灾或其他灾害的大小，建立不同的指挥机构，采用统一的标准、统一的指挥用语、规定的通信频率，使得指挥机构随灾害规模和参战力量规模而变化，非常灵敏高效。目前，我们国家消防部队对大型火场灭火救援，特别是跨地区灭火救援的指挥问题也有研究，取得了一定成果，但总的来看，大型火场的指挥机构建立没有依据，所采用的指挥手段没有统一标准，指挥用语、通信方式等都没有专门规定，火场指挥相对比较混乱，难以发挥指挥效能。

（三）指挥成效取决于构成指挥活动各要素的整体作用

指挥成效是指挥者的本质体现，同时也是构成指挥活动的其他因素的共同作用目标。因此，在指挥活动中，指挥成效不仅取决于指挥者履行权力、责任和发挥其素质、能力的作用，而且取决于指挥对象完成受领任务的水平、指挥手段达成指挥的能力和功效、指挥信息的数量和质量状况等方面的共同作用，同时还受任务对象的影响和制约。这一规律贯穿于灭火救援指挥活动的全过程及其各个方面。当然，我们说指挥成效取决于构成指挥活动各要素的整体作用，并不是说指挥者、指挥对象、指挥手段、指挥信息，它们对提高指挥成效具有同等重要的作用或影响。这些要素都起作用，但其作用的大小和影响程度不同，在所有指挥要素中，指挥者是最重要的，指挥者的素质、能力直接影响指挥效能，其对指挥效能起最关键的作用。同时，灭火救援任务对象、指挥环境和时空条件等，都在不同程度上制约指挥效能的发挥，只有这些因素整体发挥作用，指挥效能才能从根本上得到提高。

第四节　灭火救援指挥原则

灭火救援指挥原则是灭火救援指挥者在指挥活动中必须遵循的准则和规则，是灭火救援指挥规律在主观指导上的反映。

一、灭火救援指挥原则的基本属性

灭火救援指挥原则的基本属性即其所具有的基本性质。

（一）实用性

确立灭火救援指挥原则的目的在于将其运用于指挥实践。这就要求指挥原则必须具有对指挥实践的正确指导和规范作用，即必须具有实用性。

指挥原则不是纯理性思维的产物，更不是人们凭空想象的结果，而是从大量灭火救援指挥实践行为中提炼出来的科学结论，具有坚实的实践基础。无论从具体体现和反映灭火救援指挥规律的角度，还是从科学总结灭火救援指挥经验的角度去看，通过具体规范指挥者的指挥行为，直接为指挥实践服务，乃是指挥原则的根本作用所在。

（二）独立性

独立性反映了灭火救援指挥原则不同于其他军事原则的特殊本质和内涵。

指挥原则的独立性是在指挥理论与实践的结合基础上，通过科学的归纳、抽象和概括，规范出的最具一般性的指挥原则，并使之真正从灭火战斗原则中独立出来，使其区别于其他军事原则。强调灭火救援指挥原则的独立性，并不是要割断它与灭火战斗原则、部队行动原则的关系，或否定这些原则对指挥原则所具有的指导、制约作用及其相互影响作用。在指挥实践中，指挥者如果只重视对指挥原则的遵循和运用，而不重视对灭火战斗原则和部队行动原则的遵循与运用，那就会犯极端化、绝对化的错误，既不利于对灭火救援指挥原则的遵循，也算不上是真正对其独立性的维护。

（三）继承性

继承性是指灭火救援指挥原则是一个历史范畴，即它是人们在长期的灭火救援指挥实践中总结和提炼出来的科学法则，因此需要不断地加以继承和发展。

灭火救援指挥原则的继承性，表现在以下两个方面。

1. 继承军队指挥理论的适用原则

灭火救援指挥作为军队指挥的一个分支，接受军队指挥一般规律的影响和制约，军队指挥的部分原则，如"知彼知己"原则，同样适用于灭火救援指挥，因此，应当加以继承。还有一些原则，根据灭火救援指挥的特点加以改造后，仍然适用于灭火救援指挥，这些原则也是继承的范围。当然，灭火救援指挥具有独立的研究对象和研究内容，军队指挥的很多原则不适用于灭火救援指挥，对于这些原则，如果生搬硬套，就会犯教条主义的错误。

2. 继承灭火救援指挥实践中总结出来的指挥原则

灭火救援指挥实践中总结出来的指挥原则的背后往往都有血的教训，对灭火救援指挥实践具有特殊的指导价值，在研究灭火救援指挥原则时应该加以继承。当然，随着灭火救援形势的变化和发展，旧的原则不一定完全适合目前的灭火救援现实，必须根据形势发展，进行修正和完善，不断加以发展。也就是说，继承不是全面照搬，而是批判地继承，着眼未来的发展。

（四）系统性

指挥原则是一个不可分割的统一整体。只有把指挥原则看作一个整体，才能使全部指挥原则都符合于指挥活动的全部客观规律。在确立灭火救援指挥原则时，既要从不同的层面着眼，明确某项原则对某阶段指挥活动的重点规定作用，更要从整体上着眼，使各项指挥原则能够构成一个彼此紧密联系的完整体系，以对整个指挥活动的规律进行综合的、全面的反映，并对整个指挥活动实践具有综合的、全面的指导和规范作用。唯此，才能既突出重点，而又全面有效地发挥指挥原则的作用，为确保指挥者实施正确指挥和提高其成效服务。

二、灭火救援指挥原则的主要内容

灭火救援指挥原则是依据火场指挥规律，从组织指挥的实践经验和教训中总结概括出来的，是火场指挥规律的具体体现。组织指挥应当坚持统一指挥、逐级指挥的原则。紧急情况下，指挥员可以实施越级指挥，接受指挥者应当执行命令并及时向上一级指挥员报告。具体内容如下：

（一）知彼知己

知彼知己是军队指挥的首要原则，也是灭火救援指挥的首要原则，它是灭火作战对灭火救援指挥的根本要求。

知彼知己原则对于不同时期、不同国家军队及其不同军兵种和不同级别指挥者的指挥实践活动，具有普遍的指导意义。灭火救援指挥作为军队指挥的一个分支，军队指挥的一般原则也适用于灭火救援指挥，这一原则最广泛地反映了灭火救援指挥的客观规律。灭火救援实践证明，指挥者只有全面掌握客观实际，才能使指挥者的主观指导符合客观实际，从而实施正确指挥，提高指挥成效。

知彼知己强调的是要充分掌握灾害和灭火救援所使用的力量等方面的情况。"知彼"就是指发生灾害的建筑、设施、装置以及灾害发生的场所等情况，如：高层建筑、地下建筑、大型商场、油罐、液化石油气储罐、槽车、炼油装置等，包括：各种灾害的发生、发展的机理；常见化学危险品的性质、危害范围、爆炸威力；各类建筑结构的形式、特点，倒塌的原因；常见化工工艺流程、工作原理；油罐、液化石油气储罐的结构、原理、材料等；天气情况变化；地理环境。例如，在指挥液化石油气槽车泄漏事故处置时，指挥者必须掌握液化石油气的理化性质、火灾危险性、毒性，还必须掌握液化石油气槽车的结构和各安全附件的工作原理。"知己"是指能够充分掌握参加灭火救援的各种救援力量，包括消防部队、专业抢险队伍、医疗卫生机构等的人员数量和构成、消防技术装备、专业救援装备、固定消防设施、水源分布情况等。对救援队伍的了解不能仅限于表面数据，如人员、装备数量等，更要了解人员的思想品质、体能、技能和作战能力，要深入了解消防装备的技术、战术参数，完好状态等，人员、装备的最佳战斗编成等。

知彼知己关键在于知，要知全、知深、知真、知得及时。要做到这些，就要充分利用各种侦察仪器和侦察方法，在灭火救援过程中，不间断地了解掌握情况，并进行去粗取精、去伪存真、由此及彼、由表及里的分析判断，从而得出正确的结论。定下决心是指挥活动的核心，知彼知己是定下正确决心的基础，对火灾对象、火灾性质和部队状况各方面情况掌握得越全面、准确，所定决心的正确性越有保证。要完成好这项工作，从选定任务目标，预测遂行任务的发展过程，计算可资利用的力量、灭火剂、时间等方面的数据，到拟制备选方案并进行评估与优选，每一步都必须在知彼知己这一基础上进行，才能保证所定决心的科学性与正确性。

作为灭火救援指挥者，平时就必须加强对火灾对象的研究。深入细致地调查研究，熟悉对辖区内交通道路和水源分布情况；熟悉辖区内重点单位的分布情况；熟悉辖区内重点单位的建筑结构、生产工艺流程、介质性质；熟悉固定消防设施情况；学习先进科学知识和方法，掌握各种灾害机理，正确评价灾害的影响。同时还要做到真正的知己。孙子提出："知彼知己者，百战不殆；不知彼而知己，一胜一负；不知彼，不知己，每战必殆。"（《中国古代兵法》L卷，第35页）可见，在孙子所指出的这一指导战争的普遍规律中，是将知彼与知己等量齐观的，并不存在谁主谁次的问题。要做到掌握本单位人员结构、素质状况，掌握消防装备的技战术性能指标，掌握消防装备的战斗编成与战斗力估算，掌握新技术、新装备的灭火战斗力。

（二）统一指挥

统一指挥是完成灭火救援任务的坚决性与合力制胜原理对灭火救援指挥的要求。其实质是通过统一指挥达到统一思想、统一计划和统一行动，提高灭火救援队伍整体作战效能。在同一个救援现场，不论救援范围有多大，参战力量有多少，参战力量的成分和隶属关系有多复杂，只能由一个统一的指挥机构实施集中统一指挥。在军事上，我国古代兵家强调"兵权贵一""统帅专一"（《兵家名言词典》第196、107页），指的就是集中统一指挥。在信息化条件下，随着参加灭火救援力量的种类增多，要使各参战力量协调一致地行动，发挥整体作战威力，非集中统一指挥不可。

集中统一指挥的基础是统一的组织、统一的意图、统一的计划和统一的协调控制。第一应组建一个职权一致的指挥机构即现场总指挥部，实现对灭火救援行动的统一指挥，这是统一指挥的组织基础。第二，应围绕一个统一的意图，这是统一指挥的思想基础。所谓统一的意图，就是根据上级的意图，现场总指挥部进行统一决策，形成统一的决心，所有参加灭火救援行动的力量都要围绕这一决心和意图行事。第三，要形成或制定统一的计划，这是统一指挥的重要保证。计划是现场指挥部实施指挥控制时的基本依据，是统一意图的具体化，是思想变成行动的桥梁。没有统一的计划，统一指挥就是一句空话。特别是在信息化条件下的协同作战中，参战力量多元，作战环境复杂，只有统一的计划才能把所有行动组合和联结到一起，形成整体合力，实现统一的意图和决心。第四，必须协调控制参加灭火救援行动的所有力量，这既是统一指挥的基本要求，也是达到统一效果的基本途径。

统一指挥强调的是灭火救援行动意图和效果的统一，而不是形式的统一。为了实现统一的灭火救援行动意图，在具体指挥方式方法的运用上可以不拘一格，实施灵活多样的指挥。集中指挥是统一指挥的一种方式，分散指挥也是统一指挥的表现形式，集中指挥与分散指挥强调的是指挥权限集中于指挥机构程度的大小，而不管是运用集中指挥还是分散指挥，都必须遵循灭火救援行动的基本规律，要有统一的组织、统一的意图、统一的计划和统一的协调控制，这与统一指挥并不矛盾，只不过是统一指挥的不同表现形式。统一思想，才能使指挥员与指挥机关、指挥者与指挥对象、不同力量之间按统一的意志行动，才能协调一致；统一目标，才能方向明确，有的放矢，衡量有度；统一计划，才能统一行动，保证灭火救援力量在规定的时间、地点有序地达成预定目的。灭火救援现场情况复杂，灭火救援任务艰巨，经常涉及参加灭火以及协同灭火工作的各种社会力量，只有实行集中统一指挥，才能使火场指挥员准确地掌握和正确地调用各种参战力量，保证火场力量部署的整体性和灭火救援行动的协调性，使之步调一致地贯彻执行火场的总体决策，有效地完成灭火救援任务。

统一指挥机构，明确指挥关系，是实现集中统一指挥的前提条件。为此，必须明确参与行动各部队的指挥关系和指挥权限，防止隶属关系不清、职权交叉、机构重叠、多头指挥和越权行事。尤其应注意在跨地区灭火救援行动的各救援队伍的联合行动中，只能有一个指挥中心，不允许在同一地区出现重叠的指挥机构和多重指挥关系。

灭火救援行动中，各方面力量既有其相对独立性，又相互联系，互相影响。只有将它们合理组合，并自始至终协调、控制它们的行动，才能使整体功能得以充分发挥。如果协调控制不力，即使组合合理，也难以达成整体威力。

在灭火救援行动中，指挥者要"谨小慎微""见微知著"，善于从细小问题和环节上协调和控制部队的行动，把指挥对象之间的"裂痕"和"缝隙"弥合在初始阶段。

（三）主官决断

主官决断就是灭火救援指挥由主官负总责，主官对重大问题有最后决断权。主官决断的原则是由灭火救援指挥的特殊性决定的，是政府领导下首长分工负责制的具体体现，也是灭火救援指挥原则的重要内容。它对于充分发挥集体智慧、减少失误和实现科学决策，有着重要的作用。主官决断也是灭火救援的危险性和战机的短暂性对灭火救援指挥的基本要求，是指挥者坚强意志和胆识的集中体现。由于灭火救援作战情况复杂、时间紧迫，在很多情况下需要指挥员当机立断，只有赋予其指挥作战所必需的决断权，才能确保和提高灭火救援指挥的效率。

主官决断应在集体谋划的基础上进行。由于灭火救援行动是在现场情况复杂的情况下实施的，灭火救援任务艰巨，使得指挥员心理压力增大，指挥难度提高，只有依靠集体力量，才能确保决策的科学性与正确性。因此，在灭火救援作战中，只要情况允许，就应集体研究，认真领会上级作战意图，明确任务，统一指导思想，对诸如作战时机、作战目的、作战手段、作战重心、兵力部署、下属指挥员任命、指挥机构设置、作战准备和各种保障等重要问题，要经过集体研究后由指挥员作出决定，以保证上级命令、指示的贯彻落实和作战意图的实现。不论遇到何种艰难困苦的情况，指挥员决心既定，就要坚决付诸实施。不要为表面现象所迷惑，不被局部失利所影响，不被无真知灼见的建议所干扰。只要情况没有发生根本变化，即使面临大的风险，也要坚定不移地指挥所属力量完成任务，实现既定决心。

（四）着眼全局，把握关节

"着眼全局，把握关节"是指指挥者在指挥灭火救援行动时，必须把握火场的全局，围绕着对全局具有决定意义的火场主要方面，统筹使用现场灭火救援力量，部署灭火救援行动，组织火场的各种保障，注意及时发现各方面可能存在的问题或薄弱环节，适时进行调整，力争在最短的时间内，以最快的速度、最小的代价扑灭火灾，把火灾损失降低到最低的程度。同时，要把注意力放在对全局具有决定性意义的关键部位或关键环节上。通过关键问题的解决，推动作战全局向着有利于灭火救援最终目标的方向发展。在把握这一原则时还要正确处理好全局与局部的关系。全局高于局部，统帅局部，决定着局部，但是，局部的变化往往导致全局的改观。

指挥员的全局意识应包括两个层面：一是深谙上级意图，弄清自己作为一个局部在全局中的位置，从而自觉地服从全局，服务全局；二是全面把握部队，弄清自己所辖部队的各个方面、各个阶段的情况和相互关系，总体运筹各个方面、各个阶段，使之形成合力，协调发展，防止顾此失彼。在较大规模的灭火救援行动中，消防部队往往是作为整体力量中的一个部分参与其中，指挥员必须准确领会并贯彻上级意图。当局部利益与全局利益一致时要贯彻，当不一致时也要坚决贯彻，这是服从全局和服务全局。在实现上级总意图的过程中，指挥员要统揽所辖部队行动的全方位和全过程，使之相互协调，形成合力，这是统揽全局。服从服务全局和统揽全局，是着眼全局的两个方面，是消防指挥员必须把握的两个方面。

关节对事物发展的全局具有决定作用和影响。因此，灭火救援指挥员应在统揽全局的过程中，努力抓住关节，把解决关节问题作为工作的重心，以关节问题的解决带动全局的发展。灭火救援行动中必定有许多关节，指挥员要善于发现这些关节，善于把工作重心放在关节问题的解决上，以此搞活全局，牵动全局，推动全局的发展。把握关节对推动全局发展有决定作用。但关节终究不等于全局，抓住了关节也不等于就抓住了全局，解决了关节问题也不等于就解决了全局问题。因此，在把握关节的同时，必须关照全局，即关照非关节、非重心的方方面面。消防部队大规模的行动，往往牵动部队内部的方方面面，涉及地方和友邻的方方面面。指挥员必须把部队行动的主要矛盾和非主要矛盾统一起来，把关节和全局统一起来。

在灭火组织指挥实践中，贯彻运用这一原则的基本要求，一是将注意力放在火场主要方面，着力解决潜在的主要险情。火场主要方面是对火场全局起决定性影响的局部，处理得好与坏往往影响到灭火救援工作的成功与失败。把住火场主要方面，解决好火场的潜在主要险情，是争取火场全局主动和顺利的先决条件。二是把住火场主要方面，要随时掌握其发展和变化。火灾是发展变化的，火场主要方面也会随着灭火救援的进行而发生变化，开始是一些潜在的小险情，但可能在一定条件下转变成主要险情。因此，火场指挥员要学会观察和预测火情的变化，准确判断火场主要方面。三是加强灭火救援全过程的整体协调。火场的各个局部既相对独立，又相互联系，互相影响。只有进行合理组合，并协调一致行动，才能使灭火救援整体作战功能得以充分发挥。

（五）高效灵活

高效灵活是灭火救援行动的紧迫性、变化性的客观现实对灭火救援指挥提出的要求。火场危害大、险情急，只有简化指挥程序，才能提高组织指挥效率。简化指挥程序的重要措施就是减少各种中间环节，组织指挥人员尽量深入第一线，实施靠前指挥。

高效灵活的指挥主要表现为：闻风而动，雷厉风行，在指挥中判断快、决策快、组织快、行动快；善于根据彼情、己情、地形、时间等变化，在不违背上级总意图的情况下审时度势，机断行事；善于从实际情况出发，灵活地运用指挥方式、方法和手段，灵活地运用兵力和战法。

高效灵活要求职权一致、科学预测、周密计划。职权一致即按照指挥的层次结构和隶属关系，各能级行使相应的指挥职权，从上到下，逐级实施控制。这种控制方式符合指挥的能级和层次原理，便于上级指挥员统一指挥，整体协调，也便于下级指挥员在其职权范围内最大限度地发挥主观能动性和创造性。当面临突发情况时，为争取主动，赢得时间，可以打破常规，实施越级指挥，以提高灭火救援指挥的时效性。科学预测是指挥者在掌握有关情况的基础上，运用科学的理论方法，对灭火作战活动可能的发展变化进行推断的活动。正确的预测是运筹谋划、正确决策的基础。周密计划就是围绕决策目标，设计通向目标的途径，规划实现决策目标的具体措施和详细步骤。它是对各种作战力量的组织与协调，是对整个作战行动的具体安排，它使决策目标具体化、形象化。为了提高计划的适用性，要使计划具有全面性、伸缩性和应变性。

灵活就是要发挥主观能动性，善于根据灭火救援现场情况灵活作出处置。指挥员在指挥活动中要做到灵活，应善于关照全局，把握关节，正确处理全局与局部、主要与次要、一般与重点的关系；善于从实际出发，活用战法，活用兵力；善于针对变化的情况，适时调整部署，改变打法；善于根据不同情况，灵活运用指挥方式和指挥手段；善于处理突发情况，在被动中争取主动。

三、灭火救援指挥原则的运用要求

灭火救援指挥原则是用于规范指挥者行为的基本准则，指挥者在开展灭火救援指挥活动时，必须正确把握和运用这些原则，以提高指挥效能。

（一）灵活运用

灵活运用原则是运用战斗原则首要的和最高的要求。灭火救援指挥原则是指挥者的行动指南，不是教条。任何救援行动都不是以往救援战斗的再现，每次灭火战斗都各有特点，在运用这些原则时必须结合具体情况，灵活地加以运用。

首先，运用指挥原则要掌握对象的特点、事故的特点、部队的特点和外部条件四个关节。在指挥建筑火灾灭火救援时，如果不了解建筑的结构特点，不掌握建筑火灾发展规律，不真正掌握部队的情况，不了解周围的水源分布和地理环境，而是生搬硬套几条原则，把原则当成教条，就无法取得灭火救援的胜利。若指挥员仅限于对自己部队人员装备数量这些表面化的东西的了解，没有深入掌握自己部队人员的作战能力、装备的技战术性能，则往往导致失败。在任何情况下，都不能机械地套用指挥原则的条文，而应审时度势，灵活、巧妙地加以运用。指挥原则的应用不同于应用数学公式，必须适应于当时战斗的具体情况，特别应重视分析研究其特殊性，力求做到因情措法、灵活善变。

（二）综合运用

由于灭火救援指挥原则具有系统性，各条原则既有相对独立的含义，成为指导灭火救援指挥实践的某一方面问题的依据，又是一个相互联系的理论整体，成为解决指挥中诸问题的准则，因而要求在灭火救援指挥中必须综合运用。所有灭火救援战斗成功指挥的战例，总是由于指挥员出色地运用了一系列指挥原则的必然结果。尽管每次战斗的情况千差万别，但是，组织与实施战斗的基本程序和方法是大体相同的，共同的规律经常在起作用。如果指挥员遵循了某几条原则，同时又违背了另外几条原则，那是不可能取得救援战斗胜利的。

要求综合地运用指挥原则，要分主次轻重，在某些情况下，可能这几条原则起主导作用；而在另一种情况下，可能那几条原则起主导作用。由于灭火战斗的类型、样式不同，战斗的时间、地点和条件的差异，各条原则的实际指导意义和作用也各不相同。因此，指挥员既要做全面系统的思考，遵循诸原则指导灭火救援指挥，又要善于紧紧把握对赢得战斗胜利最有决定意义的原则的基本精神。一般来说，对灭火救援指挥最有决定意义的原则运用得好，灭火救援成功就有了保证。

（三）科学运用

原则的基本特征之一是以准则、法则、规则的形式予以确认。原则的规定性具体地表现为一定的度，指挥者只有把握好这个"度"，才能真正科学运用好原则。如"坚定和灵活"原则，"坚定"要求指挥者具有坚定的信心，坚决贯彻既定方针，坚定地执行上一级指挥者的命令决心；而"灵活"则要求指挥者在指挥部属行动或执行上级命令时，具有一定的灵活性，根据火场具体情况，灵活地修正决心和计划。"坚定"和"灵活"是一对矛盾，什么时候该坚定，什么时候该灵活，灵活到什么程度，这就是"度"，这个"度"并没有一定的标准，完全靠指挥员的智慧和经验。一切灭火救援指挥活动，均应根据实际情况和条件，科学运用指挥原则。指挥员在运用灭火救援指挥原则时，要掌握科学的方法，按照指挥基本原则的要求，针对具体指挥活动，把指挥原则具体化，解决好原则的可操作性和精确性问题。

（四）创新运用

创新运用原则是成为优秀指挥员的必备条件。运用原则主要表现为指挥员的决策思维活动，因此，创新运用原则首先要求能够进行创造性思维。从根本上讲，灭火救援战斗情况千差万别，指挥原则只能提出解决问题的一般要求，有许多特殊情况，只有创造性的思维并付诸实践，才能在战斗中正确使用兵力和变换战法，使消防部队在灭火救援战斗中立于不败之地。

第五节　灭火救援指挥活动

灭火救援指挥活动是指挥员及其指挥机关对所属部队实施指挥的思维及行动。它是灭火救援指挥规律、原则在实践中的运用，具有极其丰富的内涵。灭火救援指挥一般按照下列程序进行：迅速调集作战力量，启动指挥决策系统，侦察掌握现场情况，制定作战方案，部署作战任务，指挥战斗行动，落实战勤保障。依照灭火救援指挥的一般程序，指挥活动可分为掌握现场情况、定下灭火救援行动决心、组织灭火救援实施、协调控制灭火救援行动四个主要环节。

一、掌握现场情况

掌握现场情况是灭火救援指挥活动的第一要务。掌握现场情况主要是收集处理灾害现场灾情和灭火救援力量的情况。

指挥员和指挥机关以侦察、检测、询问等各种方法和手段获取与灭火和抢险救援有关的灾害现场情况，并对这些情况进行加工整理，是定下灭火救援决心、组织灭火救援实施和协调控制灭火救援行动的基础，是灭火救援指挥过程的首要环节。

（一）灾害现场情况的内容

灾害现场情况是指灾害现场指挥部获得的有关灭火救援战斗对象的全部情况，它是现场指挥员及时正确地定下决心和组织指挥灭火救援战斗的保障。

在灭火救援战斗中，由于灾害现场的情况总是在不断地变化，所以灾害现场的情报的获取随着时间的推移也总存在着新的需求。当灾害随着时间的推移而发展变化时，灭火救援战斗力量本身也要寻求变化以符合灾害发展变化的需要，消防部队不同阶段的灭火救援战斗行动需要以不同的灾害现场情况为依据，没有足够的灾害现场情况，消防部队的灭火救援行动就缺乏针对性。

一般灾害现场情况包括：事故的性质、人员受到的威胁情况、危险情况的形势、现场作战环境、环保影响、现场灭火抢险救援力量的情况、现场可利用的灭火救援物质资源、现场可利用的技术资源等。

大量资料分析证明，掌握灭火救援战斗所需灾害现场情况、了解灾情发展变化情况、及时调整改变战斗部署、始终掌握灭火救援战斗的主动权是灭火救援战斗的关键。

（二）整理现场情况

灾害现场情况的效能，在很大程度上取决于分析处理的质量。在实际的灭火救援指挥活动中，可供火灾现场指挥员使用的不是原始杂乱的灾害现场情况，而是经过综合判断、科学分析的真实而有重要价值的灾害现场情况。因此，灾害现场情况的处理，对实施正确的灭火救援指挥，特别是大型恶性火灾扑救具有十分重要的意义。处理灾害现场情况的方法通常有以下几种：

1. 分类整理

对灾害现场情况的分类整理，实质上是一个归纳、排队的梳理过程。经过分类处理后的灾害现场情况必须清晰、简练、易懂，具有条理性和时序性，便于使用。分类整理的具体方法：一是按照灾害现场情况所反映的内容进行分类，如分为指挥部决策部分、上级指令部分、火情及其他火灾情况部分、部队情况部分、环境与气象部分等；二是按照灾害现场情况本身的时序进行分类，如分为历史情况、目前情况、火情及其他火灾情况发展变化情况等；三是按照灾害现场情报的重要程度进行分类，如分为重要情况、一般情况、参考情况等。上述方法，也可综合使用。

2. 鉴别提炼

在对灾害现场情况进行处理时，必须进行对比分析和多角度的鉴别，及时识别假的火灾现场情况，剔除含糊不清、模棱两可的灾害现场情况，修正有欠完整的灾害现场情况，提高灾害现场情况的可信度。通常情况下，经过提炼后的灾害现场情况，应当能够回答"是什么""可能怎么样""何时""何地""情形""性质""数量""发展趋势"等一些具体问题，这样才能为灭火救援决策提供有重要价值的灾害现场情况。

3. 分析研究

分析研究通常包括定量分析与定性分析两种方法。灾害现场上可进行定量分析的火灾情况主要包括：作战能力计算，如灾害现场主要方面作战部队、主战车辆、器材装备特别是高新技术器材的种类与数量，战斗保障和后勤保障力量等；力量使用计算，如依据燃烧面积大小、燃烧时间、燃烧物质性质、作战原则及当前火势情形和气象状况等，计算其一次进攻行动、一个阶段作战行动将要投入的人力物力及其可能形成的实际作战效能；时间计算，即通过灾害现场信息所反映的火势发展变化实际，从中测算出火势发展蔓延扩大的情况；空间计算，如火势向立体方向发展蔓延的速度以及战斗展开时间内发展蔓延的最大状况；消耗与补给能力计算，如各主战力量的损耗数量，各主战车辆、器材、灭火剂的消耗数量，补充替换人员、器材、装备、灭火剂及生活物资的种类与数量，战斗力水平下降与可能恢复的程度等。

由于灾害现场上衡量战斗力水平的因素既有确定的，又有不确定的，有些可以用数量反映，有些无法用数量反映（如灾害现场上一些隐蔽的爆炸物，什么时间爆炸、爆炸的具体部位、爆炸的威力、可能造成的危害等，都是无法用准确的数据量化的不确定因素），因此，对灾害现场情况进行定量分析的同时，还必须运用定性分析的方法进一步揭示"量"所反映的事物本质。定量分析与定性分析相结合，是快速、准确、严密、科学地认识事物本质的有效途径。

二、定下灭火救援行动决心

灭火救援行动决心是对作战目的和行动作出的决定，它是组织指挥灭火救援行动的依据。定下灭火救援行动决心的活动是灭火救援指挥过程的核心环节。

（一）灭火救援行动决心的内容

灭火救援行动决心的主要内容包括：作战企图、作战部署、协同动作。

作战企图是指挥员和指挥机关对消防部队作战目的和作战行动的总体设想。主要包括作战目标（目的、任务）、使用兵力、作战的主要方面、采取的战术战法，它是作战决心中最基本的要素。

力量部署是现场消防指挥员对部队的战术原则、方法和所担负的作战任务的确定。主要包括所属部队所采取的战术原则、战术方法、力量调配和所担负的作战任务，它体现着指挥员和指挥机关对到场力量、器材装备使用所进行的具体组合与分工。

协同动作是指挥员和指挥机关为保证部队协调一致地完成作战任务，对所有到场力量的作战行动和相互关系所进行的规范和要求。协同动作应明确：作战阶段的划分，灾害现场发展变化情况的预想，所属部队担负的任务以及时间、地点、方法和有关协同事项。

（二）确定灭火救援行动决心的方法

确定灭火救援行动决心的方法既包括指挥员和指挥机关确定灭火救援行动决心的思维方法，也包括指挥员和指挥机关确定灭火救援行动决心活动的工作方法。确定灭火救援行动决心的思维方法，是灾害现场指挥员在了解火情及其他灾害情况、分析判断情况、定下灭火救援行动方案过程中，观察、分析、解决问题的思维方法。从灭火组织指挥决策思维实践来看，决策的思维方法主要有经验思维、公理思维、辩证思维等方法。

1. 经验思维法

这种方法是指灾害现场指挥员运用以往灭火救援指挥的实践经验进行决策的思维方法。指挥员通过不断地积累灭火救援成功的经验和吸取失败的教训，归纳总结形成了一定的系统化理性认识，并以这种系统化的理性认识去观察、分析、解决灭火救援中的问题。

2. 公理思维法

这种方法指的是灾害现场指挥员运用灭火救援指挥理论，对灾害现场灭火救援情况进行推理和判断，作出决策的思维方法。在灭火救援实践中，大量的灭火救援指挥的理论和原则不断地被认识和总结，它们可以用于指导新的灭火救援实践。指挥员在决策活动中依据这些理论和原则，对灾害现场情况进行分析判断，得出结论，作出决策。

3. 辩证思维法

这种方法是指挥员运用辩证唯物主义方法论观察、分析和解决问题，进行决策的思维方法。辩证思维方法的实质是在对立统一的矛盾中进行思维，其本质是揭露和解决事物的基本矛盾。灾害现场指挥员在决策活动中要运用辩证思维方法，防止主观性、片面性，要能够联系和发展地看灾害现场的情况变化，防止孤立和静止地仅关注一点一时的情况，能够注重灾害现场情况的量变与质变的统一，将量变与质变统一起来，作出正确的决策。

在灭火救援的实际决策活动中，辩证思维有不同的形式，如联想思维、系统思维、求疑思维、预测思维、创新思维等。其中，预测思维和创新思维是灾害现场指挥员运用最多的辩证思维方法。

（三）定下灭火救援行动决心的要求

定下灭火救援行动决心绝不是简单的拍板定案，而是一个艰苦脑力劳动的工作过程。前苏联军事家比留佐夫在《正确决心的探索》一书中指出："定下决心的过程是高度紧张的过程，也可以说是痛苦的过程。在这段时间内，司令员必须准确无误地判断情况，并据此作出正确的结论。他必须高度集中精力、果断和顽强。"这就说明指挥员要完成确定作战决心这一特殊性的工作，必须符合其自身活动特点的要求。

1. 正确把握依据

灾害现场情况、灭火救援力量情况和灭火救援作战环境情况是确定灭火救援行动决心的基本依据。正确的灭火救援行动决心必须符合灾害现场情况、灭火救援力量情况和灭火救援环境等客观情况。正确地分析、判断和把握客观情况是确定灭火救援行动决心的基本要求。在确定灭火救援行动决心时，必须充分研究分析对灭火救援行动有影响的各种因素，力求把灭火救援行动决心建立在科学而又可行的基础之上。

2. 科学运筹谋划

科学运筹谋划是确定正确的灭火救援行动决心的重要途径和保证。科学运筹谋划既要依据火势的实际发展状况和灭火救援过程中所利用的灭火救援预案、采取的战术原则、到场力量的部署、灾害现场主要方面的控制等，又要充分分析灾害现场包括环境条件在内的各种其他因素，还要有预见性，充分估计可能出现的各种情况，科学预测灾害现场态势的发展变化，制定多种方案。灭火救援实践证明，确定灭火救援行动决心的过程就是进行科学合理的选择。最优的灭火救援决心会产生出最佳的灭火救援效果，因此，对多个作战方案必须进行优化选择。没有比较和鉴别，也就形不成最佳决心。从一定意义上讲，确定灭火救援决心的过程就是多案选优的过程。

3. 及时果断决策

及时就是不失时机，果断就是当机立断。及时果断是确定灭火救援决心的重要要求。针对灾害现场情况复杂多变，灭火救援指挥周期缩短，大面积立体性的气体火灾、液体火灾、化学危险品火灾、高层及地下建筑火灾等，要求指挥员不仅要以极高的速度进行判断，还要及时果断地定下灭火救援决心，才能在情况变化急剧的灾害现场环境中，抓住稍纵即逝的时机，赢得灭火救援的主动权。灭火救援实践也证明，在艰苦复杂的灭火救援过程中，任何的优柔寡断和过时的反应，不仅会使灭火救援指挥丧失良机，而且还会导致部队作战行动遭受无法弥补的损失。因此，定下决心必须及时果断。

4. 周密计划部署

周密计划部署是指在运筹谋划的基础上，依据指挥员决心（预定作战方案），对灭火救援目标（任务、目的），灭火救援资源，作战行动步骤、方法，协同和保障，指挥自动化系统等进行的筹划安排，并制定出具体的预案。周密计划是使灭火救援决心方案具有可行性、操作性和指导性的基本保证。

周密计划，一要准确科学。当前灾害事故特别是化学危险物品以及气体、液体火灾，发展变化迅速，恶性发展的可能性很大，所以，在实施火势控制时要求周密到位，在制定进攻计划时，要求各方面进攻力量密切协调、默契协同，实施进攻动作不能有阴差阳错的差异，必须准确科学。二要详细具体。由于灭火救援过程中，大兵团、跨区域合成作战，越来越频繁，各参战力量的任务分工必须详细具体，否则就会形成一盘散沙，使战斗力大大消减。三要力求简明。灭火救援指挥在依据战术战法排兵布阵时，必须力求简洁，以获得较高的效率。简明扼要是组织计划工作的重要要求。简明的计划和明确简洁的命令把误解和混乱降到最低限度。只有简明扼要，组织计划工作才能把握节奏，突出重点，才能提高时效性。为此，组织计划活动，在作业程序上，要依据具体任务合理取舍，尽量简化程序；在作业形式上，强调同时展开、平行作业；在作业内容上，删除那些对灭火救援行动成功并非必不可少的内容。

三、组织灭火救援实施

组织灭火救援实施是消防指挥员和指挥机关依据灭火救援决心，对所属部队的实施灭火救援所进行的具体筹划和指导落实，是实施灭火救援指挥过程的重要阶段。其目的是使所属部队明确担负的任务及需要采取的措施。

（一）拟制下达灭火救援指令

拟制下达灭火救援战斗指令是依据灭火救援战斗决心拟制的灭火救援命令、指示，并下达给所属有关部队的活动。灭火救援战斗命令分为合同作战命令和个别作战命令。合同作战命令的主要内容包括：火情及其他灾害情况判断结论、灭火救援战斗企图、本部队任务和首长决心、友邻任务、战斗分界线和接合部的保障、完成作战准备的时限及指挥部设置的地点与标志等。个别作战命令的内容主要包括：有关火情及其他灾害情况、上级有关作战意图、受令者的任务、有关增援力量的配合及有关通信联络事项等。灭火救援战斗指示包括进攻的具体实施指示和各种保障指示。

拟制灭火救援战斗命令，必须严格遵循灭火救援战斗决心，根据部队的实际需要，认真拟制。其一般由指挥机关参谋人员具体拟制，指挥员审核批准；也可由指挥员和参谋人员共同拟制，简化工作程序，提高工作效率。现代火灾条件下的灭火救援下达作战命令要充分利用指挥自动化系统。在运用指挥自动化系统下达命令的同时，还要发挥传统的口头下达作战命令、书面下达作战命令、信号指令下达作战命令等方式的作用，作为指挥自动化手段下达作战命令的补充。

（二）组织协同动作和各种保障

组织协同动作是使各参战力量协调一致作战行动的组织工作。它是保障发挥各方面到场力量协同作战整体威力的重要措施。组织协同动作应按照目标（目的、任务）、时间、地点，以灾害现场主要方面的力量为主进行组织。组织协同动作应首先拟制协同动作计划。组织协同动作通常由灾害现场指挥部中负责灭火指挥的副总指挥负责组织，也可由灭火总指挥员亲自组织。依据情况可利用地图、示意图、灭火预案有关图表或在现场进行组织。

同时还要组织各种保障，使战斗保障、后勤保障、技术保障切实到位。

（三）检查指导战斗展开准备

检查指导战斗展开准备是指挥员和指挥机关对部队的按照任务分工实施战斗展开准备的情况所进行的检查督导活动。其内容主要包括：各方面战斗人员和器材装备到位情况，各参战力量对受领任务的理解程度，下级指挥员的决心，力量部署和进攻态势是否符合整体战术，各部队对协同灭火救援的熟悉程度，组织作战保障和后勤保障、装备技术保障的情况，特别是对前方力量分布和后方供水、供灭火剂的协调配合情况，通信联络的情况，实施进攻人员的个人防护情况等。

检查指导部队战斗展开准备，现场指挥员和指挥机关应积极做到：一要严格按照战术战法去检查指导部队的战斗展开准备情况；二要抓住重点，对担负灾害现场主要方面作战任务的部队和实施攻坚准备的重点内容进行有针对性的检查；三要及时发现问题、解决问题，检查的着眼点要从发现问题出发，同时要采取积极有效的措施解决问题，使发现的问题得到及时有效的解决。

四、协调控制灭火救援行动

协调控制灭火救援行动是指指挥员和指挥机关掌握灾害现场情况，调控部队灭火救援行动的活动，其目的是保障部队的灭火救援顺利进行。也可以说，协调控制灭火救援行动是指指挥员和指挥机关指挥部队落实灭火救援计划，实现灭火救援行动决心的活动。能否最终实现灭火救援行动决心，关键取决于能否有效地协调控制部队的灭火救援行动。

（一）督导部队灭火救援行动

督导部队灭火救援行动是根据灭火救援战斗决心监督指导部队按规定的时间、路线、地点和方式、方法完成灭火救援任务的活动。

督导部队严格执行命令、有关指示和有关规定，是协调控制的基本内容之一。从灭火救援行动命令、指示下达起，指挥员及其指挥机关就应不间断地采取多种方法、通过多种渠道，督促、指导部队贯彻执行命令、指示。其重点是：按照规定的时限和路线（航线），有秩序地实施快速行动，准时到达指定位置，并迅速、准确、安全地做好灭火救援行动的各项准备，按照预定计划展开灭火救援行动，完成规定的各项灭火救援和保障任务。

督导部队灭火救援行动通常应当适时下达各种指令，进一步明确执行事项和行动的条件及要求；检查部队对指令的理解程度和贯彻执行的效果，指出并帮助纠正偏差；及时了解并帮助部队解决进攻行动中遇到的困难和问题。必要时，派出联络小组或联络参谋，深入灾害现场前沿直接进行督促和指导。

（二）协调部队灭火救援行动

协调部队灭火救援行动是指指挥员和指挥机关对所属部队的灭火救援行动所进行的调度活动。其目的是督导协调部队按照作战预案规定的时间、路线、地点和方式完成作战任务。

在灭火救援过程中，指挥员及其指挥机关应当针对火情及其他灾害情况变化、本级行动状况、下级战斗意图的调整及灾害现场环境情况对部队行动的影响等，适时、周密地协调各参战力量的行动。重点内容是：协调灾害现场各战斗段之间或灾害现场主要方面与次要方面之间、前方与后方的行动，保持灭火救援的重心稳定；协调各参战力量之间的行动，保持整体作战威力；协调执行当前任务的部队与后续增援力量之间的行动，保持作战行动锐势和持续作战能力。

协调部队灭火救援行动通常采取计划协调和随机协调两种方法。协调部队灭火救援行动时，应适时向有关参战部队下达协调指令，明确各参战力量的灭火救援任务，完成任务的时间、地点、方法与要求等。

（三）修正灭火救援决心，调整力量部署

修正灭火救援决心，调整力量部署，是依据灾害现场情况重大变化，重新修订灭火救援决心，调整灭火救援力量部署的活动。当灾害现场情况发生重大变化，特别是火势发生突变，预定灭火救援决心已不符合当前情况时，应及时修正灭火救援决心，并依据修正的灭火救援决心，调整灭火救援力量部署。

灭火救援决心是建立在一定的灾害现场情况侦察判断基础之上的，和灾害现场实际发展变化不可能完全吻合。这就要求指挥员和指挥机关要根据灾害现场实际情况的发展变化，不断地修改完善灭火救援决心和预案。灭火救援过程中，当灾害现场发生爆炸、倒塌、毒气突然泄漏等重大变化，预定灭火救援决心已有部分不符合当前情况时，应及时地修正完善，调整部署。重点内容是：确定新的灭火救援关节点；调整各参战力量的任务与行动方法；重新进行力量编成、组织进攻协同；调整增援保障力量；调整指挥关系及指挥方式等。

自学指导

学习重点：灭火救援指挥原则与灭火救援指挥活动。

学习难点：指挥要素之间的关系与协调控制灭火救援行动。

复习思考题

一、填空题

1. 灭火救援指挥活动的主体是（　　　　），它是（　　　　）和（　　　　）的统称。
2. 按跨越指挥层次行使权力的不同，灭火救援指挥方式有（　　　　）与（　　　　）之分。

3. 两个以上公安消防支（大、中）队协同作战时，上级指挥员到达现场前，实施（　　）；上级指挥员到达现场后，应当实施（　　）。

4. 灭火救援行动的基础和灭火救援指挥过程的首要环节是（　　）。

5. 灭火救援指挥过程的特征是阶段性、（　　）、（　　）和客观性。

二、简答题

1. 简述集中指挥与分散指挥的关系。

2. 简述灭火组织指挥的一般程序。

3. 灭火救援指挥规律有哪些基本特征？

4. 灭火救援指挥原则有哪些基本属性？

三、论述题

1. 论述灭火救援指挥要素之间的关系。

2. 孙子提出："知彼知己者，百战不殆；不知彼而知己，一胜一负；不知彼不知己，每战必殆。"请结合孙子这段言论，运用灭火救援指挥相关知识分析在灭火救援过程中指挥者应遵循什么指挥原则，以及如何贯彻这一指挥原则。

第五章 执勤战斗预案

学习目标
1. 应了解、识记的内容
● 应了解和知道执勤战斗预案的概念、制定范围和类型。
2. 应理解、领会的内容
● 执勤战斗预案制定方法、制定原则、管理和应用,执勤战斗预案准备方法,重点单位预案制定的意义,重点单位灭火作战预案制定程序。
3. 应掌握、应用的内容
● 掌握重点单位灭火作战预案的内容。
自学时数 8学时
老师导学

本章主要讲述执勤战斗预案的含义、内容、类型、制定范围,预案制作准备工作内容和方法,制定原则、程序和方法。通过学习要求了解执勤战斗预案的概念、制定的范围,领会执勤战斗预案制作的意义和预案制作的程序,掌握执勤战斗预案尤其是重点单位灭火战斗预案的内容。

第一节 执勤战斗预案概述

执勤战斗预案是火灾扑救和应急救援行动的基本依据,是部队执勤工作的重要组成部分。制定执勤战斗预案,对于熟悉了解灭火救援中可能出现的情况,有针对性地实施灭火救援行动,实现灭火救援指挥预算化、现代化,提高灭火救援的成功率具有十分重要的意义。

执勤战斗预案是对执勤战斗有关问题作出预先筹划和安排的消防战斗文书,是针对重点地区或重点单位可能发生的火灾或其他灾害,根据灭火救援战斗的指导思想和战术原则,以及现有装备而拟订的执勤战斗行动方案。

制定执勤战斗预案的目的是针对设定的灾害事故的不同类型、规模及保卫对象情况,合理使用灭火救援力量,正确采取各种战术、技术,成功地实施灭火救援行动,最大限度地减少伤亡,降低财产损失。

执勤战斗预案的范围主要包括:消防安全重点单位、在建重点工程、各类重大灾害事故、重要保卫勤务、跨区域救援行动、其他需要制定预案的单位或场所。

执勤战斗预案制定的方法主要包括两类:分类制定预案和分级制定预案。

分类制定执勤战斗预案是指将可能发生的灾害事故,按其不同性质和类别制作预案。公安消防部队应当以辖区灾害事故风险和危害调查评估结果为依据,按照最大、最难、最危险、最复杂情况下灭火与应急救援任务的需要,制定执勤战斗预案,包括跨区域灭火与应急救援预案、灭火作战和应急救援类型预案、重点单位灭火作战预案和重大活动现场消防勤务预案。

分级制定预案是指公安部消防局根据所发生灾害事故的规模与程度，按照灾害事故划分的不同等级而制定的灭火救援预案。

公安部消防局负责制定全国应急救援预案和全国性跨区域作战预案；总队、支队应当制定跨区域灭火与应急救援预案、灭火作战和应急救援类型预案、重点单位灭火作战预案；大队、中队应当制定灭火作战和应急救援类型预案、重点单位灭火作战预案。

一、执勤战斗预案制定的原则

在编制事故应急处置预案时应遵循以下原则：

（一）执勤战斗预案必须具有科学性

制作执勤战斗预案必须在全面调查研究的基础上，开展科学分析和论证，制定出科学的决策程序、处置方案、应急手段，使执勤战斗预案真正具有科学性。

（二）执勤战斗预案必须具有针对性

执勤战斗预案是针对可能发生的灾害事故预先制定的行动方案。因此，执勤战斗预案应结合重大危险源分析的结果，针对可能发生的各类事故、关键部位、薄弱环节以及处置程序进行编制，确保其针对性。

（三）执勤战斗预案必须具有实用性

执勤战斗预案必须具有实用性，即发生重大事故灾害时，相关组织、人员可以按照执勤战斗预案的内容迅速、有效地开展处置措施，最大限度地降低灾害事故带来的损失。

（四）执勤战斗预案必须具有完整性

执勤战斗预案内容应完整，包含实施灭火战斗、抢险救援、勤务保卫活动所需的所有基本信息。执勤战斗预案的完整性主要体现在：功能完整、过程完整、适用范围完整。

二、执勤战斗预案制定的要求

编制的应急预案应满足以下基本要求：

（一）健全组织，完善机制

制定单位要成立由主管或分管业务的领导为组长，灭火、防火有关人员为成员的预案制定小组，完善工作机制，规范预案制定和管理的程序。

（二）领导重视，亲自参与

主管或分管业务工作的领导要根据制定执勤战斗预案的程序，结合辖区的实际情况，深入消防安全重点单位调查了解情况，拟订战斗方案。

（三）准确细致，确保质量

制定单位要指派专人参加上级组织的执勤战斗预案制定方面的业务培训，以便统一制定执勤战斗预案的具体方法和要求，提高执勤战斗预案的制定质量。预案制定人员要深入现场进行细致的调查，做好记录，对重点位置调查、准确、细致。

（四）预案入网，便于使用

有条件的单位，应当运用计算机制作和管理执勤战斗预案，随时调用预案或对预案信息进行修订维护，并要联网使用。

三、执勤战斗预案的管理

1）执勤战斗预案应指定专人负责管理，制定的预案由本级主管领导审核批准后，除使用单位存档之外，要报上一级主管单位存档备案。

2）执勤战斗预案内容涉及保卫对象的基础资料、公安消防队执勤实力等，各级公安消防队要做好预案的保密工作。

3）执勤战斗预案应及时修订、更新，重点单位情况有变更或预案涉及参战力量有变动时，应及时修改，并对存档和上报的预案进行更新。预案的撤销权限与审核批准权限相同。因内容修订而作废的预案应指定专人进行销毁，电子文档要永久性删除。

4）执勤战斗预案电子文档要有纸质文档备份，电子文档要在不同计算机上备份，并保持同步更新。

5）数字化预案制作与管理应实行专机专用，存储基础数据的数据库应在不同计算机上有数据备份。

6）总队、支队通信指挥中心应建立执勤战斗预案数据库，实现资源共享。

四、执勤战斗预案的应用

执勤战斗预案的应用可分为平时应用和实战应用两方面。

（一）平时应用

1. 熟悉重点单位或部位的情况和灭火救援对策

1）通过网络访问、阅读执勤战斗预案，了解和熟悉消防安全重点单位情况和灭火救援对策。

2）携带执勤战斗预案至实地熟悉重点单位，提高调查熟悉的针对性。

2. 开展战术训练

借助执勤战斗预案设定的情况、处置的措施，开展战术训练，掌握各类灾害事故处置对策与程序，提高消防人员战术水平。

3. 落实灭火救援准备工作

根据预案实施演练，检验预案的可操作性和各项灭火救援准备工作的落实情况，对不能落实的，及时调整。

（二）实战应用

1. 用于调动、协同各参战力量

在实战中，根据预案调集相关参战力量，各参战力量按照预案明确分工投入战斗，能够使力量调集迅速准确、现场战斗协同有序，避免现场混乱。

2. 用于临场指挥

火场指挥员根据现场情况对预案作出调整和修改，便于决策，实施临场指挥。

3. 用于现场辅助决策

虽然灭火救援现场千变万化，但执勤战斗预案中的战术原则、处置程序、参战力量、协同战斗方式方法等内容，可以为火场指挥员决策提供辅助参考依据，便于灾害事故的迅速处置。

第二节　执勤战斗预案制定准备

制定执勤战斗预案是消防队一项重要的业务工作。一份好的预案，有助于消防员掌握辖区保卫对象的情况，预测火灾事故发生的规律和特点；有助于提高队伍技战术水平和快速反应能力，从而在处置火灾事故时赢得战机，争取主动。在制作执勤战斗预案前，必须做好大量准备工作，如辖区情况调查，重点危险源摸排，战斗力量评估等，确保制定的预案科学严谨、细致周密、实用性强。

一、辖区情况熟悉内容

辖区情况熟悉的内容包括：辖区概况、交通道路与消防水源情况、消防安全重点保卫对象情况、主要灾害事故的类型和处置对策、灭火救援力量资源情况和社会应急救援联动力量资源情况。

（一）辖区概况

辖区概况主要包括：辖区边界与面积、地理位置与环境特点、人口数量与分布、各类企业的类型与规模、城市发展与公共消防设施状况及辖区与周边地区抗御灾害事故的资源情况。

（二）交通道路与消防水源情况

1. 交通道路

（1）道路基本情况　消防车可以通行的道路名称、方位、宽度、出入口、交汇口、路面承重及通行能力、高峰时段的车流量、道路施工和路面完好情况等。

（2）桥梁、隧道、涵洞情况　各种桥梁、隧道、涵洞的名称、位置、宽度、长度、跨度、限高、承重、通行要求、修建年限等情况。

（3）水上交通情况　辖区内各水域的名称、宽度、深度、水流变化、航道通行能力和通行要求、港口位置、名称及停泊要求等。

2. 消防水源情况

（1）人工水源情况　各类消火栓、消防水鹤、消防水塔、消防水池和消防水箱的位置、数量、储量、流量、各时段供水压力及管理情况等。

（2）天然水源情况　辖区内海洋、江河、湖泊、池塘、沟渠的名称、方位、数量、面积、深度、流量和水位变化情况、取水码头及取水的方式等。

（三）消防安全重点保卫对象情况

消防安全重点保卫对象主要包括：消防安全重点区域、消防安全重点单位、消防重大危险源。

1. 消防安全重点区域

消防安全重点区域是指由若干不同规模的单位组成的人员集中、经济价值高、建（构）筑物相互毗连的区域。

1）消防安全重点区域的名称、位置、面积、布局、生产与经营单位的数量、性质、规模等情况。

2）区域内人员的数量、结构与分布。

3）区域内建（构）筑物的结构、面积、高度、耐火等级及内部消防设施等情况。

4）区域内消防水源、交通道路情况。

5）区域的执勤战斗预案和灭火救援力量的状况。

6）区域内消防安全重点单（部）位的性质、特点和实施灭火救援行动的注意事项。

7）各种灭火救援力量距重点区域的距离。

8）区域周边地区的有关情况。

2. 消防安全重点单位

消防安全重点单位是指发生火灾可能造成重大人员伤亡、重大财产损失、重大社会影响的单位。如人员集中场所、国家机关、广播、电视、通信、交通枢纽、易燃易爆和重要科研单位等。

1）单位的名称、位置、性质、规模、平面布局、建筑结构、面积、高度、耐火等级及使用情况。

2）单位的重点部位情况、生产工艺流程、原料和产品的理化性质及储存、运输方式。

3）单位的安全疏散通道、消防电梯、安全出口、临时避难设施的设置及管理情况。

4）单位的消防控制室、防排烟系统、自动喷水灭火系统、消火栓、水泵接合器、防火卷帘、消防车道情况。

5）单位的消防组织情况及各类应急处置预案的制定与运行情况。

6）单位与消防站的距离及交通道路、消防水源情况。

7）毗邻单位的有关情况。

3. 消防重大危险源

消防重大危险源是指有可能发生造成重大人员伤亡、重大财产损失的火灾、爆炸、毒害等灾害事故的场所或设施。

1）名称、地理位置、数量、危险评估等级。

2）生产或经营性质、工艺流程、原料及产品储存和物流方式。

3）各类消防设施的建设、配置、管理及运行情况。

4）安全负责人及工作人员的消防业务素质；单位灾害事故应急处置预案的制定，发生事故时应急处置的程序、措施和注意事项。

5）消防重大危险源与消防站的距离及交通道路、消防水源情况。

6）可利用的各种灭火救援力量分布情况及所能到达的时间。

（四）主要灾害事故的类型和处置对策

消防队平时经常调查研究本辖区主要灾害事故的规律和特点，有助于探索、掌握科学的处置对策，一旦发生灾害事故，能有效提高消防队快速反应、科学处置的能力，减小灾害事故的危害。

1）辖区多发的主要灾害事故类型和突发公共事件中需要消防队参与处置的灾害事故的种类。

2）主要灾害事故和突发公共事件的特点和危害程度。

3）针对主要灾害事故和突发公共事件的处置措施、展开程序和行动注意事项。

（五）灭火救援力量资源情况

灭火救援力量资源是成功实施灭火救援战斗行动的重要基础和保障。辖区灭火救援力量资源主要是指辖区以及相邻区域内各种形式消防队伍的人员数量、消防装备的种类、数量和性能、车载灭火剂种类和数量等情况。熟悉消防力量资源情况时，还应注意核对联系人与联系方式等是否发生变化。

（六）社会应急救援联动力量资源情况

社会应急救援联动力量资源是指能够为灭火救援战斗提供人员、技术、装备支持的社会力量。主要包括公安、交通、供电、供水、供气、救护、环保、环卫、运输、气象、电信等单位。在处置大型灾害事故时，驻军及武警部队是重要的辅助战斗力量。

1）辖区所在地的政府及有关部门制定的各类灾害事故应急处置预案情况及预案启动的程序与方法。

2）社会应急救援联动人员的数量、装备种类、数量及技术性能。

3）灭火救援技术专家组成员的基本情况和联系方式。

4）辖区内灭火剂、化学中和药剂的生产和储存单位名称、位置、储存数量情况。

5）实施跨区域力量调动与增援的程序和方法。

二、各类人员熟悉内容

各级消防员在掌握辖区基本情况的基础上，根据岗位职责和工作性质的不同，对辖区情况的熟悉应有所侧重。

（一）总（支）队首长

1）本地区政治、经济、人文、地理、环境等概况。

2）城市消防规划及城市公共基础消防设施建设情况。

3）政府及有关部门应急处置预案的制定、启动、响应程序和方法。

4）灭火救援战斗力量的构成及调集方案。

5）跨区域战斗预案的制定、运行、管理和组织实施情况。

6）各类灾害事故的特点、处置对策、程序及预防次生、衍生、耦合灾害事故的方法。

（二）总（支）队司令部首长警官

1）辖区概况。

2）灭火救援战斗力量构成、分布情况及调集方案。

3）城市交通及消防水源情况。

4）各类执勤装备的技术性能及使用方法。

5）政府及有关部门应急处置预案的制定情况、启动的程序及方法。

6）执勤战斗预案的制定及组织实施情况。

7）跨区域战斗预案中的任务及启动的条件。

8）对各类灾害事故的处置程序、对策及可能发生的次生、衍生、耦合灾害事故的特点及预防、处置措施。

（三）大（中）队警官

1）辖区概况。

2）交通道路与消防水源情况。

3）消防安全重点区域、消防安全重点单位、消防重大危险源情况、本级执勤战斗预案的内容。

4）本单位灭火救援实力情况，邻近消防队伍及社会应急救援联动力量的基本情况。

5）主要灾害事故处置的程序、方法及行动注意事项。

6）可能发生的次生、衍生、耦合灾害事故的特点及预防、处置措施。

（四）战斗班长

1）辖区概况。
2）消防重点保护区域、消防安全重点单位、消防重大危险源的基本情况。
3）交通道路和消防水源情况。
4）主要灾害事故处置的基本程序、方法和安全注意事项。

（五）战斗员

1）辖区消防保卫对象的基本情况。
2）执勤战斗预案中本岗位的任务与要求。
3）主要灾害事故的处置程序、方法和安全注意事项。

（六）驾驶员

1）辖区交通道路及周边地区主要交通道路的情况。
2）辖区消防水源的种类、位置及取水方法。
3）执勤战斗预案中通向各重点区域、单位的行车路线、停车位置和供水注意事项。

（七）通信员

1）辖区基本情况及交通道路和消防水源情况。
2）辖区消防安全重点区域、消防安全重点单位的数量、分类、分布情况。
3）本中队消防实力和邻近消防中队的分布及实力情况。
4）制作执勤战斗预案的方法。
5）通信方案，通信装备的技术性能、操作方法和使用保管要求。

（八）供水员

1）辖区消防给水设施的基本情况，包括供水管网的形状、直径、流量，给水设施的供水能力、取水方式等。
2）执勤战斗预案中供水计划及实施要求。

三、辖区情况熟悉方法

辖区情况熟悉的方法主要有实地熟悉法、文档学习法、讲解熟悉法、考核熟悉法和网络熟悉法。

（一）实地熟悉法

实地熟悉法是指消防员深入辖区内运用"查、看、问、记、思"的方法，对影响辖区灭火救援行动的情况进行调查、了解与熟悉。具体要做到"五勤"：

1. 勤查

消防员要经常深入辖区街、道、巷和消防安全重点区域、消防安全重点单位、消防重大危险源进行情况了解与情况熟悉。可充分利用单位内部消防控制室的功能，通过值班人员进行了解与熟悉。

2. 勤看

消防员要经常观察了解辖区内的消防水源、交通道路、消防安全重点区域（部位）消防设施的情况变化。特别要注重了解消防安全重点单位、消防重大危险源的内部消防设施的完好情况。

3. 勤问

消防员要经常向单位技术人员询问了解生产过程、产品性质、工艺流程、原料和产品的储存与物流方式以及消防设施技术状态等情况，对于内容复杂、专业性强的内容，要辅以查阅有关资料达到熟悉的目的。

4. 勤记

消防员要利用各种记录工具及时将熟悉后的情况详细记录下来，留待后期学习与应用，发现的问题要及时形成材料上报。

5. 勤思

消防员在实地调查熟悉的过程中，要开动脑筋，勤于思考。结合现有的人员、技术装备和辖区内消防力量资源情况，充分运用灭火救援业务基础理论，认真思考与研究科学的处置措施，确立有针对性的灭火救援对策。

（二）文档学习法

文档学习法是指消防员利用辖区平面图、交通道路图、消防水源图、执勤战斗预案等相关资料，开展对辖区情况学习与熟悉的方法。

1. 利用辖区平面图学习与熟悉情况

辖区平面图是消防员查找消防安全重点区域、消防安全重点单位、消防重大危险源地理位置、调集灭火救援力量、研究灭火救援对策的基础资料。主要学习与熟悉的内容是：辖区边界划分情况，辖区交通道路和消防水源情况，辖区公安消防队（站）的分布情况，辖区消防安全重点区域、消防安全重点单位和消防重大危险源分布情况等。

2. 利用辖区交通道路图学习与熟悉情况

辖区交通道路图是消防员熟悉辖区各类道路、桥梁、隧道、涵洞、港口、码头等情况，选择灭火救援行车路线的基础资料。主要学习与熟悉的内容是：辖区道路、铁路、水路和桥梁、隧道、涵洞的具体位置及名称；辖区交通道路通行能力情况；桥梁、涵洞的限高、限宽以及承重情况等。

3. 利用辖区消防水源图学习与熟悉情况

辖区消防水源图是消防员熟悉辖区人工和天然水源基本情况，合理选用灭火救援水源的基础资料。主要学习与熟悉的内容是：辖区内地上、地下消火栓，消防水鹤等人工水源的位置、数量、分布、编号等情况；海洋、江河、湖泊、池塘、沟渠等天然水源位置、名称、分布等情况；人工水源设施的变化，天然水源在各季节的水位、水量情况等。

4. 利用执勤战斗预案学习与熟悉情况

熟悉执勤战斗预案是灭火救援准备的基础工作之一。执勤战斗预案针对特定对象的灭火救援行动做了周密的对策准备，熟悉掌握后，对提高该类灾害的处置能力有重要作用。主要学习与熟悉的内容是：消防安全重点区域、消防安全重点单位、消防重大危险源的基本情况；预案单位易发生的灾害事故的种类，相应的处置程序、方法以及安全注意事项；灭火救援力量赶赴现场的行车路线；消防水源情况；毗邻单位情况；社会应急救援联动力量情况等。

（三）讲解熟悉法

讲解熟悉法是指由消防指挥员依据执勤战斗预案和有关灭火救援业务基础资料，系统而有重点地向消防员讲解辖区情况。

消防指挥员可充分利用课堂讲解、问答、讨论等方式，使消防员熟记辖区各等级道路名称、位置及走向；辖区消防水源分布；消防安全重点区域、消防安全重点单位、消防重大危险源的基本情况、可能发生的灾害事故种类与特点及灭火救援行动中的注意事项。同时，也可根据消防队执勤工作的需要，邀请政府有关部门（如：安监、城建、公安、交通、救护、自来水、电力、燃气等部门）和消防安全重点单位、消防重大危险源的专业人员进行专题情况介绍，使消防员深层次掌握辖区内各消防安全重点区域、消防安全重点单位及消防重大危险源的生产工艺、产品性质、仓储要求、管理水平、物流方式等情况，达到辖区情况清楚、处置对策熟悉的要求，随时应对可能发生的各类灾害事故。

（四）考核熟悉法

考核熟悉法是指按照各岗位执勤人员的灭火救援任务分工，对个人或小组进行辖区情况熟悉程度的考核、讲评的训练方式。

通常采用现场实地或者对照预案考核的方式，检验消防员对辖区情况的了解与熟悉程度。考核内容主要包括：生产工艺及流程特性，生产原料、产品的理化性质，建（构）筑物的结构及耐火等级，消防设施的种类、性能及技术状况，基本处置对策，事故区域周边可利用的水源及可调用的社会救援力量等情况。在实施现场考核过程中，应及时发现消防重点区域、消防安全重点单位、消防重大危险源发生的影响灭火救援行动的变化情况，了解其中的原因，根据变化的情况及时修改执勤战斗预案，并通告所有执勤人员。

（五）网络熟悉法

网络熟悉法是指依托计算机和网络技术，对辖区情况进行查询、熟悉、记忆的方法。

消防员按照岗位及职责要求，利用电子地图、地理信息系统矢量化数字地图等工具或者消防网络管理、视频监控等系统，查询执勤战斗预案内容和各种灭火救援业务资料和信息，熟悉辖区平面布局、消防安全重点区域、消防安全重点单位、消防重大危险源的地理位置、交通道路和消防水源等情况。

第三节　重点单位灭火作战预案

灭火作战预案是针对消防安全重点单位或部位可能发生的火灾事故，对灭火救援战斗有关问题预先安排的作战文书。它是准备和实施灭火救援行动的基本依据，是执勤工作的重要组成部分，也是一项十分重要的经常性基础工作。做好这项工作，对于有效地实施灭火救援行动、减少财产损失和人员伤亡、实现灭火救援指挥现代化，将起到重要的作用。

一、制定灭火作战预案的目的和意义

（一）制定灭火作战预案的目的

针对设定的灾害事故的不同类型、规模及保卫对象情况，合理使用灭火救援力量，正确采用各种战术、技术，成功地实施灭火救援行动，最大限度地减少人员伤亡、降低财产损失。

（二）制定灭火作战预案的意义

1. 熟悉目标单位的情况

实践证明，对着火单位情况是否熟悉，与灭火作战成败的关系非常重大。古代军事上就

讲"三情（敌情、我情和地情）明，仗必赢"。现代军事上也常讲，只有情况明才能决心大。否则，火情判断无基础，战术决策无根据，力量部署无方案，组织指挥无程序，部队作战行动必然陷入盲目和混乱。

制定灭火作战预案，首先要对消防安全重点单位情况进行调查。调查的内容通常包括单位的地点、周围的环境、内部建筑布局、建筑结构特点、火险要害部位、火灾危险特性、固定消防设施、道路和水源等。通过调查，熟悉掌握消防安全重点单位情况。一旦发生火灾，就便于对火势发展蔓延趋势进行判断，更好地合理利用各种消防设施和其他灭火条件。

2. 研究新的技术、战术

从某种意义上讲，制定灭火作战预案的过程，就是开展灭火技术、战术研究的过程。对消防安全重点单位进行调查，对要害部位的火灾危险特性进行分析，根据灭火作战的指导思想和战术原则，从消防技术装备条件和现有灭火实力出发，有针对性地研究和确定一系列的灭火技术、战术措施，其中包括力量的调集、行车的路线、停车的位置、进攻的途径、水枪的阵地、供水的组织等，从而确定部队未来行动的灭火技术、战术方案，提高各级指挥人员的运筹决策能力。

通过制定灭火作战预案，不断提高消防部队战术、技术水平和快速反应能力，一旦接到报警，就可以按照预案实施组织指挥，从而赢得战机，夺取灭火救援作战的主动权。

3. 提供辅助决策

灭火作战预案是辅助灭火指挥人员现场决策的主要依据。

当灭火作战预案与火灾现场情况完全相符时，可按预先制定的预案指挥各参战部队直接投入作战，展开各种灭火救援活动。

当灭火作战预案与火灾现场情况部分相符时，虽然火点部位和火势发展蔓延方向发生了变化，但后方水源和供水线路基本没变。可对前方水枪阵地和技术、战术手段进行适当调整，其他仍按灭火作战预案执行。

当灭火作战预案与火灾现场情况完全不符时，指挥人员应根据当时火场实际进行临机决策，重新制定新的灭火作战预案，按新制定的灭火作战预案进行指挥。原有的灭火作战预案，能起到一个提供单位情况及帮助指挥人员了解和掌握更多信息的作用。

4. 资料积累

通过制定灭火作战预案，可以使灭火救援指挥员由经验型向科学型转变，为电子计算机的储存、反馈提供大量的基础资料，为实现灭火指挥现代化创造必要的条件。

二、预案制定的程序

制定灭火作战预案的程序是指其制定的方法和步骤。一般来说，应按以下程序进行。

（一）确定范围，明确重点保卫对象

消防部队应结合责任区的实际情况，确定范围，明确重点保卫对象。

（二）调查研究，收集资料

制定灭火作战预案是一项细致复杂的工作。为使所制定的灭火作战预案符合客观实际，应进行大量细致的调查研究工作，要正确分析、预测重点单位和部位发生灾害的可能性和各种险情，制定出相应的火灾扑救和抢险救援对策。

（三）科学计算，确定参战力量和装备

通过计算，确定现场救援所需要的参战人员、作战车辆、保障器材和物资等方面的数量，为完成灭火救援任务提供基本依据。

（四）确定作战意图

根据灾情对灭火救援作战的目标、任务、手段、措施等进行总体策划和构思。其主要内容有：作战目标与任务、技术与战术措施、兵力部署与作战编成等。

（五）严格审核，不断充实完整

灭火作战预案实行逐级审核制度。下一级部队制定的灭火作战预案必须报请上一级部队机关审核，批准后方可投入使用。审核的重点应侧重于情况设定、处置对策、力量部署、战术措施、技术方法等内容。必要时还应组织专业技术人员充分论证或通过实地演练进行验证。

三、灭火作战预案的内容

灭火作战预案主要包括重点单位或部位基本情况、可供调度使用的灭火救援力量、火情预想、灭火力量部署四个方面的内容及其他附属内容。

（一）单位基本情况

单位基本情况是指灭火指挥人员和作战员必须了解和掌握的消防安全重点单位的有关情况，主要包括以下内容（参考表5-1～表5-3）：

1）单位地理位置及毗邻情况。
2）单位电话和其他联系方式、方法。
3）单位内建筑设施情况，如占地面积、建筑布局、容纳人数等。
4）单位性质（居住、公共、商业、生产、储存、运输等）。
5）火灾蔓延方向，火灾及泄漏等事故特点，如可能危及区域和所造成的后果等。
6）水源，包括内部水源和外部水源，如消火栓和消防水池位置、数量及供水能力等。
7）消防队距事故地的距离和行车路线。
8）单位所在地区的气象情况及对灭火作战行动的影响等。

编写单位基本情况，用语要简练，表述要准确，主要情况做重点介绍，次要情况可概略介绍，详略程度可根据实际需要而定，以满足灭火作战要求为原则。

表5-1 单位基本情况

	单位名称	中国石化青岛炼油化工有限责任公司		
单位基本情况	单位地址	开发区千山南路827号		
	消防负责人	赵＊＊	联系电话	135＊＊＊＊＊＊＊＊
	总占地面积	1670000m²	总建筑面积	63375m²
	生产装置区	276200m²	储运区	470000m²
	毗邻情况	东：丽东化工；西：胶黄铁路；南：临港工业区；北：胶州湾		
	单位地势	平坦		
	生产、经营、储存基本情况	共有15套生产装置组成的联合装置,主要生产LPG、汽油、煤油、柴油、聚丙烯、苯、MTBE、硫黄、燃烧油、石脑油、焦炭等		
功能分区	装置区	厂区北侧,1000万t常减压蒸馏装置、150万t连续重整装置、60万t煤油加氢精制装置、410万t柴油加氢精制装置、290万t催化裂化装置；320万t蜡油加氢处理装置、250万t延迟焦化装置、30000Nm³制氢装置、60万t气体分馏装置、1000t溶剂再生装置、230t酸性水汽提装置、22万t硫黄回收装置等		

(续)

功能分区	油品储运区	厂区南侧,12个罐区,83个储罐,其中内浮顶罐34个,外浮顶罐8个,拱顶罐18个,球罐22个,总容量共111.2×10⁴m³
	动力区	厂区东北侧,CFB动力中心(包括自用循环水、料仓等)
	管理区	厂区西北侧,包括生产调度楼、中控、化验楼、食堂、车库停车场等
	装卸区	厂区西南侧,包括液体产品汽车装车;液体、固体产品火车装卸车、汽槽站等
	公共工程及辅助设施区	厂区北侧中部,包括循环水场、水处理及凝结水设施、变配电设施、空压站、仓库、给水加压泵房
	污水处理场	厂区东南部,雨水控制提升泵站位于厂区外东部
	火炬区	厂外东北侧胶州湾海岸边,包括可燃气体回收等

表5-2 消防设施

类别		项别	基本情况
单位内部消防设施	消防水系统	消防水泵	消防水泵4台(三用一备),出口管径为400mm,扬程120m,单泵流量700m³/h,最大供水量2100m³/h(583L/s)
		消火栓	429个(罐区126个),罐区、装置区的消火栓间距为40m,辅助生产区为50~60m
		箱式消火栓	79个
		消防水炮	107门(罐区11门)
		储水罐	2座,总储水量为20000m³,消防储水量为12100m³
		供水管网	环状管网,管径300mm,压力0.7~1.2MPa,每隔5个消防栓设置相应的切断阀
	消防泡沫系统	水泵	2台(一用一备),出口管径300mm,扬程140m,流量540m³/h(150L/s)
		泡沫站	泡沫站5座,共储存6%型的抗溶性水成膜泡沫液108t
		泡沫栓	149个(出口2×65mm)
		泡沫枪	76套(PQ8型)
		泡沫发生器	32套(PC8型)
		泡沫管网	环状管网,管径100mm,压力为1.2~1.4MPa
	其他水源	雨水监控池	容积约为45000m³
1.5km内可用水源		市政消火栓(共34个)	刘公岛路10个,环状管网,管径300mm,压力0.3MPa
			淮河东路8个,环状管网,管径300mm,压力0.3MPa
			澎湖岛街11个,支状管网,管径600mm,压力0.3MPa
			千山南路5个,支状管网,管径800mm,压力0.3MPa
		天然水源	青岛炼化公司大件装卸码头可作为海水取水码头

表5-3 重点部位

储罐编号	储存介质	介质密度/(t/m³)	单罐容积/m³	储罐外形尺寸/m		形式
				直径D	高度H	
T001~T004	柴油	0.56	50000	60	19.32	钢制立式圆柱形单盘式外浮顶罐

	防护堤尺寸	东部毗邻	西部毗邻	南部毗邻	北部毗邻
T001	166m×164m	环形道	1209-T003	T002	包装车间和库房
T002		环形道	1209-T004	推流鼓风曝气池	1209-T001
T003		1209-T001	1209-T005	1209-T004	包装车间和库房
T004		1209-T002	1209-T006	推流鼓风曝气池	1209-T003

(二) 可供调度使用的灭火救援力量

可供调度使用的灭火救援力量是指在一定的区域内、一定的火情预想下和一定的时间要

求下所能调集使用的灭火救援力量,主要包括(参考表5-4):

1) 责任区消防中队所能出动的人员、车辆数量及种类、其他器材等。
2) 增援力量能调出的人员、车辆及其他器材的数量与种类等。
3) 单位内部消防组织及力量(也可在单位基本情况中体现)。

表5-4 力量调集

时间圈	序号	单位名称	车型	车载灭火剂/t		防护装备				移动泡沫炮	行车路线
				水	泡沫	空呼器	备用气瓶	隔热服	避火服		
5min力量调集圈	1	青岛炼化消防队	MAN重型泡沫车Ⅰ	8	10	50具	50个	11套	4套	9门	
			MAN重型泡沫车Ⅱ	8	10						
			奔驰高喷车	2	3.5						
			斯太尔泡沫车	9	3						
			斯太尔泡沫车	10	4						
			斯太尔联用车	3	3						
	2	开发区特勤中队	五十铃泡沫车	4	2	30具	30个	16套	3套		海河路—千山南路—炼化公司
			日产柴泡沫车	7	5						
合计			共8辆消防车	51	40.5	80具	80个	27套	7套	9门	

(三) 火情预想(案情设置)

火情预想是对重点单位可能发生火灾或事故作出的结合实际、有根据、符合火灾发生与发展蔓延规律的设想。一般包括:

1) 火点。一般设在重点单位的要害部位。为了使预想的火灾情况更复杂一些,有时可多确定几个火点(参考表5-5)。
2) 起火物品及发展蔓延的条件、燃烧面积(范围)和主要蔓延的方向。
3) 一旦发生火灾后,就会造成危害和影响(如爆炸、倒塌、人员伤亡、人员被困等情况),以及火势的发展变化趋势和可能造成严重的后果等。

表5-5 火情预想

灾情等级	火情预想
Ⅰ级灾情	1200单元-T001油罐罐壁与堰板之间环形带的燃烧:燃烧面积为303m^2;着火油罐固定灭火设施被破坏,冷却系统完好,邻近罐固定冷却和灭火设施完好

不同类型火灾事故有其各自不同的特点,在制定灭火作战预案时,要充分考虑火灾事故特点。

假定火灾情况,要在调查分析、科学计算的基础上,从客观实际出发,根据火灾特点,参考以往战例,使火灾情况设想有的放矢、合情合理、有较强的针对性。叙述时要准确贴切,使用消防专业术语。主要火灾情况要详细介绍,次要的情况可只做简单的表述。预想火灾情况还要通盘考虑,各种情况要互相联系,使之形成一个有机整体。

(四) 灭火力量部署

灭火力量部署是指挥员通过对火灾情况的正确分析和判断,形成的灭火作战行动和技术、战术措施的总体构思。它是灭火作战预案的核心部分,内容包括:

1）对火灾情况的分析和判断。
2）灭火救援任务和使用的灭火救援力量（车辆、防护装备、人员、其他协助单位等）。
3）灭火作战力量的具体部署和任务的分工。
4）火场供水、通信等各种作战协同和保障等。

灭火力量部署应根据灭火作战原则、灭火作战特点、灭火作战能力、着火对象及地形与气候条件等编写。表述的次序是：对火灾情况的分析和判断，灭火作战的任务、目的、方向、部位，欲达到的目标，采取的技术战术措施，包括使用的车辆、技术装备及救人、控制火势、疏散物资的方法等。

确定技术战术措施，应根据决心和具体目标，灵活多样，注重实用。在灭火力量的使用上，要从火场实际和现有灭火力量考虑，既要做到尽可能集中调集力量，又要做到科学使用灭火力量，要重视公安现役消防队、企业消防队和义务消防队的协同作战。在技术手段的运用上，要做到常规装备、特种装备、固定灭火设施、半固定设施的相互配合。

表述灭火力量部署要详细具体。叙述任务要按照先主要，后次要；先公安现役消防队，后企业消防队、志愿消防队；先灭火作战任务，后协调保障的顺序进行。

四、灭火作战预案图绘制

灭火作战预案图是灭火作战预案的重要组成部分。它是责任队对消防重点保卫单位（部位）或地区的灭火救援作战行动，预先设想和计划的平面图（立体图）。

（一）标绘灭火作战预案图程序

标绘灭火作战预案图一般应按以下程序进行：
1）选用合适的图幅和比例。灭火作战预案图的大小，应根据重点保卫单位的范围、内容和灭火作战的需要确定。通常选用的比例有 1:500、1:750、1:1000、1:1500、1:2000 等数种。
2）根据需要，绘制不同类别的灭火作战预案图。
3）整饰。

（二）灭火作战预案图内容

灭火作战预案图主要包括以下内容：
1）重点保卫单位（部位）面积、形状、围墙、界线和有关比邻情况。
2）标绘重点保卫单位的主要建筑物和地形情况，要突出标示生产或储存易燃易爆、有毒物质的厂房和仓库。
3）标绘消防水源。单位内和附近地上（地下）消火栓的数量和具体位置以及消防水池、池塘、水井等。
4）标绘主要道路（街区）名称和方位。
5）标绘预想的火场情况。内容包括：主要起火点（部位）、火势蔓延方向、燃烧面积、有毒物品、爆炸、建筑物塌落及人员被困等情况。
6）消防指挥员灭火作战决心和兵力部署情况。其内容有：参战的消防兵力数量与具体任务、位置；战术手段和作战行动消防车的数量、型号和具体位置；供水方法、水枪阵地及水枪手的位置等。
7）指北方向和风向风力标志。

（三）线型和着色规定

1）重点单位和重点部位，建筑物外轮廓用粗实线绘出，内着红色。
2）消火栓、水池、水井等可作为灭火用的消防水源，其轮廓采用粗实线绘出，内着蓝色，并加注容量（m^3）。
3）所有消防车辆及水枪等装备采用规定图例符号绘出，公安消防车辆及水枪着红色，企业专职消防队车辆及水枪着黄色。
4）火势蔓延箭头和重点保卫主攻箭头按规定图例符号，着红色绘出。
5）厂内其他主要建筑轮廓采用黑色中实线绘出，内不着色。
6）道路采用黑色双细实线绘出。
7）其他均可采用黑色线绘出，线型选定以图面清楚、主次分明为目的。

（四）绘制方法

1）确定图幅和比例。
2）预留出图名位置，画出图框与图标栏。
3）按照建筑制图要求绘制总平面图或者单层平面图，再添加消防水源。
4）要标绘出起火点或爆炸点的位置，燃烧蔓延的方向、路线和部位。
5）起火点、燃烧蔓延部位、蔓延方向图例符号根据火灾标志图例符号绘出，内着红色。
6）确定灭火行动方案，布置消防车辆、水枪、水带、消防泵的位置。
7）图上所有建筑物和消防器材装备应注记名称。
8）上墨着色。
9）用墨线笔注字写图名。图上字体要求大小一致，排列均匀，笔画正规。

（五）灭火作战预案图种类

灭火作战预案图主要包括下面前四种图；如需要，还应附有后七种图。

1）单位总平面图。
2）重点部位平面图（附重点部位概况说明）。
3）重点部位力量部署图（附力量部署说明）。
4）重点部位力量部署立面图。
5）人员疏散图（主要是建筑物内）。
6）物资疏散图。
7）重点危险目标分布图。
8）扩散预测图（主要是有易燃易爆气体及有毒气体）。
9）警戒区域划分图（主要是有易燃易爆气体及有毒气体）。
10）警戒区内居民疏散图。
11）保障供给图。

（六）注意事项

绘制灭火作战力量部署图时，车辆应绘在水源边，水枪应指向进攻方向，应按规定符号准确绘出。

部（中）队展开正面、开进长度、有毒地区（段）、火场爆炸、燃烧范围、供水干线、迂回距离、堵截阵地等，其长度如能按比例标绘时，应按比例尺标绘。

消防车、水枪、各种消防梯等，可以不按比例尺标绘。标绘此种标号时，其大小应视标图情况而定，大小要适宜，彼此要相称。在同一幅图上，同类性质的标号大小要一致，不同性质的标号大小要相称。

自学指导

学习重点：重点单位灭火作战预案内容。

学习难点：执勤作战预案的制定程序和方法。

复习思考题

一、填空题

1. 执勤作战预案是（　　　）和（　　　）行动的基本依据，是部队执勤工作的重要组成部分。

2. 辖区情况熟悉的方法主要有实地熟悉法、（　　　）、讲解熟悉法、（　　　）和网络熟悉法。

3. 灭火作战预案，是针对（　　　）或部位可能发生的火灾事故，对（　　　）有关问题预先安排的作战文书。

二、简答题

1. 简述执勤作战预案制定的范围。

2. 简述执勤作战预案的类型。

3. 简述执勤作战预案制定方法。

4. 简述重点单位灭火作战预案的主要内容。

第六章　建筑火灾扑救

学习目标
1. 应了解、知道的内容
● 建筑分类、建筑物火灾发展蔓延过程、影响建筑火灾因素等。
2. 应理解和清楚的内容
● 应正确理解和清楚高层建筑、地下建筑、大型商场和在建建筑工地火灾特点等。
3. 应掌握的内容
● 高层建筑火灾、地下建筑火灾、大型商场火灾和在建建筑工地火灾扑救措施。

自学时数　16学时

老师导学
本章从建筑物的分类和建筑火灾发展规律入手，重点讲述高层建筑、地下建筑、大型商场和在建建筑工地火灾特点、扑救措施和注意事项。

建筑物是指供人们生活、学习、工作、居住以及从事生产和文化活动的房屋。其他如水池、水塔、烟囱、堤坝以及各种管道支架等称为构筑物。

建筑物火灾简称建筑火灾，是最常见的火灾。据历年火灾统计，建筑火灾次数占火灾总数的90%以上。因此，加强建筑火灾研究，把握建筑物的类型特点和构造组成以及建筑火灾的发展蔓延和建筑结构倒塌破坏的规律，对提高建筑火灾扑救能力至关重要。

第一节　建筑与火灾

建筑物可按其使用性质、结构类型、层数或高度以及耐火等级等进行分类。
（一）按使用性质分类
建筑物按其使用性质，通常可以分为民用建筑、工业建筑和农业建筑三大类。
1. 民用建筑
民用建筑包括居住建筑和公共建筑两部分。
（1）居住建筑　居住建筑是指供人们生活起居用的建筑物，如住宅、公寓、宿舍等。
（2）公共建筑　公共建筑是指供人们进行各项社会活动的建筑物，按其使用功能的特点又可以分为以下建筑类型：
1）生活服务性建筑。如菜场、浴室、服务站等。
2）文教建筑。如学校、图书馆等。
3）托幼建筑。如托儿所、幼儿园等。
4）科研建筑。如研究所、科学实验楼等。
5）医疗建筑。如医院、门诊所、疗养院等。
6）商业建筑。如商店、超市等。

7）行政办公建筑。如各类办公楼等。
8）交通建筑。如车站、水上客运站、航空港等。
9）通信广播建筑。如电信楼、电视塔等。
10）体育建筑。如体育场、体育馆等。
11）观演建筑。如影剧院、杂技场等。
12）展览建筑。如展览馆、博物馆等。
13）旅馆建筑。如各类旅馆、宾馆等。
14）园林建筑。如公园、动植物园等。
15）纪念性建筑。如纪念堂、纪念碑等。

2. 工业建筑

工业建筑是指用以从事工业生产的各类房屋。工业建筑可按其用途、车间内部生产状况以及厂房的跨度等进行分类。

（1）按用途分类

1）主要生产厂房。它是指进行产品的备料、加工、装配等主要工艺流程的厂房。如机械制造厂中的铸工车间、机械加工及装配车间等。

2）辅助生产厂房。它是指为主要生产厂房服务的厂房，如机修车间、工具及模具车间等。

3）动力类厂房。它是指为全厂提供能源的厂房，如发电站、锅炉房、氧气站等。

4）储藏类建筑。它是指储存原材料、半成品、成品的仓库。

5）运输类建筑。它是指储存和检修交通运输工具的房屋，如汽车库、机车库、起重机库等。

（2）按车间内部生产状况分类

1）冷加工车间。它是指在常温、常湿条件下，加工非燃烧物质和材料的生产车间，如机械制造类的金工、机修、装配等车间。

2）热加工车间。它是指在高温和熔化状态下，加工非燃烧物质和材料的生产车间，生产过程中易散发出大量的余热、废气等，如铸造、锻压、冶炼、热轧、热处理等车间。

3）恒温恒湿车间。它是指在稳定的温度、湿度条件下进行产品加工的生产车间，如精密仪器、纺织等车间。

4）洁净车间。它是指在空气净化、无尘，甚至无菌的条件下进行产品加工的生产车间，如药品生产、生物制品、微电子制造等车间。

5）其他特种状况的车间。有的产品生产车间对环境有特殊的需要，如防爆、防腐蚀、防放射性、防电磁波干扰等车间。

（3）按厂房的跨度分类

1）小跨度厂房。它是指跨度小于或等于12m的单层工业厂房。这类厂房的结构类型以混合结构为主。

2）大跨度厂房。它是指跨度为15～36m的单层工业厂房。其中，跨度为15～30m的厂房，以钢筋混凝土结构为主；跨度为36m及其以上的，一般以网架结构为主。

3. 农业建筑

农业建筑一般是指粮仓、棉仓、畜舍、农机站、种植及种子储存用房等。

（二）按结构类型分类

建筑结构是指建筑物的承重骨架，它由支承各种荷载作用的构件所组成。建筑结构按构件材料的不同，可分为砖木结构、混合结构、钢筋混凝土结构和钢结构四大类。

1. 砖木结构

砖木结构的主要承重构件由砖、木做成。其中，竖向承重构件的墙体、柱子采用砖砌，水平承重构件的楼板、屋架采用木材。这类结构的房屋层数较低，一般不会超过3层。

2. 混合结构

混合结构也称砖混结构，其竖向承重构件采用砖墙或砖柱，水平承重构件采用钢筋混凝土楼板或钢结构屋架。这类结构是我国目前广泛采用的一种结构形式，房屋层数一般在6层以下。

3. 钢筋混凝土结构

钢筋混凝土结构的主要承重构件，如梁、板、柱采用钢筋混凝土，而非承重墙采用砖砌或其他轻质材料。按施工方式的不同，钢筋混凝土结构又可分为现浇钢筋混凝土结构和预制装配式钢筋混凝土结构两种。这类结构形式应用比较广泛，房屋可建成多层或高层。

4. 钢结构

钢结构的主要承重构件由钢材做成。这类结构适用于高层建筑和工业厂房的柱、吊车梁和屋架等。

此外，木结构和易燃结构在我国部分古建筑以及农村住宅中仍有一定程度的应用。由于其建筑材料和存在地域的特点，这两类结构建筑目前仍是消防灭火救援工作中研究的重点问题之一。

（三）按层数或高度分类

建筑物按其层数或高度，可分为低层、多层、高层和地下建筑等。

1. 低层建筑

低层建筑是指建筑层数为1~3层的建筑。

2. 多层建筑

多层建筑是指高度在24m以下的3层以上建筑。

3. 高层建筑

高层建筑目前包括高层民用建筑和高层工业建筑两部分。

1）高层民用建筑是指10层及10层以上的居住建筑（包括首层设置商业服务网点的住宅）以及建筑高度超过24m的公共建筑（不包括单层主体建筑高度超过24m的体育馆、会堂、剧院等公共建筑）。

2）高层工业建筑是指建筑高度超过24m的两层及两层以上的厂房和库房。

4. 地下建筑

地下建筑是指建造在地表以下的各类建筑。其中，半地下室是指房间地平面低于室外地平面的高度超过该房间净高1/3，且不超过1/2者。地下室是指房间地平面低于室外地平面的高度超过该房间净高一半者。

（四）按耐火等级分类

建筑物的耐火等级是衡量建筑物耐火程度的标准，由其构件的燃烧性能和耐火极限确定。

根据《建筑设计防火规范》，按耐火等级建筑物可分为四级，具体划分标准见表6-1。

表6-1 建筑构件的燃烧性能和耐火极限 （单位：h）

构件		耐火等级			
		一级	二级	三级	四级
墙	防火墙	不3.00	不3.00	不3.00	不3.00
	承重墙	不3.00	不2.50	不2.00	难0.50
	楼梯间和电梯间的墙	不2.00	不2.00	不1.50	难0.50
	疏散走道两侧的隔墙	不1.00	不1.00	不0.50	难0.25
	非承重外墙	不0.75	不0.50	难0.50	难0.25
	房间隔墙	不0.75	不0.50	难0.50	难0.25
柱		不3.00	不2.50	不2.00	难0.50
梁		不2.00	不1.50	不1.00	难0.50
楼板		不1.50	不1.00	不0.75	难0.50
屋顶承重结构		不1.50	不1.00	难0.50	燃
疏散楼梯		不1.50	不1.00	不0.75	燃
吊顶（包括吊顶格栅）		不0.25	难0.25	难0.15	燃

注：1. 表中"不"是指不燃烧体，"难"是指难燃烧体，"燃"是指燃烧体。
2. 二级耐火等级建筑的吊顶采用不燃烧体时，其耐火极限不限。

1. 一级建筑

一级建筑是指钢筋混凝土结构或砖墙与钢筋混凝土楼板、屋面板组成的混凝土结构建筑。

2. 二级建筑

二级建筑是指钢结构屋架、钢筋混凝土柱或砖墙组成的混合结构建筑。

3. 三级建筑

三级建筑是指木屋架和砖墙组成的砖木结构建筑。

4. 四级建筑

四级建筑是指木屋架与难燃性墙体组成的可燃结构建筑。

第二节 建筑火灾的发展蔓延

不同结构、不同形式、不同用途的建筑物发生火灾，其火灾特点虽然各不相同，但普遍遵循着建筑火灾发展蔓延的一般规律。本节主要介绍建筑物室内火灾的发展蔓延以及建筑物间的火灾蔓延形式。

一、建筑物室内火灾的发展过程

建筑火灾与其他类型火灾一样，在通常情况下，都有一个由小到大、由发展到熄灭的过程。与可燃液体和可燃气体火灾相比，建筑火灾阶段区别更明显，特点更突出。

（一）室内火灾的发展阶段

建筑火灾最初都发生在室内的某个房间或某个部位，然后由此蔓延到相邻的房间或区域以及整个楼层，最后蔓延到整个建筑物。其发展过程大致可分为初起、全面发展和下降三个阶段。

1. 室内火灾的初起阶段

室内火灾发生后，最初只局限于着火点处的可燃物燃烧。局部燃烧形成后，可能会出现以下三种情况：一是以最初着火的可燃物烧尽而终止；二是因通风不足，火灾可能自行熄灭，或受到较弱供氧条件的支持，以缓慢的速度维持燃烧；三是有足够的可燃物，且有良好的通风条件，火灾迅速发展至整个房间。

这一阶段着火点处局部的温度较高，燃烧的面积不大，室内各点的温度不平衡。由于可燃物燃烧性能、分布和通风、散热等条件的影响，燃烧的发展大多比较缓慢，有可能形成火灾，也有可能中途自行熄灭，故燃烧发展是不稳定的。火灾初起阶段持续时间的长短不定。

2. 室内火灾的全面发展阶段

随着燃烧时间的持续，室内的可燃物在高温的作用下，不断释放出可燃气体，当房间内温度达到 $400\sim600$ ℃ 时，便会发生轰燃。轰燃是室内火灾最显著的特点之一，它标志着室内火灾已进入全面发展阶段。

轰燃发生后，室内可燃物出现全面燃烧，室温急剧上升，温度可达 $800\sim1000$ ℃。火焰和高温烟气在火风压的作用下，会从房间的门窗、孔洞等处大量涌出，沿走廊、吊顶迅速向水平方向蔓延扩散。同时，由于烟囱效应的作用，火势会通过竖向管井、共享空间等向上层蔓延。此外，室内高温还对建筑构件产生热作用，使建筑构件的承载能力下降，可能导致建筑结构发生局部或整体倒塌。

3. 室内火灾的下降阶段（熄灭阶段）

在火灾全面发展阶段的后期，随着室内可燃物数量的减少，火灾燃烧速度减慢，燃烧强度减弱，温度逐渐下降，当降到其最大值的 80% 时，火灾则进入熄灭状态。随后房间温度下降显著，直到室内外温度达到平衡为止，火灾完全熄灭。

（二）影响室内火灾发展的因素

影响建筑物室内火灾发展的因素主要有火灾温度、燃烧速度和建筑物的空间布局等。

1. 火灾温度

火灾温度是指建筑物着火后室内温度的平均值。

（1）影响火灾温度变化的因素

1）可燃物荷载。室内可燃物荷载越大，着火后，火灾温度上升就越快，燃烧持续时间就长。部分民用建筑室内火灾荷载密度见表6-2，火灾荷载密度与燃烧持续时间的关系见表6-3。

表6-2 部分民用建筑室内火灾荷载密度　　　　　　　　（单位：kg/m^2）

建筑名称	火灾荷载密度	建筑名称	火灾荷载密度
居住建筑	35~60	教室	15~45
医院	15~30	图书馆	150~500
单身宿舍	25~40	阅览室	100~250
会议室	20~35	仓库	200~1000
办公室	30~150		

表6-3 火灾荷载密度与燃烧持续时间的关系

火灾荷载密度/(kg/m^2)	25	37.5	50	75	100	150	200	250
燃烧持续时间/h	0.5	0.7	1.0	1.5	2.0	3.0	4.5	6.0

2）建筑空间。建筑空间大，着火后，空气供给量充分，一般火灾温度上升快，但若建筑物开口面积很大，大量空气进入，对流加剧，则火灾温度的上升相对较慢。

3）燃烧物热值。燃烧物热值大，火焰温度高，不但室内温度上升快，而且会延长火灾温度的持续时间。

4)建筑物导热性能。着火建筑物的导热性能强,如钢筋混凝土结构、钢结构建筑等,由于可以吸收和传导热量,火灾温度上升速度较慢(如钢筋混凝土结构建筑发生火灾,火灾温度会长时间地保持在500~700℃)。

5)物质燃烧速度。物质燃烧速度越快,火灾温度上升也就越快。

建筑物室内火灾温度越高,持续时间越长,火势发展变化就越大,建筑物被破坏的程度也就越严重。因此,灭火时要设法制止火灾温度的上升,并缩短高温的持续时间。

(2)火灾温度曲线 火灾温度曲线表示火灾温度随时间变化的关系,一般用直角坐标法绘制。不同的燃烧对象有着不同的火灾温度曲线,研究其对灭火工作有着重要的指导作用。

1)通过火灾温度曲线,可以清楚地看出火灾温度和时间变化的相互关系,判断出火灾发展的阶段,预先制定有针对性的灭火措施。

2)通过火灾温度曲线,可以判断出燃烧物质的性态。气态物质燃烧,升温速度最快;液态物质燃烧,升温速度次之;固态物质燃烧,升温速度最慢。

3)在火灾温度曲线上,通过对升温速度突然发生变化的转折点的分析,可以判断出火场上会发生哪些影响较大的情况。

我国采用的标准火灾温度曲线如图6-1所示。图中 T 为 t 时刻试验炉内温度,T_0 为试验炉内初始温度。

2. 燃烧速度

燃烧速度是表示建筑物室内可燃物质燃烧时火焰传播的快慢,或是指可燃物燃烧在单位时间失重的数量。影响燃烧速度的主要因素有以下两个方面:

1)物质的燃点、闪点、爆炸下限低,燃烧速度快。

2)物质燃烧时,空气供给充分,燃烧速度快。另外,可燃物与空气接触面积越大,物质燃烧速度越快;着火房间门窗的总面积越大,燃烧速度越快。

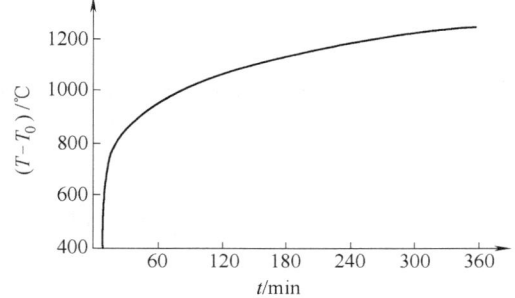

图6-1 我国采用的标准火灾温度曲线

燃烧速度是决定室内火灾发展变化的主要因素。灭火中,如尽快释放或喷射灭火剂及封堵着火房间通风口等,可避免燃烧加剧。同时,火场上不要随意破拆或开启建筑物的门窗,特别是高层建筑、仓库建筑等,防止因空气的大量进入而造成火势蔓延发展。

3. 建筑物的空间布局

建筑物的平面布置和竖向布置的形式对建筑物室内火灾的发展影响很大。

(1)平面布置 建筑物平面布置形式不同,特别是带有闷顶的建筑物,着火后,火势沿水平方向发展蔓延的情况也不同。

1)一字形、拐角形、凹字形、口字形、三角形和环形建筑一般有1~2个蔓延方向。

2)丁字形、工字形、山字形和星形建筑一般有1~3个蔓延方向。

3)王字形、土字形和圆形建筑一般有1~4个或更多的蔓延方向。

(2)竖向布置 建筑物的高度越高,结构体系就越复杂,内部的竖井管道就越多,火势向上发展蔓延的速度就越快。这是由于烟囱效应的作用加快了建筑物内空气和热烟气的流动。

建筑火灾的蔓延方向和途径越多,火灾扑救的难度就越大。因此,在扑救多方向、多途径蔓延的建筑火灾中,应根据现场消防力量的情况,抓住火场主要方面,合理进行战斗力量部署。

二、建筑物室内火灾的蔓延

火灾蔓延的实质是热的传播。建筑物室内火灾蔓延的形式和途径都比较复杂。

(一) 室内火灾蔓延的形式

火由着火房间烧至其他房间或区域,主要是靠可燃构件的直接延烧、导热、热辐射和热对流。

1. 火焰接触

着火点的火焰,直接点燃周围的可燃物,使之着火燃烧,这种形式多在近距离的条件下发生。

2. 延烧

室内固体可燃物表面或可燃、易燃液体表面上的某一处着火后,燃烧沿表面连续不断地向着火点外发展下去,导致火势扩大。

3. 导热

间隔墙一侧着火,钢筋混凝土楼板下面着火或通过管道及其他金属容器内部的高热,将热量由墙、楼板、管壁等的一侧表面传到另一侧表面,使靠近墙、管壁或堆放在楼板上的可燃物升温自燃,造成火灾蔓延。

4. 热辐射

室内着火点附近的可燃物,虽然没有与火源直接接触,也没有中间导热体作媒介,但通过热辐射也能着火燃烧。

5. 热对流

火灾条件下,室内的热烟气与室外空气密度不同,热烟气轻,室外空气重,形成压力差,产生一种浮力,热烟气向上升腾,由窗口上部流出室外,室外空气则由窗口下部补充进室内,新鲜空气经燃烧,受热膨胀后,又向上升腾,这样不断循环,形成热对流现象。热对流能引起热烟气所经路线上的可燃物着火。

(二) 室内火灾蔓延的途径

1. 内墙门

着火的房间,开始时往往只有一个,而火最后蔓延至整个楼层,甚至整幢建筑物,其原因大多是因为内墙的门没能把火挡住,火烧穿内墙门,窜到走廊,再通过相邻房间的门进入相邻房间引起燃烧。通常走廊内即使没有可燃物,高温热气流和未完全燃烧产物的扩散,仍能把火灾蔓延到相距较远的房间。

2. 房间隔墙

房间隔墙如果采用可燃材料建造,或者虽然采用了不燃、难燃材料建造,但耐火性能较差,火灾时易被烧穿或无法隔火,相邻房间靠墙的可燃物,可能会因为火焰接触或墙的导热及辐射而自燃着火,使火势蔓延到相邻房间。

3. 楼板孔洞

由于使用功能的需要，建筑物中设有许多竖向管井和开口部位，如楼梯井、电梯井、管道井、电缆井、垃圾井、通风和排烟井等。这些竖井管道和开口部位贯穿若干楼层，甚至整幢大楼。建筑物发生火灾时，会产生烟囱效应，据测定，高温烟气在竖向管井中向上蔓延的速度可达 $3\sim5m/s$，造成火势在短时间内迅速向上层蔓延，甚至引起立体燃烧。

4. 穿越楼板、墙壁的管道和缝隙

室内发生火灾，物质燃烧后形成的正压会促使火焰和热气流通过该室内的任何孔洞缝隙，如玻璃幕墙缝隙，各类管道穿越楼板、墙壁的缝隙等，将火势蔓延出去；此外，穿过房间的干式金属管道在火灾高温作用下，有时也会因热传导将热量传到相邻或上层房间一侧，引起相邻或上层房间着火。

5. 闷顶

建筑闷顶内着火，或火势通过闷顶的人孔、住人闷顶的楼梯等开口部位进入闷顶内部时，由于闷顶内往往没有防火分隔，空间较大，很容易使火势沿水平方向蔓延，并通过闷顶内的孔洞向四周及下部的房间蔓延，且在蔓延的过程中不易被发现。

6. 外墙窗口

室内火灾进入全面发展阶段，会有大量的高温烟气和火焰喷出窗口，能将上层窗口烧穿或直接通过打开的上层窗口引燃其室内可燃物，造成火势向上层蔓延。外墙窗口喷出的高温烟气、火焰除了造成建筑物层间蔓延之外，高温火焰的热辐射还对相邻建筑物及其他可燃物构成威胁。

三、建筑结构的倒塌破坏

在火灾条件下，建筑物由于燃烧和高温作用，往往会发生局部破坏或整体倒塌。建筑结构因火灾发生倒塌破坏的后果是十分严重的，除造成较大的财产损失和人员伤亡外，还会造成火灾进一步蔓延扩大，影响灭火救援工作的开展。因此，了解和掌握建筑结构在火灾情况下发生倒塌破坏的原因、规律和征兆，对减小火灾损失和危害具有十分重要的作用。

（一）建筑结构倒塌破坏的原因

火灾中，造成建筑结构破坏甚至倒塌的主要原因有高温作用、爆炸作用、附加荷载、冷热骤变和外力冲击等。

1. 高温作用

在火灾情况下，木质构件表面炭化，削弱了结构断面；钢结构因受热产生塑性变形；硅酸盐砌块因内部热分解而松散；预应力钢筋混凝土结构因受热失去预加应力；钢筋混凝土因受热造成抗拉、抗压强度下降，特别是保护层因受热发生剥落，甚至出现钢筋与混凝土剥离现象等，这些情况都会导致构件的承载能力降低。

2. 爆炸作用

火灾时，建筑物内发生爆炸，因其产生的冲击波、压力波和震动，破坏了建筑物的主要承重构件和结构的稳定性，导致建筑物发生局部破坏或整体倒塌。

3. 附加荷载

上部结构局部倒塌重压在下部楼板上；灭火时用水过量，楼层内大量积水未能及时排除；室内储存物品，如棉花、纸张等，大量吸收灭火用水；进入着火建筑物内的人员过多等，这些情况都能导致建筑物荷载加大,当超过建筑构件的承载能力时,建筑结构便会发生倒塌。

4. 冷热骤变

处于高温状态下的建筑结构材料,在消防射流的作用下,会造成结构表面收缩开裂或变形,特别是钢结构构件局部过热遇水骤冷时会发生较大变形,使钢结构失去静态平衡稳定性,导致结构整体倒塌。

5. 外力冲击

火场上,使用大口径水枪(炮)对承重构件进行直接冲击,或使用大型机械设备疏散重要物资和清理现场,意外冲(撞)击了承重柱或承重墙时,可能会导致建筑结构局部或整体倒塌。

(二) 建筑结构倒塌破坏的规律

根据对火灾情况下建筑结构倒塌破坏的大量调查研究和分析知,建筑结构倒塌破坏有其自身的规律。

1) 建筑结构倒塌破坏的次序一般是先吊顶,后屋顶,最后是墙、柱。

2) 木结构和钢结构建筑都易于发生倒塌破坏;预应力钢筋混凝土构件不仅易于倒塌破坏,而且破坏发生得早,来得突然。

3) 木结构屋顶一般很少发生整体倒塌,大多是局部破坏;钢结构屋顶易发生整体倒塌或大部分破坏。

4) 在结构形式中,简支构件、悬臂构件等静定结构比连续梁等超静定结构易于发生倒塌破坏;三铰拱薄壳结构屋顶的倒塌破坏大多是整片的;桁架结构在火灾条件下不仅破坏发生得早,而且往往是大面积破坏。

5) 预制楼板、砖墙的混合结构,装配式钢筋混凝土结构,现浇混凝土无梁的板柱结构以及单跨单层的砌体且缺乏横墙的结构等,易发生连续倒塌。

(三) 建筑结构倒塌破坏的征兆

建筑结构倒塌除了由于爆炸所引起、发生于瞬间外,一般都要经过一定的燃烧时间,室内也必然存在着较高的温度。因此,建筑结构倒塌破坏前会出现一些征兆。

1. 结构变形

建筑结构变形表明建筑物正在逐步失去原有的承载能力和稳定性。如建筑结构部分或整体倾斜、承重钢构件大幅度弯曲、承重墙墙面外鼓或出现贯穿性裂缝、楼板下沉、门窗严重扭曲、墙体或楼板变形造成玻璃幕墙成片破碎等,这些情况都是建筑物发生倒塌破坏前的重要征兆。

2. 异常声响

建筑结构倒塌破坏前,一般会发出咔嚓或叽叽嘎嘎的声响,且声音由小到大,直到倒塌破坏发生。

火场上,一旦发现上述异常情况,要及时采取有力措施,包括采取紧急撤退行动等,以避免人员伤亡。

第三节　高层建筑火灾扑救

高层建筑主要有高层民用建筑和高层工业建筑两大类。我国的高层民用建筑是指 10 层及10层以上的居住建筑（包括首层设置商业服务网点的住宅）以及建筑高度超过24m的公共建筑（不包括单层主体建筑高度超过24m的体育馆、会堂、剧院等公共建筑以及高层建筑中的人民防空地下室），高层工业建筑是指建筑高度超过24m的两层及两层以上的厂房和库房。

城市人口集中、用地紧张以及商业竞争的激烈化，促进了高层建筑的出现和发展。20世纪80年代以来，我国高层建筑建设也开始进入快速发展时期，其数量、质量及高度都有了迅猛的发展，如1996年深圳建成了81层、高325m的地王大厦，1998年上海建成了88层、高420.5m的金茂大厦，2009年建成的环球金融中心高度达到492m。

高层建筑由于高度高、层数多、结构复杂、人员集中，火灾时燃烧猛烈，蔓延迅速，极易形成立体燃烧，给火灾扑救带来极大困难。如2001年5月12日，我国台湾台北东方科学园区发生火灾，大火使4幢26层建筑中的3幢严重烧损，200多家厂商遭受到不同程度的损失；2001年9月11日，美国纽约世界贸易中心大厦遭受恐怖袭击，熊熊大火燃烧了1个多小时后，南北楼相继发生倒塌，共造成约3000人死亡，数千人受伤，343名消防人员以身殉职，直接经济损失约3000亿美元。高层建筑火灾扑救已成为世界消防界共同面对的难题之一。

一、高层建筑的基本特点

高层建筑具有类型多样、结构体系复杂、人员集中及功能繁多等特点。高层建筑包括高层民用建筑和高层工业建筑两部分，应用最为普遍和广泛的是高层民用建筑。高层民用建筑按其使用性质、火灾危险性、疏散和扑救难度可分为一、二两类，见表6-4和表6-5。

表6-4　高层建筑分类

名称	一 类	二 类
居住	19层及19层以上的住宅	10层至18层的住宅
公共建筑	1. 医院 2. 高级旅馆 3. 建筑高度超过50m或24m以上部分的任一楼层的建筑面积超过1000m²的商业楼、展览楼、综合楼、电信楼、财贸金融楼 4. 建筑高度超过50m或24m以上部分的任一楼层的建筑面积超过1500m²的商住楼 5. 中央级和省级（含计划单列市）广播电视楼 6. 网局级和省级（含计划单列市）电力调度楼 7. 省级（含计划单列市）邮政楼、防灾指挥调度楼 8. 藏书超过100万册的图书馆、书库 9. 重要的办公楼、科研楼、档案楼 10. 建筑高度超过50m的教学楼和普通的旅馆、办公楼、科研楼、档案楼等	1. 除一类建筑以外的商业楼、展览楼、综合楼、电信楼、财贸金融楼、商住楼、图书馆、书库 2. 省级以下的邮政楼、防灾指挥调度楼、广播电视楼、电力调度楼 3. 建筑高度不超过50m的教学楼和普通的旅馆、办公楼、科研楼、档案楼等

二、建筑特点

高层建筑具有高度高、层数多、布局复杂、形式多样、体积庞大、人员集中、通道众多、辨别困难、功能繁杂、设备密集、可燃物多及火灾荷载大等特点。

表6-5 高层民用建筑建筑构件的燃烧性能和耐火极限　　　　（单位：h）

构件名称		燃烧性能和耐火极限	
		一级	二级
墙	防火墙	不燃烧体 3.00	不燃烧体 3.00
	承重墙、楼梯间的墙、电梯井的墙、住宅单元之间的墙、住宅分户墙	不燃烧体 2.00	不燃烧体 2.00
	非承重外墙、疏散走道两侧的隔墙	不燃烧体 1.00	不燃烧体 1.00
	房间隔墙	不燃烧体 0.75	不燃烧体 0.50
柱		不燃烧体 3.00	不燃烧体 2.50
梁		不燃烧体 2.00	不燃烧体 1.50
楼板、疏散楼梯、屋顶承重结构		不燃烧体 1.50	不燃烧体 1.00
吊顶		不燃烧体 0.25	不燃烧体 0.25

1. 高度高、层数多

高层建筑的显著特点是主体建筑高度高、层数多。如1974年建成的美国芝加哥西尔斯大楼，110层，高442m；我国台湾的101大楼，地上101层，高达508m，是目前世界上已经建成的最高大楼。高层建筑的这一特点，给火灾时人员疏散、内攻灭火及火场供水等战斗行动都带来了极大的困难。

2. 布局复杂、形式多样

高层建筑是一个复杂的空间结构，其平面布局和立体造型日趋复杂。

(1) 外墙形式　高层建筑的外墙装饰大多采用铝合金骨架大玻璃幕墙、铝合金板墙、外涂树脂防尘的预制混凝土板墙和预制花岗石或陶瓷锦砖贴面墙等类型。近年来还出现了用铝塑板或铝塑板内充填保温材料形式的外墙装饰。

玻璃幕墙是现代高层建筑外墙主要采用的形式之一，其类型有明框玻璃幕墙、隐框玻璃幕墙、半框玻璃幕墙和全玻璃幕墙等。玻璃幕墙在设计上通常只考虑当地每年的最大温差，不考虑火灾时的温度作用。而在火灾情况下，温度的升高和风力的加强都会对玻璃幕墙产生很强的破坏作用。

采用铝塑板或铝塑板内充填保温材料作外墙装饰时，外墙有火势蔓延的危险。

(2) 平面及竖向布置　高层建筑平面及竖向布置主要分地下和地上两部分。地下部分的功能通常包括设备用房、消防控制中心、停车库、辅助用房等；地上部分的功能通常包括住宿、办公、设备层、避难层等，一些高层建筑屋顶还设有直升机停机坪；各种管线集中竖向布置在管道井内。高层建筑的核心体部分通常是垂直交通的枢纽，主要设置电梯、疏散楼梯等。有些高层建筑内部还设有共享空间，如金茂大厦内从五十六层起设有一个高达152m的大型共享空间。火灾时，共享空间往往成为火势垂直蔓延、助长火势发展的重要途径。

3. 规模庞大、人员集中

高层建筑为满足功能需要，一般都规模庞大，能同时容纳大量的人员办公、居住及旅游观光。如倒塌前的纽约世界贸易中心建筑面积达 $84 \times 10^4 m^2$，能同时容纳5万余人办公，而且每天接待商务人员和游客约15万人次；上海金茂大厦单体建筑面积达 $29 \times 10^4 \text{m}^2$，能同时容纳2万余人。人员的过分集中，给火灾时的安全疏散和救助行动带来很大困难。

4. 通道众多、辨别困难

大型高层建筑内的通道比较复杂，楼梯、电梯数量众多，高低不一，方向各异。如上海金茂大厦内有79部电梯，正大广场内有103部电梯。一些靠近地铁站的高层建筑，其地下出入口还往往与地铁站相通。复杂的通道容易使人迷失方向，影响人们在火灾情况下的疏散逃生，也在一定程度上影响消防人员战斗展开的有效性。

5. 功能繁杂、用电量大

高层建筑的用途非常广泛，目前我国的高层建筑主要有住宅楼、医院、高级旅馆、商业楼、办公楼、电信楼、科研楼、广播电视楼以及部分高层工业建筑等。

高层建筑，特别是大型、综合性的高层建筑，功能尤为复杂，一般集住宿、办公、会议、娱乐、餐饮、商务等于一体。同时，因功能需要，一般都配备有大量的设备，尤其是电气设备，如电梯、照明、电子计算机、复印机、传真机、冰箱、微波炉、电烤炉、电视机、饮水机等，用电量大。此外，高层建筑还设有各种相应的竖井和管道，既有电缆、电梯、管道竖井，又有横向的管道孔洞和电缆桥架，而且这些竖井、孔洞和桥架大多穿越楼层和分隔墙。

6. 可燃物多、火灾荷载大

高层建筑内部一般都有大量可燃或难燃的装饰材料和物品陈设。如吊顶、墙布（纸）、壁画、窗帘、电线、地毯、沙发、各种电器和电子产品、桌椅、床及床上用品、衣物、纸张等。虽然一些材料经过阻燃处理，较难被点燃，减小了火灾发生的概率，但如果火势较大，这类材料仍能燃烧。一般住宅楼的火灾荷载为 $35\sim60\text{kg/m}^2$，高级旅馆为 $45\sim60\text{kg/m}^2$。大量的可燃物，使高层建筑火灾时能产生巨大热量。

三、高层建筑的火灾特点

高层建筑火灾除具有一般建筑火灾的典型特征外，还具有易形成立体燃烧、易造成大量人员伤亡以及灭火作战难度大等特点。

（一）火灾发展过程特征明显

高层建筑火灾作为建筑火灾中的一种，其火灾的发展过程具有建筑物室内火灾发展的典型特征，一般都有火灾初起、全面发展和下降三个阶段。

1. 火灾的初起阶段

高层建筑火灾最初只限于室内某处可燃物燃烧，进而蔓延到整个室内空间。由于高层建筑室内采用了大量的可燃物装修，且建筑的密封性能较好，因此，造成了这个阶段的发烟量比较多。如果空气供给受到限制，不完全燃烧产物（如一氧化碳等）就会增加，形成比较多的烟雾毒气，随着顶部烟雾的不断增厚、下移，室内能见度会逐渐下降；如果内部门窗敞开，烟雾会通过门窗迅速向走道、竖向管井和其他房间扩散。

2. 火灾的全面发展阶段

随着燃烧时间的持续，高层建筑着火房间的室温不断升高。当其室内上层气温达到 $400\sim600\text{℃}$ 时，会发生轰燃，使火灾进入全面发展阶段。在这一阶段，室内可燃物全部着火，房间或防火分区内充满浓烟、高温和火焰。在火风压作用下，浓烟、高温和火焰从开口处喷出,沿走道迅速向水平方向蔓延扩散;同时,由于烟囱效应的作用,火势通过电梯井、共享空间、玻璃幕墙缝隙等途径迅速向着火层上层蔓延,甚至出现跳跃式燃烧。另外,火势还会突破外窗向上层延烧。

3. 火灾的下降阶段

随着燃烧的持续,可燃物被不断消耗,当室内燃烧的物品数量和可燃物分解出的可燃组分逐渐减少时,燃烧强度开始减弱,火灾就进入了下降阶段。在这一阶段,火焰开始逐步变小,并逐渐呈阴燃状态,但现场温度仍然较高,燃烧产生的有毒气体依然存在。此外,经过高温火焰烧烤后,部分构件可能会失去原有的强度,容易发生断裂,因此,火灾扑救中消防人员仍需注意安全防护。

(二)易形成立体火灾

高层建筑火灾由于火势蔓延途径多,影响火势蔓延的因素复杂,如果火灾初起时得不到有效控制,极易形成立体火灾。

1. 火势蔓延的途径多

(1)火势沿水平方向发展蔓延 高层建筑火势可以通过门、窗、吊顶、走道、可燃隔墙等途径水平蔓延,也能通过横向的孔洞、管道、电缆桥架等较隐蔽的途径蔓延。火灾发展阶段火势水平蔓延的速度为 0.5~0.8m/s。

(2)火势沿垂直方向发展蔓延 竖向管井和孔洞、共享空间、玻璃幕墙缝隙等通常是高层建筑火势垂直发展蔓延的主要途径。这些部位易产生烟囱效应,加剧火势垂直蔓延速度。火灾发展阶段火势垂直蔓延的速度可达 3~5m/s。

(3)火势突破建筑外墙门窗向上层卷曲蔓延 火势突破外墙门窗时,能向上升腾、卷曲,甚至呈跳跃式向上蔓延。

2. 影响火势蔓延的因素复杂

影响高层建筑火灾发展蔓延的因素有火风压、烟囱效应、热对流、热辐射、轰燃、风力等。

(1)火风压 高层建筑房间物品着火后,燃烧产生的热量会使室内温度逐步升高,空气体积膨胀,表现为压力升高,形成火风压。此时,高温烟气和火焰就会寻找突破口,通过各种途径向外扩散。火风压可按式(6-1)近似计算

$$p_火 = \frac{p_1 T_火}{T_1} \quad (6\text{-}1)$$

式中 $p_火$——着火后空气受热产生的压力(Pa);

p_1——着火前室内压力(约为 105Pa);

$T_火$——着火后室内温度(K);

T_1——着火前室内温度(K)。

(2)热对流 高层建筑房间着火后,产生的热气流向上升腾,遇到阻碍后向四周扩散,造成火势扩展蔓延。

(3)烟囱效应 由于高层建筑的高度高,还有比较通畅的竖向气流通道,容易使烟热气流在向上升腾时产生一种像烟囱一样的抽拔力,即烟囱效应。一旦产生烟囱效应,火势就会加速发展蔓延。烟热气流向上升腾形成的速度压与冷热空气的密度差及建筑高度成正比,其计算公式见式(6-2)。

$$p = (\rho_0 - \rho_1)H/10 \tag{6-2}$$

式中 p——速度压（MPa）；

ρ_0——冷空气密度（kg/cm³）；

ρ_1——热空气密度（kg/cm³）；

H——建筑物高度（cm）。

（4）中性面　高层建筑中，存在着一个既不进风也不排气的中性面，火灾情况下，当门窗全部开启时，下部窗口进气，上部窗口排烟。中性面的高低关系着室内人员的生命安全。因为中性面以上通常充满有毒的浓烟，新鲜空气少，人员很难生存。因此，破拆时，通常将破拆点选择在中性面以上部位，以提高中性面位置，减小有毒烟气对人员的侵害。

（5）火势卷叠　高层建筑发生火灾时，火势除在室内向水平和垂直方向蔓延外，当着火楼层内火风压大于进风口压力，在高温使外墙门窗玻璃破碎的情况下，烟火会窜出外墙门窗向上升腾，然后，在室外风力的作用下，卷曲后重新从外面窜入上面楼层的门窗，引起上层室内可燃物着火，这样一层一层地延烧，呈现出火势卷叠现象。这种卷叠有时会越过燃烧层上部的一二层甚至多层，直接向更高层蔓延，呈现跳跃性。火势卷叠是形成立体火灾的重要原因之一。

（6）回燃与轰燃　火灾中的回燃是建筑火灾中的一种特有燃烧现象。当建筑物在门窗关闭的情况下发生火灾时，生成的热烟气中往往会有大量的未燃组分。如果由于某种原因造成一些新的通风口，如因燃烧造成门窗玻璃破裂或烧穿、为了灭火而突然开门或进行机械送风等，致使新鲜空气突然进入，且积累的可燃烟气与新进入的空气发生不同程度的混合，进而发生强烈的气相燃烧。回燃持续的时间较短，但由于其积累的烟气量较大，且是在体积较大的房间发生的快速燃烧，故可引起室内温度急剧升高，火灾迅速转变为轰燃。

火灾中的轰燃是指当建筑内部发生火灾，热量被顶棚和壁体的上部吸收，然后又向下辐射，使可燃物温度上升，达到其着火温度时，火就会突然以全面燃烧的形式发展起来。轰燃是建筑火灾发展过程中的一个阶段，其发生并不需要突然增大空气量。

现代高层建筑由于采用中央空调系统、固定窗或无窗玻璃幕墙，比较封闭。火灾时，一方面，烟热不易散发出去，使室内温度不断上升；另一方面，室内空气中的氧气因得不到补充而迅速减少，使物品燃烧不充分，会产生大量不完全燃烧的可燃气体，因而很容易发生回燃与轰燃。轰燃后室内可燃物会出现全面燃烧，温度急剧上升，从400～500℃瞬间上升到800～1000℃。同时，由于空气急剧膨胀，室内压力剧增，门窗等开口部位会喷出烟火，涌出大量高温烟气，从而使火势迅速蔓延。

（7）热辐射　一般不认为热辐射是造成高层建筑火灾蔓延的主要原因，但强烈的辐射热有时也能引起邻近建筑物着火。火焰温度越高，热辐射越强，对邻近建筑物的威胁也就越大。如1972年2月14日，巴西的安得拉斯大楼发生火灾，火焰从大面积破碎了的窗口窜出，强烈的辐射热将距离该大楼40余米处的6层公寓和商业大楼烤着起火，并烧毁了停在相邻街道上的数十辆小汽车。

（8）热传导　热通过高层建筑中的钢构件以及各种干式金属管道传播，也是造成火势蔓延扩大的重要因素之一。

（9）风力　高层建筑承受着高空强劲的风力，据测定，30m高处的风速为8.7m/s，60m高处为12.3m/s，90m高处达15m/s。因此，高层建筑发生火灾时，风能助长火势蔓延，加速烟热气流的扩散。

（三）人员疏散困难

高层建筑由于人员高度集中，疏散距离长，加上火势发展快，烟雾扩散迅速，人员疏散非常困难。

1. 烟雾扩散影响

高层建筑发生火灾时，会产生大量烟雾，这些烟雾不仅浓度大，能见度低，而且流动扩散快，一幢100m高的建筑物，30s左右烟雾即可窜到顶部，大范围充烟给人员疏散、逃生带来了极大困难。

另外，高层建筑火灾中，烟雾不仅向上扩散，也会向下沉降。据测试，着火房间内烟层降到床的高度（约0.8m）的时间为1~3min。因此，一旦房间内着火，人很快就会受到烟气侵袭和伤害。如果火灾发生在夜间，从熟睡中惊醒的人们，往往会感到惊慌失措，无所适从。

2. 疏散距离影响

高层建筑由于楼层高，必然导致垂直疏散距离长，需要较多的疏散时间。据有关资料介绍，高层建筑内的人群通过1.1m宽的楼梯疏散到楼外所需要的时间见表6-6。

表6-6 高层建筑内人员通过1.1m宽的楼梯疏散到楼外所需要的时间（单位：min）

建筑层数	疏散时间		
	每层240人	每层120人	每层60人
50	131	66	33
40	105	52	26
30	78	39	20
20	51	25	13
10	38	19	9

从表中可以看出，建筑越高，楼层人数越多，疏散的时间越长。

3. 人员拥挤影响

高层建筑发生火灾时，由于人员众多，心理紧张，疏散时容易出现拥挤堵塞情况，甚至发生踩踏事故，从而严重影响人员的疏散速度。这种情况在高层商场、旅馆等人员集中场所会更加突出。另外，消防人员到场后，若消防电梯失效而利用封闭楼梯登高，由于方向相反，必然与疏散人群发生碰撞，也容易造成拥挤，影响疏散速度。

（四）火灾扑救难度大

高层建筑的高度和复杂的结构，给消防人员的灭火作战带来了艰巨性和复杂性。

1. 设施及装备技术要求高

扑救高层建筑火灾需要可靠的固定消防设施和功能强大的消防移动装备。但现有的消防设施和移动装备，还难以满足灭火实战的需求。

1）现有消防车的供水能力和供水器材的耐压强度还达不到高层建筑的较大高度，因此，高层建筑的火灾扑救还主要依靠其固定消防设施，但现有的固定消防设施在施工、管理等方面，与实战的要求还有一定的差距。

2）举高消防车和消防直升机是扑救高层建筑火灾的先进装备，但由于受施展空间和技术的局限，其作用目前还没有得到充分发挥。

受高度的局限，举高消防车一般只能救助相应伸展高度内的被困人员，或输送消防人员到达这一高度的窗口；有射水功能的举高消防车也只能向这一高度的喷火窗口射水。

受飞行安全和停放场地的局限，消防直升机目前只能救助那些已经逃生到屋顶直升机停机坪的被困人员，或输送消防人员到达该处。

所以，扑救高层建筑火灾时，如果内部固定消防设施失效或火场面积较大，消防人员仍需依靠消防移动装备从内部登高展开灭火行动。

2. 战术意图实现难

高层建筑火灾扑救，由于楼层高，消防人员、装备到位慢，火场供水难度大，火场指挥员要实现战术意图通常很困难。

（1）消防人员、装备到位慢

1）登高体力消耗大。高层建筑较高部位发生火灾时，如果电梯无法使用，消防人员通过楼梯登高，会消耗很大的体力，既影响时间，也影响后续战斗。

2）登高进攻途径少。高层建筑较高楼层发生火灾，除少数消防人员可利用消防直升机和举高消防车登高外，大多数只能依赖内部楼梯和电梯登高。如果火势较大或燃烧时间较长，使用电梯也不安全时，只能沿疏散楼梯登高。因此，高层建筑灭火救援时，可供登高进攻的途径非常有限。

3）战斗展开时间长。由于楼层高，登高体力消耗大，进攻途径少，因此，高层建筑灭火战斗展开的时间，往往要比其他火场长得多。另外，消防人员若从疏散楼梯登高，还会遇到向下疏散人流的影响，从而更加影响战斗展开的时间。

（2）火场供水难度大　我国高层建筑在设计消防给水能力时，由于受诸多因素的限制，难以考虑较大火灾的灭火用水需求，而高层建筑空间布局的复杂性，又使火场直接供水难度极大。

1）水带铺设时间长。高层建筑发生火灾，一旦固定消防设施失效，或火场燃烧面积较大时，消防人员只能依靠垂直铺设水带的方法实施供水灭火。但高层建筑垂直铺设水带难度比较大，往往需要较长的时间，容易贻误战机，使火势扩大。

2）灭火用水量大。我国高层民用建筑在设计上规定室内消火栓最大灭火用水量为 40 L/s，室外消火栓最大灭火用水量为 30 L/s。但这仅能满足初起火灾的灭火用水需求。当火场面积扩大时，灭火用水量将远远超过设计用水量。如火场燃烧面积为 $600m^2$，灭火用水供给强度为 $0.15L/(s \cdot m^2)$，则火场用水量将达到 90 L/s。

3）排除故障时间长。着火楼层较高时，使用消防车和垂直铺设水带供水，由于压力高，消防车长时间运转容易损坏，水带也容易爆破，造成供水中断，但调换车辆和水带往往需要较长的时间。

（3）玻璃幕墙坠落影响大　玻璃幕墙受高温或火焰作用，易碎裂形成"玻璃雨"，像"飞行尖刀"一样下坠，极易造成人员伤亡和消防装备损坏，严重影响灭火战斗行动，妨碍指挥员战术意图的实现。尤其是高压供水线路上的水带，最易被刺穿。如1996年4月2日，在扑救辽宁省沈阳商业城火灾的火场上，被玻璃幕墙碎片损坏的水带达50多条。

3. 组织协调任务重

扑救高层建筑火灾，一般会调集较多力量参战，而且高层建筑对现场消防通信质量有一定的影响，如果现场组织协调不好，容易出现局面混乱。

（1）参战力量多　高层建筑发生较大火灾时，作战指挥中心将会调集大量的人员和车辆参战，因此，要组织协调好各参战力量，发挥整体作战的威力，避免出现混乱局面，任务还很繁重。

（2）通信干扰大　高层建筑结构对消防通信有一定的屏蔽作用，容易造成火场上消防通信不畅。若火场指挥部和前方指挥员之间以及各参战力量之间不能及时沟通，往往容易出现被动局面。据国内外现场测试，钢结构或组合结构高层建筑的消防通信信号一般只能传输到65层左右。因此，现场通信组织工作任务重。

四、高层建筑火灾的扑救措施

扑救高层建筑火灾，必须充分利用固定消防设施，立体部署战斗力量，灵活运用战术，以取得灭火战斗行动的主动权。

（一）迅速组织火情侦察

及时、准确地获取火场信息是实施科学决策和开展灭火战斗行动的先决条件。

1. 迅速查明火场主要情况

1）查明着火楼层的位置、燃烧物品的性质、燃烧范围和火势蔓延的主要方向。

2）查明是否有人员被困，被困人员的数量及位置。

3）查明有无珍贵资料、贵重物品受到火势的威胁。

4）查明单位员工进行疏散、灭火的初战情况。

5）查明消防控制中心信息接收和指令操作情况。包括发出火灾信号和安全疏散指令情况；自动灭火系统、防排烟系统、通风空调系统动作情况；防火卷帘、电控防火门动作情况；非消防用电是否切断，消防电源、消防电梯运行是否正常；燃气管道阀门是否关闭；各类联动控制设备运行是否正常等。

6）查明大楼消防给水系统运行是否正常。

7）查明可供救人和灭火进攻的路线、数量和所在位置等。

2. 充分利用各种侦察方法

1）通过外部观察冒烟窗口或喷出的火势情况，大致判断着火楼层的高度、位置及火灾所处的阶段。

2）向知情人了解着火部位、燃烧物品的性质等情况，并询问大楼内部有无被困人员、珍贵资料和贵重物品及其所处的位置。

3）利用消防控制中心监控设施了解大楼内部的烟雾流动和火势发展情况，大致判断燃烧范围和火势蔓延的主要方向。

4）使用侦检仪器检测火场温度及有毒气体含量，并利用经纬仪监控大楼倾斜角度和倾斜速度。

5）组成侦察小组深入火场内部，查明着火的具体部位、火势蔓延的主要方向、被困人员的数量及位置等情况。

6）查阅灭火作战预案、检索电子计算机资料、调用单位建筑图样，了解大楼的详细情况等。

上述方法在高层建筑火灾侦察中应综合使用。如外部观察通常有几种情况，一是在行驶途中观察火场方向有无烟雾、火光，并从烟雾、火光的颜色和大小中判断火势情况；二是在到达火灾现场时，应对建筑外部进行初步观察，以便快速判断火情，实施战斗展开；三是针对有倒塌危险的建筑，使用经纬仪等仪器进行外部观测监控，以防其突然倒塌，造成人员伤亡。火情侦察要贯穿于火灾扑救的始终，以便及时掌握火情的动态变化。

（二）积极疏散抢救人命

疏散救人是高层建筑灭火战斗行动的首要任务。由于高层建筑内部人员众多、分布面广，加上高温烟雾和火势的影响，疏散救人的难度和工作量很大。特别是被困人员较多或火场情况复杂时还往往容易出现混乱。因此，消防人员到场后必须有序组织疏散救人行动，最大限度地减少人员伤亡。

1. 安全疏散的基本顺序

高层建筑疏散受火势威胁人员的基本顺序是：着火层—着火层上层—着火层下层—其他楼层。

（1）着火层　烟火首先在着火层蔓延发展，该层人员受到的威胁最大。因此，需要最先疏散，在疏散着火层人员时，应重点加强对着火房间及其邻近部位遇险人员的疏散。

（2）着火层上层　由于烟火极易向上蔓延，对着火层上层的人员也会形成很大的威胁。因此，着火层上层人员也需要及时疏散。如果火势威胁较大，着火层上层人员应与着火层人员同步疏散。

（3）着火层下层　由于烟火向上发展蔓延速度快，加上烟气还会下沉，因此，着火层下层的人员也会受到一定程度的威胁。在疏散着火层和着火层上层人员后，应及时疏散着火层下层人员。

（4）其他楼层　在着火层、着火层上两层及着火层下层人员疏散完毕后，应先疏散大楼顶部楼层人员，以防止高温烟气扩散到顶部楼层，并在顶部积聚，威胁这一楼层人员的安全；其次，再视情疏散其他楼层的人员。如果到场力量无法控制火势，大楼内所有人员受到火势或倒塌威胁时，应及时对其他各楼层人员进行逐层疏散，直至全部撤离。

2. 疏散救人的主要方法

（1）利用应急广播指导疏散　利用应急广播系统，稳定被困人员情绪，引导被困人员有秩序地疏散，这是争取疏散时间、提高疏散效率的最佳方法，还有助于防止被困人员产生惊慌、拥挤，甚至盲目跳楼逃生。利用应急广播指导疏散，要按安全疏散的基本顺序依次分批广播。若大楼内有不同国籍的人员，要使用不同的语言广播。同一内容，要重复广播。

（2）消防人员引导疏散　消防人员到场初步了解情况后，要立即组成疏散救人小组进入大楼内部，按安全疏散的基本顺序，及时引导有行动能力的人员通过楼梯、电梯等进行疏散。

（3）消防人员深入烟火区域搜寻　对受烟火威胁，难以引导疏散的遇险人员，消防人员要深入火场内部进行搜寻，全力予以救助。消防力量不足或情况紧急时，可先把遇险人员救助至着火层以下的相对安全区域，再行疏散。

（4）利用举高消防车救人　当着火大楼外墙窗口或阳台等处有目标明显的被困人员，或向下疏散通道被烟火严重封锁时，应使用相应高度的举高消防车实施疏散救人。

（5）利用擦窗工作机救人　如果大楼设有擦窗工作机，可用来对窗口处的被困人员实施救助，但需注意方法，确保安全，一次救助的人数不能超过其荷载。

(6)利用缓降器、救人软梯、安全绳等救人 在内部救人通道被烟火严重封锁的情况下，消防人员可利用缓降器、救人软梯或安全绳等，将被困人员从建筑外墙救至地面或相对安全的楼层。

(7)利用救生气垫救人 设置救生气垫，可以救助较低楼层的被困人员，或缓解一定高度跳楼人员的伤害程度。

3. 疏散救人的主要途径

(1)通过防烟楼梯、封闭楼梯等进行疏散 防烟楼梯、封闭楼梯是火灾情况下人员疏散的主要途径。

(2)通过消防电梯进行疏散 消防电梯是消防人员登高内攻、疏散和抢救人命较为安全和快捷的途径。

(3)通过观光电梯、客梯、货梯等进行疏散 火势较小，观光电梯、客梯等仍能正常运行时，可用来疏散人员，以加快人员疏散速度，但火势较大时，应停止使用。

(4)通过疏散阳台、通廊、避难层（间）进行疏散 火势较大，人员无法通过楼梯或消防电梯疏散时，可将被困人员疏散至阳台、通廊、避难层（间）等相对安全的区域，等待消防人员的进一步救助。

(5)通过建筑中设置的救生袋、缓降器进行疏散 有些高层建筑中设置有专用的救生袋或缓降器，火灾时，消防人员可引导并协助被困人员通过其进行疏散。

(6)通过举高消防车、擦窗工作机进行疏散 大楼内部途径都被烟火封堵时，消防人员可引导并协助被困人员，通过停靠在窗口的举高消防车、擦窗工作机进行疏散。

(三) 正确选择进攻路线

正确选择进攻路线，确定合适的进攻起点层，可以加快战斗展开的进程，并有利于抓住战机，提高进攻效率。

1. 选择进攻路线

进攻路线选择的原则是以最简便的方法、最快的速度和最低的体能消耗，通过最短的距离和最少的障碍，安全迅速地到达预定的楼层。

(1) 内部进攻途径

1)利用敞开楼梯进攻。高层建筑的敞开楼梯通常相对较宽，也是人员上下的主要通道，一般不防烟，但烟雾通常只能下沉至着火层下一二层。消防人员可以从主楼梯到达着火层下一二层处，建立进攻起点。

2)利用封闭楼梯进攻。封闭楼梯间一般靠外墙设置，能直接利用天然采光和自然通风，它同各层走廊相通，并设有自闭式防火门，是安全疏散的重要通道，也是内攻灭火的主要途径。

3)利用防烟楼梯进攻。防烟楼梯间通常设有前室、阳台或凹廊，并设有防火门、正压送风系统和消防给水设备等，是比较理想可靠的进攻通道。

4)利用消防电梯进攻。消防电梯不仅速度快，轿厢荷载大，电源安全可靠，通信联络方便，又能迫降控制，是消防人员灭火进攻的首选路线。

5)利用工作电梯进攻。高层建筑的工作电梯不少与消防电梯合用，有的也具备消防电梯的功能，其供电方式和竖井都单独设置，烟气不易侵袭，是比较安全可靠的进攻途径。

6）利用客梯进攻。一般高层建筑客梯数量相对较多，设于不同部位，有的还设有观光客梯。在火势不大的情况下，为争取时间，可以使用其登高内攻。

（2）外部进攻途径

1）利用举高消防车进攻。举高消防车可以在一定高度从外部向着火建筑射水，压制火势或阻止火势从外部向上蔓延；也可以将消防人员和装备从外部输送到一定高度的窗口，再进入高层建筑内灭火。

2）利用室外疏散楼梯进攻。有些高层建筑设有室外疏散楼梯，大多位于大楼主体外墙，呈敞开式，不受烟气影响，且同各层楼面的走廊相通。但有些由于采暖通风的需要，采用玻璃加铝合金框予以封闭，火灾时，可使用破拆的方法来排除烟雾，使它成为较好的进攻通道。

3）利用室外消防梯进攻。有些高层建筑在外墙设置有固定的消防梯，一般可通到第二、三层；部分高层住宅还设有阳台救生梯，将上、下阳台连通，既可用于安全疏散，也可用作消防进攻通道。

4）利用建筑物平台进攻。不少塔式建筑呈阶梯形收缩，每2～3层设有一个平台，平台同楼层走廊相通，平台上一般设有固定铁梯。火灾时，消防人员从内部登上一个平台，再由平台逐步向上进攻。平台不受烟火威胁，可进可退，既有利于安全疏散，也有利于内攻灭火。

5）利用擦窗工作机进攻。有些高层建筑在墙外侧设有紧贴墙面的擦窗工作机，其工作斗可载3～4人，并装有自控装置，能上下移动。火灾情况下从建筑内部登高困难时，可利用其将消防人员和装备从外部输送到相应的楼层。

6）利用天桥进攻。一些高层建筑之间设有相互连通的天桥，火灾时可以先通过未着火大楼登高，再利用连通的天桥进入着火大楼实施进攻。

2. 确定进攻起点层

扑救高层建筑火灾时，进攻起点层一般选择在着火层下一二层。火势不大，能够直接控制时，可选在着火层。

（四）有效控制火势蔓延

高层建筑火灾，由于火势发展蔓延迅速，如不及时控制，必将造成重大人员伤亡和财产损失。因此，有效控制火势蔓延，是扑救高层建筑火灾的重要任务。

1. 战斗力量部署

1）战斗力量部署的顺序依次是着火层、着火层上层、着火层下层。

2）战斗力量分配的原则是着火层大于着火层上层，着火层上层大于着火层下层。

2. 堵截阵地的选择

1）着火层的堵截阵地通常选择在着火房间的门口、窗口，着火区域的楼梯口，有蔓延可能的吊顶处等。

2）着火层上部的堵截阵地一般选择在楼梯口，电梯井、楼板孔洞处，有火势窜入危险的窗口、电缆、管道的竖向管井处等。

3）着火层下部的堵截阵地主要选择在与着火层相连的各开口部位和竖向管井处，重点防止掉落的燃烧物或下沉的烟气引燃下部可燃物。

3. 控制火势蔓延的措施

（1）火灾初起时

1）当燃烧范围局限于某一房间内部时，应直接进攻火点，扑灭火灾。

2）阻止烟火从门、窗、简易分隔墙处窜入其他房间、走廊和沿外墙向上层蔓延。

3）阻止火势通过管道、竖向管井向邻近房间、走廊和上层蔓延。

（2）火灾在同一楼层内燃烧时 当一个楼层内大面积燃烧、火势处于发展阶段时，要重点采取堵截和设防措施。

1）水平方向堵截。高层建筑每一楼层一般都设有防火分区，每一防火分区的面积为 $1000\sim1500m^2$（设有自动灭火系统的，其防火分区最大允许面积可增加一倍），由防火墙、防火门、防火卷帘进行分隔。火灾时应在防火分区两端部署力量，进行堵截，力争将火势控制在一个防火分区的范围内。

2）垂直方向堵截。高层建筑的竖向管道井一般分段（通常以 2~3 层为一段）采取了防火封堵措施。火灾时除了要在电梯、楼梯及喷火的外窗等处设防外，还应在竖向管道井分隔段上、下两端部署力量，进行堵截，力争将火势限制在一定范围内。

（3）火灾在多层同时燃烧时

1）当高层建筑多层同时燃烧时，内攻力量应自上而下部署，特别在着火层上部应加强堵截力量，重点阻止火势继续向上发展。

2）外攻力量应利用举高消防车向喷出火焰的窗口、阳台射水，从外部阻止火势向上部蔓延。

3）在着火层下部部署一定的防御力量，防止燃烧掉落物引燃下层或高温烟气向下层蔓延扩散。

（五）合理组织火场供水

扑救高层建筑火灾，能否及时而不间断地组织向火场供水，满足灭火所需的水量和水压，直接关系到灭火战斗的成败。高层建筑火场供水应坚持"以固为主、固移结合"的原则。

1. 利用固定消防设施供水

高层建筑发生火灾，消防人员到场时，若外部观察火势不大，应立即携带水带、水枪和接口，利用消防电梯迅速登高至着火层，直接使用室内消火栓或水喉出水灭火，同时启动消防泵向室内消防管网供水。使用室内消火栓供水灭火时，应注意同时使用的消火栓数量不能超过系统供水能力。同时使用的数量（一般情况下按照一个消火栓出一支 19mm 水枪计算）可根据室内消火栓设计用水量或消防泵额定流量按照公式进行计算，即

$$N = Q/5 \text{ 或 } N = Q/6 \tag{6-3}$$

式中 N——最多使用消火栓（水枪）数量（支）；

Q——室内消火栓设计用水量或消防泵额定流量（L/s）；

5——建筑高度小于 100m 时，每支水枪流量（L/s）；

6——建筑高度大于等于 100m 时，每支水枪流量（L/s）。

2. 利用移动消防装备与固定消防设施相结合供水

固定消防泵无法正常运行或室内消防给水不能满足灭火需求时，应利用消防车通过水泵接合器向大楼消防管网供水，但必须明确水泵接合器所对应的供水区域。同时还应注意当消

防泵和水泵接合器同时向管网并联供水时，一定要符合并联供水条件，即消防车泵压与消防泵压相等。

3. 利用移动消防装备直接供水

当消防泵、水泵接合器等固定消防设施都不能正常使用或不能满足灭火用水需求时，消防人员应垂直铺设水带，利用消防车组织供水。垂直铺设水带可沿建筑外墙或在楼梯间内进行。

（1）垂直铺设水带的方法　垂直铺设水带一般有地面施放吊升法、一次性登高施放法和分层登高施放法三种。火场组织供水时可灵活选用。

1）地面施放吊升法。它是指消防人员将水带在地面原地施放连接，并在水带接口处用绳索捆绑加固后，从上部用引绳吊升的方法。

2）一次性登高施放法。它是指消防人员将水带携带至相应的楼层（如进攻起点层），在上部原地施放连接，并用绳索捆绑加固后，从上部向下施放的方法。

3）分层登高施放法。它是指消防人员根据水带的长度和建筑的层高，分别携带水带登高至相应的楼层，向下施放，并与上部施放的水带接口连接，在本层内用绳索将水带接口进行固定的方法。

（2）高层火场直接供水的方法　高层建筑发生火灾时，利用消防车供水的方法要根据着火层的高度和水源情况来决定。一般有单车单干线供水、单车双干线供水、多车串联单干线供水、消防车与手抬机动消防泵串联供水等方法。由于现代消防车功率大，大多带有中、高压泵，而且水带的阻力系数小、耐压强度高。因此，一般单车单干线供水就能达到较高的高度；采用两车以上串联后的供水高度更高。据上海高层建筑消防供水测试，三车串联单干线供水最高可达246m的高度。实战应用时，应做好水带铺设、安全固定和停泵时的泄压处理问题。如果着火层的高度超过了现有消防车的串联供水能力，可采用消防车与多台手抬机动消防泵串联的方式供水。

（六）科学组织火场排烟

高温烟气是妨碍灭火战斗行动和导致人员伤亡的重要因素，因此，必须有效组织火场排烟。

1. 利用固定排烟设施排烟

1）关闭防烟楼梯、封闭楼梯间各层的疏散门。

2）开启建筑物内的排烟机和正压送风机，排除烟雾，并防止烟雾进入疏散通道。

2. 利用自然通风排烟

1）打开下风或侧风方向靠外墙的门窗，进行通风排烟。

2）当烟气进入袋形走道时，可打开走道顶端的窗或门进行排烟，如果走道顶端没有窗或门，可打开靠近顶端房间内的门、窗进行通风排烟。

3）打开共享空间可开启的天窗或高侧窗进行通风排烟。

3. 利用移动消防装备排烟

现有移动消防排烟装备有排烟车和各类排烟机等。火场还可以采取一些灭火、排烟兼备的手段，如喷射喷雾水流、高倍数泡沫等。考虑到高层建筑的特殊性和这些设备及手段的局限性，比较适用于高层建筑火灾排烟的方法主要有利用喷雾水流驱烟和使用排烟机排烟两种。

五、高层建筑火灾扑救行动要求及注意事项

高层建筑高度高，层数多，发生火灾时，火情复杂多变。因此，扑救中要严格遵守战斗行动要求。

（一）精心实施火情侦察

1）要迅速查清大楼的消防通道、消防控制中心、消防泵房、外部消防水源的位置及市政管网的流量、室内消火栓分布情况等。

2）要及时查清大楼内可用于疏散人员和进攻的楼梯、电梯及通道情况，尤其是剪刀式楼梯、分段式楼梯的情况，防止火灾时登错楼层，贻误战机。

3）要查明大楼外墙的可开启部位、能垂直铺设水带的部位及建筑内竖向管井分布位置和封堵情况。

4）要查明该大楼消防供水的减压方式，水泵接合器所对应的系统和区域。

5）火势很大或燃烧时间较长，建筑有倒塌破坏可能时，要在外围多个方向设置经纬仪进行监控，以防突然倒塌造成人员重大伤亡。

6）采用铝塑板或铝塑板内充填保温材料作外墙装修的高层建筑，以及其他一些比较特殊的高层建筑，火势有向下蔓延的可能，要随时注意观察，及早发现。

（二）有序组织疏散救人

1）要优先考虑使用消防电梯和疏散楼梯疏散救人，以确保安全。

2）要分轻重缓急，按高层建筑安全疏散的基本顺序，有序发出火警通知和进行疏散指导，避免发生拥挤。

3）利用举高消防车、消防直升机或擦窗工作机救助人员时，要先做好遇险人员的情绪稳定工作，有效控制局面，坚持老弱病残优先的原则，防止出现混乱。

4）要注意对充烟房间及充烟区域的彻底搜索，防止这些区域因未过火而被忽视，造成被困人员遗漏而未被救助。

（三）加强火场行动安全

1）参与灭火战斗的所有消防人员都必须采取充分的个人防护措施。

2）消防车停靠不能离高层建筑外墙太近，不要停在燃烧部位的正下方，防止高空坠落物伤人毁车。火势很大或燃烧时间较长，建筑有倒塌危险时，车辆停靠必须与着火建筑保持一定的安全距离。

3）携带器材登高要尽量一步到位，避免来回奔波，贻误战机。

4）沿玻璃幕墙外侧行动时，要保持一定的安全距离，避开玻璃爆裂碎片可能坠落的范围，以防受伤；必须靠近玻璃幕墙行动时，应紧贴墙脚。

5）选择进攻途径时，要尽可能避开疏散人流，防止产生相互干扰。

6）打开着火房间的门窗时，要缓慢开启，人立于一侧，并向室内喷水进行冷却，防止发生轰燃伤人。

（四）正确运用供水技术

1）高层供水应在地面设置停泵时泄压用的二分水器，以防止水锤作用损坏消防车泵。

2）垂直铺设水带时，水带的连接部位必须捆绑结实，楼内水带固定部位要牢固可靠，防止水带因重力作用而拉断固定物，导致供水中断。

3）垂直铺设水带时，进入楼内的拐角处要用质地柔软的物品衬垫，防止磨损。

4）楼外沿地面铺设的水带，尤其是处在玻璃幕墙下部时，最好用竹片（篱）、木板等物品遮盖，以防高处玻璃爆裂碎片掉落刺破水带，造成供水中断。

5）利用水泵接合器供水时，供水压力估算要充分考虑大楼的减压方式。

6）利用底层室内消火栓向上供水，只适用于采用减压孔板减压的室内消火栓和采用分区给水的低区。

7）消防车停止供水时，应先开启二分水器泄压，再缓慢地逐步降低消防车泵压。

（五）有效进行火场排烟

1）要正确选择排烟的时机和途径，防止威胁其他人员安全或引燃其他可燃物，扩大火势。

2）排出的烟雾对流经部位有一定威胁时，要部署适当的防御力量，在做好射水准备后，开始排烟。

（六）防止水渍损失扩大

1）在火灾扑救过程中，要及时将积水导向楼梯间排出，尽可能防止电梯井进水。

2）火灾扑灭后，要及时关闭自动喷水灭火系统配水管阀门，以减少水渍损失。

第四节　地下建筑火灾扑救

地下建筑是指建造在地表以下的建筑物。地下建筑的应用范围十分广泛，主要包括建于地下的商场、旅馆、车库、仓库以及地铁、交通隧道、电缆隧道、矿井等。

随着社会的发展、人口的增多和用地的紧张，大量的地下建筑应运而生。进入 21 世纪，地下建筑呈现出新的发展形势。为开发和利用地下空间，许多城市利用过去的人防工程，进行开发使用；一些大中城市开始兴建地下商场或地下商业街；不少城市已建成或正在兴建地铁，由于其运量大、低能耗、少污染、乘坐舒适方便，越来越受到人们的青睐；另外，随着汽车数量的剧增，地下车库的作用也日趋显著，各种形式的地下车库不断出现。然而地下建筑由于其特殊的建筑特点，特别是利用过去人防工程改造的地下建筑，由于设计上的缺陷，存在不少安全隐患，一旦发生火灾，浓烟积聚，高温不散，其危险性、扑救难度以及火灾所造成的危害都远超过地面建筑。

一、地下建筑的分类与构造组成

地下建筑用途广泛，类别较多，平面布置及构筑形式多种多样。

（一）地下建筑的分类

地下建筑通常可按其使用功能、建造方式、结构形式、埋设深度和军事习惯方式等进行分类。

1. 按使用功能分类

地下建筑按其使用功能可分为民用、工业、仓库、军事建筑和市政工程五类。

（1）民用建筑　如建于地下的商场、商业街、旅馆和图书馆等。

（2）工业建筑　如各类建于地下的工厂、车间、电站和矿井等。

（3）仓库建筑　如建于地下的车库、油库、气库、冷库、粮库和物资仓库等。

(4) 军事建筑 如建于地下的野战工事、指挥所、军火和军需物资仓库等。
(5) 市政工程 如地铁、交通隧道和电缆隧道等。

2. 按建造方式分类

地下建筑按建造方式可分为附建式和单建式两种。

(1) 附建式 它是指附建在高层或多层建筑下部的地下建筑，其层数有 1～3 层或更多层不等，如地下商场、地下旅馆、地下车库等。

(2) 单建式 它是指建造在自然地坪以下或岩石中的独立建筑，主要是指建造在山岭、河道、海峡及城市地面以下的各种建（构）筑物，如地铁、铁路隧道、公路隧道以及电缆隧道、矿井等。

3. 按结构形式分类

地下建筑按其结构形式可分为拱形结构、圆管结构、框架结构和薄壳结构四种形式。

(1) 拱形结构 拱形结构又可分为锚喷结构、半衬砌、厚拱薄墙、直墙拱、曲墙拱、落地拱等形式。

1) 锚喷结构。地下岩石的坚硬系数 $f_k \geq 8$，稳定性好，而且又是干燥的地方，一般多采用锚喷结构。

2) 半衬砌。地下岩石的坚硬系数 $f_k \geq 8$，侧壁无坍塌危险，由于顶部岩石可能会有局部脱落，因此，只需在顶部衬砌，称为半衬砌。

3) 厚拱薄墙。顶拱的拱脚较厚，边墙较薄，它能将顶拱所受的力通过拱脚大部分传给岩石，充分利用岩石的强度以减小边墙的受力，相应地可以减小边墙的厚度。

4) 直墙拱。顶拱与边墙浇筑在一起，形成一个整体结构。当岩石的坚硬系数 $3 \leq f_k \leq 7$ 时，一般采用这种结构。

5) 曲墙拱。当岩石的坚硬系数 $f_k \leq 2$ 时，松散破碎易于坍塌，则采用曲墙拱。

6) 落地拱。落地拱多用于大跨度的仓库，如飞机库等。它在岩石或软土中均可使用。

(2) 圆管结构 软土中的地铁或穿越江河底部的交通隧道，通常采用圆管结构。这种结构大多做成装配式，也称管片结构。

(3) 框架结构 软土中明挖施工的地铁大多采用箱形结构。由于这种结构常采用框架的计算理论来进行计算，因此称为框架结构。

(4) 薄壳结构 岩石中地下油库或油罐室的顶盖多采用穹顶；软土中地下厂房有采用圆形沉井结构的，其顶盖也采用穹顶。这类结构属于薄壳结构。

4. 按埋设深度分类

地下建筑按埋设深度可分为浅埋式和深埋式两种。

(1) 浅埋式 是指构筑在离地面较浅土层中的地下、半地下室。

(2) 深埋式 是指构筑在离地表较深的地下建筑。

5. 按军事习惯分类

地下建筑按军事习惯可分为坑道式、地道式、掘开式和防空地下室四类。

(1) 坑道式 是指岩石或土层中的地下建筑。

(2) 地道式 是指在土层中掘开或暗挖的通道。

(3) 掘开式 是指掘开施工土层中的单建式地下建筑。

(4) 防空地下室 是指附建在土层中的地下建筑。

(二) 地下建筑的构造组成

地下建筑主要由出入口、通道和洞室三部分组成。

1. 出入口

(1) 出入口分类　地下建筑的出入口有主要出入口、安全出入口、连通口、特殊用途出入口和临时出入口五种。

1) 主要出入口。是指人员和车辆经常出入的洞口。

2) 安全出入口。是指在主要出入口遭到堵塞或破坏后，供人员安全疏散或少量人员进出联系的洞口。

3) 连通口。是指单项工程通往其他工程或通道的出入口，当该工程的防护等级低于相连部分的等级时，则其连通口可以兼作安全出入口。

4) 特殊用途出入口。包括大型设备出入或吊装口、通风口、管线出入口等。

5) 临时出入口。是指暂时使用后即封闭的出入口，如施工导洞口、出渣口等。

(2) 出入口数量　地下建筑一般根据其使用性质、防火等级、内部人员密度及使用要求设置出入口的数量。

1) 一般单项的地下建筑或防护单元，出入口不少于2个，即一个主要出入口和一个安全出入口。

2) 大型的或内部人员较多的地下建筑，应有3个或3个以上的出入口。

3) 面积不超过$50m^2$，且人数不超过10人的地下建筑，可以只设一个出入口。

4) 一些地下建筑，特别是军事改作民用的某些人防工程，其出入口数量都低于规范要求。

(3) 出入口形式　地下建筑的出入口形式一般有水平式、倾斜式和垂直式三种。

1) 水平式。水平式出入口的洞口与地表道路在同一标高，其结构简单，使用方便。

2) 倾斜式。在地平以下或山势不高的地下建筑内，为增大自然防护层厚度，常构筑成倾斜式洞口。这种形式的洞口，人员进出和排水都比较困难。

3) 垂直式。为缩短通道长度，对深埋的地下建筑常采用垂直式出入口。这种出入口对人员疏散、消防人员进出和排水造成很大的难度。

2. 通道

地下建筑的通道按其作用分为主干道、连接通道和迂回通道三种。

(1) 主干道　是指贯通整个地下建筑的主要通道，是发生火灾时灭火进攻、人员疏散的干线。

(2) 连接通道　是指连接地下建筑内各个单元或洞室的通道。

(3) 迂回通道　是指地下建筑内重要单元或洞室之间的迂回连接通道，当主干道和连接通道局部堵塞时，可利用此通道。

3. 洞室

地下建筑的洞室按其布置形式可分为贯通式、梯式、环式、棋盘式和厅式五种。

(1) 贯通式　贯通式洞室是把洞室与通道布置在同一个跨间，形成贯通洞室，如图6-2a所示。这种布置形式的优点是平面和空间形式都比较简单，交叉口少，断面统一，侦察、灭火比较方便。

(2) 梯式　梯式洞室的洞室与通道分开布置，用独立的通道将洞室联系起来，一般常形成两条长通道将一系列平行布置的洞室串联在一起的梯式平面，如图 6-2b 所示。

（3）环式　平战两用的地下车库常采用环式布置，便于车辆进出，一旦发生火灾，有利于疏散，如图 6-3 所示。

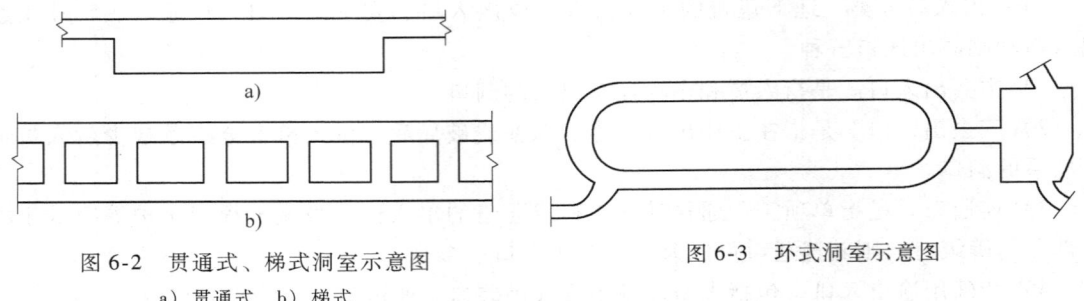

图 6-2　贯通式、梯式洞室示意图
a）贯通式　b）梯式

图 6-3　环式洞室示意图

（4）棋盘式　棋盘式洞室是一系列横向平行布置的洞室或通道，与多条纵向布置的洞室或通道交叉布置，形成棋盘一样的平面形式，如图 6-4a 所示。地下工业建筑常采用这种布置形式，这种布置形式比较复杂，侦察、灭火难度较大。

（5）厅式　厅室洞室是以大型主体洞室为中心，其他辅助洞室都围绕主体洞室布置，通道则由中心向四周呈放射状布置，如图 6-4b 所示。目前地下电站多采用这种形式。

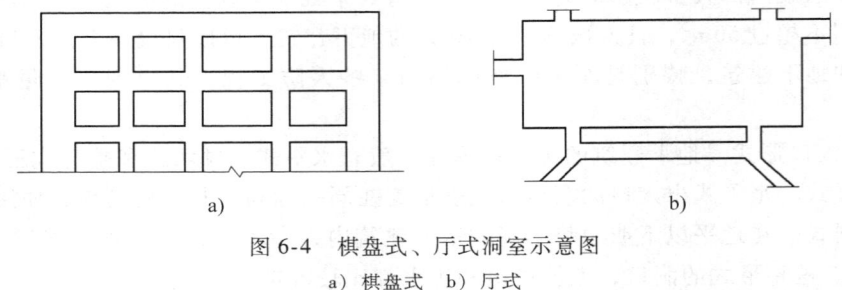

图 6-4　棋盘式、厅式洞室示意图
a）棋盘式　b）厅式

二、地下建筑火灾的发展蔓延

地下建筑只有内部空间和少量的地面出入口，它与地面建筑相比，火灾时有着不同的烟气流动特点和火灾蔓延形式。

（一）地下建筑内的烟气流动

地下建筑火灾蔓延是由于高温热烟气的流动造成的。

1. 地下烟气流动特性

在地下建筑火灾中，物质燃烧使内部空气氧含量逐渐减少，形成不完全燃烧，同时产生大量的高温烟气。

1）火灾初起时，烟气从着火点向上升腾，到达顶部后转向四周呈水平方向扩散。如果烟气温度下降梯度慢，则高温烟气与周围空气明显地形成分离的层流，即形成两个层流流动，上部烟层逐渐变浓增厚，向出入口方向涌出。

2）只有单一出口的地下建筑，烟气从唯一出入口排放，会形成以上部排烟、下部进气为界面的中性面；随着烟雾流量的增大，中性面降低，空气进入减少，洞室内燃烧速度开始减慢。

3）具有两个以上出入口的地下建筑，离火源近的出入口烟雾浓，中性面很低；离火源远的出入口烟雾淡，中性面稍高。

2. 地下烟气流动的速度

烟气流动的速度与烟气温度成正比，还与环境温度、构筑间隔、通风和空调系统的气流干扰等因素有关。

（1）水平方向流动速度　阴燃阶段烟气自然扩散速度约为 0.1m/s；着火阶段烟气对流扩散速度约为 0.3m/s；火势发展阶段烟气对流扩散速度为 0.5~0.8m/s；通风良好的洞室，烟气对流速度可达 1m/s。

（2）垂直方向流动速度　火势初起阶段烟气对流扩散速度约为 1m/s；火势发展阶段烟气沿楼梯倾斜、垂直部分扩散，其速度可达 3~4m/s。

3. 烟气在洞室内的流动

1）在地下建筑内，着火房间产生的烟气从着火点向上升腾，升至顶部后向四周水平扩散，由于受到四周洞壁的阻挡和冷却，有沿洞壁向下流动的趋势。

2）随着烟气的不断产生，上部烟层逐步增厚，当达到洞室内开口以下部位时，通过开启的门向通道扩散。

3）如果洞室内产生的烟量大于排向通道内的烟量，随着时间推移，烟气将充满整个洞室。

4. 烟气在通道内的流动

从洞室内流向通道的烟气，最初贴附在洞室通道的拱顶流动，由于冷却和周围空气混合，烟层变厚，接触拱顶和墙面的烟气先被冷却，沿墙下降，随着流动路线延长，与周围空气混合作用加剧，使烟气温度逐渐下降而失去浮力，最后在洞室中心剩下一个环形空间。火灾试验表明，烟气从洞室进入通道后，是以层流状态沿拱顶流动的；烟气层下降后，受到通道内风流的影响而形成了紊流状态。

（二）地下建筑内的火风压

地下空间压力随着温度的升高而增大，当火势发展到一定程度，会形成一种附加的自然热风压，即火风压。火风压能造成以下危害：

地下建筑发生火灾后，产生的火风压随着火势的发展而加大，反过来又推动火势的发展，造成火灾范围扩大，导致火势加剧；火风压的出现不仅造成烟气的快速流动，还会使原有的通风系统遭到破坏，使风量增加或减少；引起地下原有风流反向逆流，加剧火势蔓延，使那些原来属于安全的区域突然出现烟气，远离火源的人们也可能遭受到火灾的危害；灌入地下灭火的高倍数泡沫将无法向巷道内流淌，从而影响高倍数泡沫远距离窒息灭火效果。

（三）地下建筑内的火势蔓延

地下建筑内火灾态势与地下建筑出入口布置形式和数量、埋设深度、内部空间大小以及通风设施的完善条件等有关。地下建筑内风流的流动状态决定着火灾发展的强弱和火灾蔓延的快慢。

1. 火势蔓延形式

1）在中、小型地下建筑内，风流流动速度不大时，火势迎着风流蔓延。

2）在大型地下建筑内，风流流动具有相当大的速度时，火势一般顺风蔓延，或同时向通道两端出入口蔓延。
　　3）由于烟气、火风压及高温的作用，产生再生火源。在远离火源处产生第二、第三火源。
　　4）地下封闭空间内，由于高温、缺氧，产生大量不完全燃烧产物及热分解产物，当可燃气体浓度达到爆炸极限时，这种高温烟气在向出口流动过程中，一遇到新鲜空气，就会立即引起爆燃，使火势蔓延扩大。
　　2. 火势发展形态
　　1）只有一个出入口的地下室、半地下室发生火灾，因通风不良而烟雾大、温度高、火势小，燃烧速度比较缓慢，并逐渐趋向阴燃状态。
　　2）有两个以上出入口的中、小型地下建筑，由于能够连续地补充风量，火灾在初起阶段发展较快；进入发展阶段后，随着燃烧产物的增加，内部风量减少，燃烧强度下降，火势开始衰减，由快到慢；若此时突然有大量新鲜空气流入，火场将重新出现猛烈燃烧现象，使火势变得复杂起来。
　　3）大型地下建筑，如地铁、交通隧道、地下商场、地下商业街等，因通风条件好，风流畅通，火势很容易发展到猛烈阶段。

三、地下建筑火灾扑救措施

扑救地下建筑火灾，可采取内攻灭火、灌注灭火、封口窒息等措施。
（一）内攻灭火法
扑救地下建筑火灾，采取内攻灭火是一种行之有效的作战方法。
　　1. 内攻时机
　　1）火灾处于初起阶段时，在准备充分的条件下，要不失时机地组织内攻。
　　2）火灾处于全面发展阶段时，应先行排热排烟，待内攻环境改善或火势减弱后，再展开内攻。
　　3）对地下油库、放射性物品仓库，以及其他有毒、易燃易爆危险品库火灾不宜采用内攻。
　　2. 内攻力量组织
　　1）挑选身体素质好、技术过硬，有一定实战经验的消防人员，组成内攻战斗小组。
　　2）内攻人员应掌握地下建筑的平面布局、着火的确切部位及燃烧物的性质等情况。
　　3）内攻人员要做好个人防护，携带红外线火源探测仪、照明灯具、导向绳等，规定好联络信号，在水枪的掩护下，编组进入，定时轮换。
　　3. 内攻路线选择
　　1）内攻路线的选择以最安全、最便捷到达燃烧区为原则。
　　2）尽量选择进风口，顺风前进，也可选择烟量少的出入口进攻。
　　3）若所有的出入口、进排风口都往外部喷出浓烟，可寻找其他地下建筑与着火地下建筑的连通口进入。
　　4. 水枪阵地设置
　　1）火灾初起阶段，部署的水枪应直攻火点。
　　2）火灾发展阶段，应部署在着火区域出入口的附近，重点防御，把握时机，强攻灭火。

3）当火势扩大、灭火力量较弱时，应利用各种门、通道转弯处作掩护，设置阵地堵截，以密集射流阻止蔓延，并用喷雾水流作掩护，等待增援。

4）部署进攻水枪时，要同步安排掩护水枪。

5）设置进攻或防御阵地时，火场指挥员必须考虑能顺利撤离、转移的路径。

（二）**灌注灭火法**

对于不宜采取内攻灭火的小型地下洞室或某些地下建筑的局部巷道、局部洞室房间，在人员全部疏散的情况下，可利用向地下灌注灭火剂的方法进行灭火。

灌注灭火中，高倍数泡沫灌注法应用较多。在小型地下油库、地下空间不大的地下通道等火灾中常采用高倍数泡沫灌注灭火。

1. 采用高倍数泡沫灌注灭火

1）在洞口处架设高倍数泡沫发生器直接往地下通道灌注高倍数泡沫，以达到排烟、降温、窒息灭火的目的。

2）根据地下建筑的有限空间和泡沫发生器的供泡沫量，计算所需泡沫发生器数量、高倍数泡沫液数量及用水量。按照全淹没高倍数泡沫灭火系统的标准，要求高倍数泡沫充灌量达到有限空间的60%。

2. 采用低倍数泡沫与高倍数泡沫联用灌注灭火

1）当洞口火势猛烈，人员难以靠近出入口时，可利用强水流或泡沫炮远距离喷射，压制洞口火势。

2）控制火势后，消防人员着隔热服前往洞口架设高倍数泡沫发生器，向地下灌注高倍数泡沫。同时，要加强对前沿消防人员的保护。

3）当发现高倍数泡沫出现倒溢现象时，应使用泡沫管枪喷射普通蛋白泡沫，掩护高倍数泡沫向纵深推进。

3. 采用惰性气体或高压蒸汽灌注灭火

1）向地下灌注液氮、二氧化碳等惰性气体，惰化或稀释燃烧区内的空气，使氧浓度下降，并降低火区温度，起到冷却和灭火的双重作用。

2）有条件的，可通过管道，利用高压蒸汽灌注灭火。

（三）**封口窒息法**

地下建筑火灾发展猛烈，无法进入地下直接灭火或地面灌注也不能奏效时，在人员全部疏散的情况下，应对着火区域进行封堵隔离，切断空气来源，使着火区内的燃烧因断绝氧气补给而自行熄灭，这种方法通常称为封口窒息法。封口窒息法主要用于中小型地下油库、危险品仓库、远离城市的铁路、公路隧道以及其他一些有防火门且出入口少的地下洞库。矿井某一区域着火，通过封堵巷道也可以熄灭地下矿井火灾。封口窒息法是我国目前在处理上述地下火灾时常用的方法之一。

1. 封闭方法

（1）关闭防火门　对单个洞室，可关闭防火门和风口；对地下建筑的某个防火分区，可关闭控制该区域的防火门或密闭门以及该区域内的通风口；对整个地下建筑，可关闭各出入口的防护密闭门和防火门，停止空调系统风机运转，关闭各通风口。

（2）修筑临时防火墙　当地下建筑内防火分隔设施不完善时，为了阻止火势蔓延，可在巷道内修筑临时防火墙，也可用草袋装上沙土垒筑。

（3）修筑防火防爆墙　在有易燃易爆气体产生的燃烧区，为防止爆炸发生或火势很大难以扑救，需要封口窒息时，通常用沙袋堆砌成截面为梯形的防火防爆墙，墙底部厚度不小于 4~5m。

（4）封闭出入口、通风口、窗孔　地下室着火，无法隔离燃烧区时，可用沙袋堆砌出入口、通风孔和窗孔等。

2. 定期监测

修筑防火墙时，应在墙的上、中、下 3 个部位插入直径为 35~50mm 的铁管，作为采取气样、检查温度之用。铁管外口应用木塞堵住。定期测定和分析封闭区内的温度与空气成分，如符合下述条件时，可判定火灾已熄灭。

1）气体温度降至 150℃ 以下。

2）一氧化碳浓度持续稳定在 0.001% 以下。

3）氧气浓度低于 12%。

3. 启封措施

1）启封前先在封闭墙外修筑一个带门的临时防火墙。拆除封闭墙时，先把临时防火墙的门关闭，阻止新鲜空气的流入，防止火灾复燃，甚至发生爆炸。

2）启封的顺序是首先打开排风侧的封闭墙或防火门，消防人员进入内部侦察，确认火灾熄灭后，再打开进风侧的封闭墙或防火门，逐渐恢复通风，排除有害气体。

3）地下洞室、隧道的启封作业，可调集矿山救护队等专业队伍协同进行。

4）启封时，应划定警戒范围，禁止一切火源，并设立水枪监护，防止复燃复爆。

第五节　大型商场火灾扑救

大型商场是指建筑面积在 15000m² 以上的商场，大多建在城市商业区或主要道路的适当位置。大型商场由于可燃商品多，人员比较集中，一旦发生火灾，极易造成重大人员伤亡事故和经济损失。

一、大型商场的基本特点

大型商场以独立建筑为主，也有附设在高层建筑下部楼层的，其经营规模大，商品集中、类别多，人员流动性大，消防设施比较完善。

（一）建筑特点

大型商场建筑具有结构复杂、空间高大、布局灵活等特点。

1. 建筑分类

1）按建筑层数分类，大型商场可分为单层商场、多层商场和高层商场三种。

2）按建筑结构分类，大型商场可分为混合结构、钢筋混凝土结构和钢结构三种。

2. 建筑构成

大型商场建筑按其使用功能可分为营业、仓储和辅助三部分。

3. 空间布局

1）大型商场一般空间高大，部分大型商场还设有中庭（共享空间），有些还设有地下停车场。

2）大型商场单层建筑面积较大，不少都超过$1 \times 10^4 m^2$。布局上百货商场多采用柜台式，大型超市多采用仓储式。

3）大型商场垂直交通主要通过疏散楼梯、乘客电梯、消防电梯以及自动扶梯等进行组织，有的还设有室外楼梯。

（二）使用特点

大型商场具有人员集中，营业时间长，经营的商品多、周转数量大等特点。

1. 人员特点

（1）人员集中　大型商场一般人员集中，而且流动性大，特别是营业高峰时段及节假日期间，人员密度会更高；综合性的大型商场往往集购物、休闲、餐饮于一体，人群逗留的时间会更长、更集中。

（2）女性比例大　大型商场的营业人员大多数为女性，顾客当中也以女性居多，有的还带有儿童。据不完全统计，大型商场某些时间段内女性比例达到六成以上。

2. 经营特点

（1）营业时间长　大型商场每天营业时间一般不少于8h，部分大型商场营业时间甚至达到24 h。

（2）商品种类多　大型商场商品种类繁多，日用百货一应俱全，特别是大型超市采取仓储式经营，储存的货物量更大。

（3）商品周转量大　大型商场物资周转频繁，而且数量大。

（三）消防设施特点

大型商场依据规范要求，一般都设计有比较完善的建筑消防设施，包括安全疏散设施、火灾自动报警系统、自动灭火系统、室内消火栓给水系统和防排烟系统等。

1. 自动喷水灭火系统

大型商场内一般设有湿式喷水灭火系统，能满足扑灭初起火灾的需要。

2. 室内消火栓给水系统

大型商场室内消火栓给水系统能满足每层两支水枪充实水柱能同时到达室内任何部位的要求；室外设有水泵接合器，使用时要注意区分水泵接合器相对应的供水系统以及供水分区。

3. 防排烟系统

大型商场内一般都设有防排烟系统，火灾时应启动正压送风系统，并利用机械排烟系统进行排烟。

二、大型商场的火灾特点

大型商场的建筑特点和使用性质，决定了其在火灾情况下火势发展蔓延和结构倒塌的规律性，以及对人员疏散和灭火作战行动带来的不利影响。

（一）易形成大面积火灾

大型商场可燃物集中，对流条件好，火灾时，火势极易蔓延扩大。

1）大型商场着火后，火势首先由着火点向四周延烧和扩散，直至火势充满整个防火分区。

2）随着火势的发展，若防火分区的防火分隔物失去隔火作用，火势会迅速向相邻的防火分区蔓延扩大。

3）迅速发展的火势会突破外墙窗口向外延烧，同时通过连廊等向相邻的部位蔓延，强烈的热辐射还会导致毗邻的建筑着火燃烧。

（二）易形成立体火灾

大型商场建筑空间高大，垂直蔓延途径多，易形成立体燃烧。

1）火势在水平方向发展蔓延的同时，高温烟气会很快充满整个楼层，并通过共享空间、楼梯间、电梯井、玻璃幕墙缝隙等向上垂直蔓延，发展阶段的烟气上升速度可达 3~5m/s，强烈的烟囱效应会导致浓烟高温在短时间内充满整幢大楼。

2）大型商场的外窗玻璃或玻璃幕墙一般耐火性能较差，遇到高温作用会很快碎裂，火焰通过外墙窗口向上层卷曲延烧。同时，大型商场共享空间内一般都悬挂有巨型的商品广告，或布置有大量的装饰条幅和展销的商品等。火灾时，火势会沿着这些可燃的物品迅速向上蔓延，形成立体燃烧。

3）火势在向水平和上层发展蔓延的同时，高温烟气也会向下层扩散，引起下层着火；同时，燃烧物还会从各种竖井管道、电动提升机和输送机的工作井、楼梯间等向下掉落，引起新的火点。

（三）易造成人员伤亡

大型商场内由于可燃物种类多，如化纤、塑料商品等，火灾时会产生大量的有毒气体，造成人员中毒伤亡。而且商场人员集中，给有序疏散带来很大困难。

1. 燃烧产生大量浓烟毒气

1）大型商场内存有大量的棉、毛、化纤织物，以及塑料和橡胶制品等，燃烧时会产生大量烟雾和有毒气体，如氯化氢、氰化氢、二氧化硫等，严重危害遇险人员和消防人员的安全。

2）大型商场，特别是大型超市，一般建筑高大密闭，火灾时产生的浓烟高温易积聚，这也是造成人员中毒窒息伤亡的重要原因之一。

2. 人员集中造成疏散困难

1）大型商场作为公共建筑，火灾时允许疏散时间为 5~7min，但在实际经营过程中，顾客的密度往往超过规范 $1.35m^2$/人的要求，造成疏散时人员拥挤，不能在规定的时间内疏散完毕。

2）火灾情况下人员心理紧张，特别是商场内女性比例大，疏散时更容易出现惊慌、拥挤、踩踏等现象，造成人员伤亡。

3）大型商场商品着火后产生的浓烟高温，使能见度降低，不仅进一步造成被困人员惊慌失措，而且也严重影响疏散速度。

（四）灭火作战难度大

扑救大型商场火灾时，往往受现场条件、救助对象和内攻环境等因素的影响，增加了灭火战斗行动的艰巨性和困难性。

1. 战斗展开受限

1）大型商场大多建在城市的繁华地段，交通拥挤，人流交织，消防队到场后战斗展开将会受到人流、交通的严重影响。

2）大型商场大多与周边建筑毗连，规范确定的登高作业面往往会受到高空架物、临时停车、增设摊位等地形地物的影响，妨碍消防人员登高救人和外攻灭火。

2．救人任务艰巨

1）火灾时由于商场人员集中，大量的人员不能在短时间内完成疏散，特别是当疏散楼梯被烟火封堵时，楼内待救人员会更多。

2）大量沿楼梯向下疏散的人流与登高救助的消防人员之间产生冲撞，将延误有利的救人时机，降低了救人效率。

3）楼上大量人员待救与消防梯、举高消防车等有限的消防救生装备之间的矛盾将十分突出。

3．内攻作战困难

1）大型商场内大量商品燃烧，造成火场浓烟高温，不仅能见度低，而且辐射热强，给消防人员内攻灭火和救人行动带来很大困难。

2）大型商场火灾时，一般燃烧面积大，特别是形成立体火灾后作战范围更广，在着火层内攻、着火层上层堵截、着火层下层设防等任务都将十分艰巨。

（五）建筑结构易倒塌

大型商场建筑一般耐火等级都比较高，但一旦火势长时间得不到控制，在火焰和高温的作用下，建筑物的楼板或钢结构屋顶会出现倒塌。

1．混凝土结构会发生局部倒塌

大型商场内由于可燃物多，长时间猛烈的燃烧，会超过建筑物钢筋混凝土楼板的耐火极限，并在荷载的作用下，楼板会发生局部倒塌。

2．钢结构屋顶会发生整体倒塌

不少大型商场或大型超市的屋顶，部分或全部采用钢结构，如果受到火灾长时间的作用，会使经过防火处理的钢结构达到耐火极限，并失去承载能力而倒塌。或者，因局部过热的钢结构遇水急剧冷却发生局部变形，失去静态平衡稳定性，导致钢结构屋顶整体倒塌。

三、大型商场火灾的扑救措施

扑救大型商场火灾，必须贯彻"救人第一、科学施救"的指导思想和"先控制、后消灭"的战术原则，积极抢救被困人员，有效控制火势发展，最大限度地减少人员伤亡和火灾损失。

（一）迅速组织火情侦察

消防人员到场后，必须迅速展开火情侦察，查明火场主要情况，确定火场主要方面。

1．外部观察

1）观察商场大楼烟火向外扩散情况，大致确定着火层的位置和燃烧发展所处的阶段。

2）观察商场大楼着火层及其上层窗口、阳台、屋顶遇险人员呼叫待救情况。

3）观察周边情况，初步确定作战车辆的停靠位置和进攻路线。

2．内部侦察

1）侦察小组深入火场，查明被困人员的数量、位置以及受烟火威胁的程度。

2）查明着火点的位置、火势燃烧的范围、蔓延的主要方向以及对重要部位和贵重商品的威胁程度。

3）选择确定进攻阵地以及疏散营救遇险人员的途径和方法等。

3. 进入消防控制室侦察

1）观察防排烟系统、自动灭火系统、消防泵、防火卷帘等消防联动设备的动作显示情况。

2）观察自动喷水灭火系统扑救初期火灾的效果情况。

（二）积极疏散和营救遇险人员

消防队到场后，应采取一切措施，积极疏散和营救被困人员，这是火场的主要方面。

1. 引导疏散

1）商场首先启动应急广播系统，稳定遇险人员情绪，指引人员疏散方向。同时，工作人员按预案有序展开疏散工作。

2）消防人员利用指挥车或手提扩音设备进行喊话，进一步稳定被困人员情绪，并组成救人小组深入火场，利用消防电梯或沿疏散楼梯疏散遇险人员。

2. 救助疏散

1）对失去行动能力的遇险人员，如老弱病残或受伤人员，采取背、抬、抱等方法进行救助；对一时无法疏散的遇险人员，应为其提供简易的防护面具等。

2）从外部利用消防梯、软梯、举高消防车以及救生绳索、救生气垫等营救被困人员；在楼层较低、待救人员较多的情况下，也可上抛救生绳，让其利用绳索自救。

3）当疏散楼梯被烟火封堵时，消防人员应使用水枪掩护，开辟救生通道。

4）当疏散通道被烟火严重封堵且外部救人措施也无法实施时，可采取将遇险人员转移至屋顶、毗邻建筑的平台等相对安全区域的措施。

5）对较多的处于烟火严重围困中的遇险人员，应迅速分批将其救出危险区域，并尽可能地缩短营救的间隔时间。

（三）全力控制火势发展

在全力救人的同时，灭火工作要同步开展，采取内攻为主、攻防结合等措施，及时将火灾予以全面控制。

1. 内攻灭火

1）着火层是灭火力量部署的重点。首先要建立进攻阵地，尤其要在火势发展蔓延的主要方向上部署力量，强攻近战，将火势控制在一定的范围内，并切断其向上层蔓延的途径。

2）在着火层上层部署堵截力量，重点是在向上卷曲火势的外墙窗口以及楼梯间、管道井、工作井等火势可能垂直蔓延的部位进行堵截，并开启外窗排放烟热；若火场燃烧面积大、作战时间长，在楼板可能失去隔火作用的情况下，可预先在地面灌注一定量的冷却水层，阻止商品自燃着火。

2. 外攻协同

在内攻的同时，架设消防梯或登上商场建筑的外阳台、毗邻建筑的屋顶平台等建立水枪阵地，同时可利用举高消防车、车载炮、移动水炮等射水，从外部打击火势，辅助内攻。

3. 重点设防

1）在着火层下层及顶层设置水枪阵地，首先阻止沿垂直方向通过管道井等上升的高温烟气可能引起顶层商品的燃烧；其次阻止着火层掉落的燃烧物以及沿竖向管井向下蔓延的高温烟气引燃下层的可燃物，造成新的火点。

2）大面积燃烧，特别是立体燃烧对毗邻建筑威胁很大，在可能因飞火和强辐射热引燃毗邻建筑的重点部位设置一定的防御力量，阻止火势蔓延扩大。

（四）有效实施火场排烟

大型商场商品燃烧产生的大量烟雾，是妨碍人员疏散和灭火战斗行动的重要因素，有效地组织排烟至关重要。

1）火灾初期，应及时启动固定排烟设施，以提高火场能见度，为人员疏散和自救等行动创造有利条件。

2）打开着火层及其上层的外窗，进行自然排烟散热，并根据火场需要使用开花或喷雾射流等进行人工排烟。

3）对玻璃幕墙建筑以及密闭性好的大型超市，火场应组织力量进行破拆排烟，但要选准破拆的位置和时机。

（五）及时疏散和保护物资

大型商场物资集中，部分商品不仅价格昂贵而且精密程度高。火灾时，必须对这一部分物品进行有针对性的疏散和保护。

1）对受烟火威胁大且忌水、忌烟熏的贵重商品，如高档电器、电子计算机、珠宝等，要及时组织力量，包括商场工作人员，对其进行转移和疏散；对不能及时转移的，应用防水物遮盖，如油布、塑料薄膜等，并射水保护。

2）对影响侦察、救人、破拆、进攻等灭火战斗行动的商品，应及时予以疏散和转移，为灭火、救人开辟通道。

3）对零售经营打火机、瓶装打火机气体及护发摩丝等易燃易爆危险化学品的区域，应组织力量预先对该经营区域进行射水冷却或使用泡沫进行覆盖。

（六）合理组织火场供水

扑救大型商场火灾，一般灭火用水供给强度会达到 $0.2 \text{ L}/(\text{s} \cdot \text{m}^2)$，因此，必须组织好火场供水，以满足灭火所需的水量和水压。

1）首先启动建筑物内消防水泵，向竖管供水；必要时，使用消防车通过水泵接合器向竖管补水。

2）消防车停靠在市政消火栓旁，施放供水干线，向火场组织直接供水。

3）火场需要较大用水量时，还应组织接力供水和运水供水等。

四、大型商场火灾扑救行动要求及注意事项

扑救大型商场火灾，参战力量多，救人灭火任务重，作战时间长。因此，对灭火战斗行动的有效性必须提出更高的要求。

（一）注重行动安全

1）大型超市的自选货架不仅配置的商品多，而且高度大，灭火进攻中要防止货架因烧损或强水流冲击而倒塌伤人。

2）作战行动需要破拆商场外墙窗户或玻璃幕墙时，要特别注意碎落的玻璃伤及行人和消防人员，以及对器材装备的损坏。

3）大型商场可燃物品多，燃烧强度大，火场产生的浓烟高温对消防人员作战行动构成

重大威胁，必须组织梯队掩护和人员轮换。

4）大型商场，特别是商住楼，长时间、高强度的燃烧会对商场建筑主要承重构件，如柱、梁、楼板等的承载能力造成严重破坏，有可能发生建筑物整体倒塌。因此，作战行动中必须明确规定撤退信号和撤退方式。

（二）坚持灭疏结合

1）大型商场商品价值大，到场力量较多时，控制火势与疏散物资工作要同步开展。

2）收残阶段，由于大型商场，特别是大型超市内商品堆积多，货存量大，为彻底消灭残火，要组织力量边疏散、边清理、边灭火。

（三）合理使用射流

1）大量商品着火时会形成猛烈的燃烧区域，内攻灭火时要尽可能使用大口径水枪、移动水炮等密集射流，以压制或夹击火势。

2）火灾处于下降阶段时，要尽可能使用开花或喷雾射流，以减少水流对商品的浸渍，最大限度地降低火灾的损失和危害。

（四）防止结构倒塌

1）当大型商场顶层着火或火势通过中庭贯通到顶部时，其顶部会形成高温的烟热区，导致钢结构屋顶发生倒塌。因此，必须加强对钢结构屋顶的冷却保护或采取有效的排烟散热措施，以降低顶部的烟热强度。

2）商品燃烧后会造成大量的残留物堆积，收残阶段若使用大型机械设备，如推土机、挖掘机等清理现场，要防止其撞击火灾中受损的承重柱、墙等，以防造成结构倒塌。

第六节 在建建筑火灾扑救

在建建筑是指正在建造尚未竣工的建筑。在建建筑分布很广，特别是大中城市，不仅数量较多，而且有的规模还很大。在建建筑不同于已经建成的建筑，比较容易发生火灾，而且发生火灾后蔓延迅速，扑救比较困难。

一、在建建筑的基本特点

在建建筑作为一种特殊的建筑对象，形式多样，环境复杂，工程阶段性特征较为明显。

（一）在建建筑分类

在建建筑可按其工程阶段、建筑层数和脚手架类型进行分类。

1. 按工程阶段分类

在建建筑按工程阶段可分为主体结构工程阶段和装饰工程阶段。

1）主体结构工程阶段，包括各类基础工程已经完成、主体结构尚未封顶的在建建筑。

2）装饰工程阶段，包括各类主体结构工程已经完成、处于外装饰或内装修阶段的在建建筑。

2. 按建筑层数分类

在建建筑可分为单层、多层、高层和超高层建筑。少数在建建筑还有在建的地下室。

3. 按脚手架类型分类

在建建筑的脚手架可分为落地式脚手架（图6-5）和悬挑式脚手架（图6-6）。

1) 落地式脚手架一般直接从地面搭设至主体结构的顶部,也称"落地架"。
2) 悬挑式脚手架一般沿主体结构的外侧进行分段搭设,也称"爬架"或"吊篮架"。

图 6-5 落地式脚手架

图 6-6 悬挑式脚手架

(二) 在建建筑构成

在建建筑主要由主体结构、脚手架和垂直运输设备等构成。

1. 主体结构

主体结构的外墙,内隔墙,承重的柱、梁、楼板以及楼梯等,一般采用砖、钢筋混凝土或钢材等不燃材料建造。主体结构工程施工阶段,建筑开窗,结构没有封顶。装饰工程阶段,主体结构已经封顶,有的已安装门、窗;有的配套设施已安装到位或启用,如电梯、固定消防设施等。

2. 脚手架

脚手架一般选用木、竹等可燃材料或金属材料进行搭设,搭设高度超过 25m 时,采用钢管脚手架。脚手架的护栏和挡脚板采用木、竹等可燃材料制作。脚手架的构造形式有多立杆式、门式、吊式和用于楼层间操作的工具式脚手架等。按脚手架搭设位置可分为外脚手架和里脚手架,外脚手架一般搭设在建筑物外围,既可用于主体结构施工,也可用于外装饰施工;里脚手架搭设在建筑物内部,主体结构升高一层,其跟随转移一次,还可用于内装修施工。

3. 垂直运输设施

在建建筑的垂直运输设施一般由数量不等的外用电梯(升降机)、物料提升机和塔式起重机(塔吊)等组成。

(三) 在建建筑特点

在建建筑搭设有脚手架,用电动火作业多,竖井孔洞垂直贯通,配套设施尚未到位,消防安全条件较差。

1. 主体结构四周搭设有脚手架

在建建筑外墙四周一般都搭设有脚手架,脚手架的外侧通常设置有采用尼龙等可燃材料制作的安全网,其主要作用是防止建筑材料、构件或杂物等坠落伤人;有的在建建筑还设置有防尘网。由于安全网、防尘网和脚手架及其护栏、挡脚板等,大多采用可燃材料制作,火灾时极易形成连片燃烧。

2. 主体结构工程阶段用电动火多

主体结构工程阶段的在建建筑一般需要使用起重、电焊、照明等用电设备，不仅启用的设备数量多，而且用电量大。在建建筑还经常需要进行明火作业，规模较大的在建建筑，有的甚至几百个位置同时进行明火作业，火灾危险性较大。

3. 装饰工程阶段可燃物集中

内装修工程阶段的在建建筑，室内装修材料集中，其中大多装修材料及其包装材料、辅助用品、现场加工副产物等都是可燃物品，如保温泡沫塑料、油漆、胶水、窗帘、包装纸等。一旦发生火灾，燃烧猛烈，火势极易通过垂直贯通的竖井和孔洞向上层建筑蔓延发展。

4. 配套设施尚未安装到位

在建建筑一般都采取临时供水、供电措施，内部配套设施及设备，有的还没有安装到位，有的还没有调试投入使用。

5. 交通条件差、消防水源少

在建建筑周边的道路坑洼较多，建筑材料有时还挤占道路，影响消防车辆的通行和停靠。有的在建建筑周边没有市政消火栓，天然水源也很少，尤其是缺水地区，不能满足其火灾时的灭火用水需要。

6. 施工单位多、人员流动性大

较大规模的在建建筑，往往有几个甚至几十个单位共同施工，人数少则几十人，多则几千人。同时，随着工程的进展，不同工种的施工队及人员经常变化，流动性很大。

二、在建建筑的火灾特点

在建建筑的工程阶段性特征，决定了其脚手架火灾与主体结构火灾两者具有不同的火灾特点。

（一）脚手架火灾特点

在建建筑的脚手架着火时，火势极易向四周延烧形成连片火灾。

1. 火势延烧发展快

落地式脚手架随主体结构一起一直向上延伸，悬挑式脚手架一般都在主体结构的中部或上部连成一片。同时，内脚手架或外脚手架的空隙大，通风条件好，安全网、护栏和挡脚板等可燃材料等比表面积较大，一旦发生火灾，火势极易向四周延烧发展，垂直向上蔓延更快，往往会在短时间内形成立体火灾。

2. 燃烧坠落物较多

采用木、竹等可燃材料搭设的脚手架着火时，极易散架倒塌，使燃烧着的脚手架碎片向地面坠落，或向下风方向飘落。使用钢管搭设的脚手架，其护栏和挡脚板也都采用木、竹等可燃材料制作，脚手架外部封罩的安全网也大多是可燃材料，着火时也会向下散落，四处飘落的燃烧小碎片形成的飞火易引起新的火点，特别是风大时，危害更大。

3. 登高进攻途径少

在建建筑的电梯和楼梯，一般尚未安装到位或建成，其脚手架着火时，可供消防人员选择的登高途径很少，实施登高灭火时通常只能利用升降机、塔式起重机或物料提升机等机械设备。当着火位置较高，且升降机无法利用时，登高灭火难度更大。

4. 火场供水难度大

比较高大的在建建筑的脚手架着火时，由于缺少登高途径，垂直铺设水带往往还会受到内脚手架或外脚手架的阻挡，设置供水线路的难度很大，以至于影响火场供水的组织和开展。

（二）主体结构火灾特点

在建建筑的主体结构着火时，其特点因工程阶段而异。主体结构工程阶段的火灾危险性相对较小，这里主要介绍内装修工程阶段的主体结构火灾特点。

1. 火势蔓延迅速

火势首先沿着火层的可燃装修材料向四周迅速蔓延，在建筑门窗尚未安装的情况下，室内空气补充充分，火势沿水平方向蔓延发展较快。着火层全面燃烧后，火势易沿室内电梯井、楼梯间以及尚未封堵的竖向管道井和孔洞等迅速向着火层上层蔓延发展，"烟囱效应"明显。火势突破窗口后，易沿内脚手架和外脚手架迅速向着火层上层延烧，并引起脚手架火灾。

2. 易跳跃式发展

火势在沿电梯井以及竖向孔洞等途径垂直向上蔓延的过程中，遇到竖向孔洞周围没有可燃物的楼层，火势会跳过该楼层，直接向更上层蔓延。若是悬挑式脚手架的在建建筑着火，突破外窗向上延烧的火势也会出现跳跃式发展。

3. 烟雾毒性较强

内装修工程阶段的在建建筑着火时，一些化学溶剂和高分子产品等装修材料在燃烧过程中，不仅会产生大量烟雾，还会析出大量有毒气体，如氯化物、氰化物等毒性很强的气体。据测试，一块面积$1m^2$、厚$0.5cm$的聚氨酯泡沫塑料板，用火柴点燃后，$2min$内就能烧完，并析出大量黑烟和有毒气体。

三、在建建筑火灾扑救措施

在建建筑因其脚手架和主体结构特点的差异性，决定了其火灾情况下必须采取针对性扑救措施。

（一）脚手架火灾的扑救措施

在建建筑的脚手架着火时，必须针对其火势蔓延发展快、火场供水难度大等特点，灵活运用战术方法，才能赢得战斗行动的主动权。

1. 正确选择进攻途径

消防队到场后，首先要迅速通过外部观察和询问知情人，初步查明火场情况，确定火场主要方面，以便正确选择可利用的登高途径，实施战斗展开。

1）若在建建筑的电梯、楼梯已经启用，消防人员应优先使用电梯、楼梯迅速登高。

2）利用升降机、塔式起重机等垂直运输设施进行登高。

3）若着火点高度在消防梯或举高消防车的高度范围内，可架设消防梯或利用举高消防车进行登高。

4）根据实际需要，可攀爬落地式脚手架登高。

5）毗邻建筑物较近时，可利用其登高，直接出水打击火势或进行设防。

2. 合理组织火场供水

1）若室内消火栓给水系统和水泵接合器已经启用，应优先利用水泵接合器向室内消防管网进行供水。

2）利用室外升降机的井架缝隙，垂直铺设水带进行供水。

3）利用尚未封堵的电梯井、管道井等，垂直铺设水带进行供水。

4）利用楼梯间的缝隙垂直铺设水带进行供水，楼层较低时可沿楼梯铺设水带供水。

5）根据实际需要，破拆外脚手架或里脚手架，采用一次性吊升铺设水带方法组织供水。

3. 堵截火势延烧发展

1）首先应在脚手架燃烧部位的上方部署力量，堵截沿脚手架延烧发展的火势。

2）在燃烧部位的两翼部署力量，堵截火势向两侧的脚手架蔓延发展，控制火势后，两翼的水枪应向中间推进，夹击火势。

3）悬挑式脚手架中间断层间隔较近时，应在着火脚手架的上一个脚手架部署力量，堵截火势向上延烧。

4）应在主体结构内部部署一定的力量，防止脚手架火势通过窗口向室内延烧发展。

5）利用消防车车载炮和举高消防车直接出水打击火势。

4. 加强建筑下部设防

1）在落地式脚手架燃烧部位下部的适当位置部署力量进行设防，堵截沿脚手架向下延烧的火势。

2）悬挑式脚手架着火时，应在着火脚手架的下一个脚手架部署设防力量，防止燃烧碎片坠落引起下部脚手架燃烧。

3）在地面部署力量进行设防，及时扑灭坠落的燃烧碎片，并对下风方向的毗邻建筑进行保护。

（二）**主体结构火灾扑救措施**

在建建筑的主体结构着火时，必须针对其火势易跳跃式发展、烟雾浓毒气重等特点，采取内攻近战、立体设防等措施，及时控制和消灭火灾。

1. 迅速组织火情侦察

消防队到场后，在采取外部观察和询问知情人措施的同时，迅速组成侦察小组，深入在建建筑内部，查明火场主要情况，确定火场主要方面。

1）查明有无人员被困，以及被困人员的位置、数量和受火势威胁的程度，以此确定战斗行动的重点。

2）查明起火点的位置、燃烧的范围、燃烧物的性质、火势发展蔓延的主要方向以及对室外脚手架的影响。

3）查明楼梯、电梯是否已经启用，以及升降机和塔式起重机的位置，确定进攻路线和进攻途径。

4）查明固定消防设施是否已经安装调试到位，室内消火栓、水泵接合器等设施是否可以直接使用等。

2. 积极抢救被困人员

1）被困人员目标明显，所处位置高度在消防梯和举高消防车的高度范围内时，消防人员应迅速架设消防梯和利用举高消防车进行登高救人。

2）成立救人小组，深入着火层内部搜索救人，特别要加强对充烟区域和隐蔽部位的搜索救人。

3）当救人通道受烟火阻挡时，应及时组织水枪掩护，开辟救生通道，掩护救人行动。

4）当救人通道被烟火封堵时，应在地面铺设救生气垫、棉被、稻草等，以营救跳楼的被困人员。

3. 控制火势发展蔓延

1）在着火层部署力量，实施近战灭火，并切断火势蔓延的主要途径。

2）在着火层上层部署力量，堵截火势通过竖井、楼梯间、电梯井和孔洞等途径垂直向上蔓延，必要时可直接登高至在建建筑的顶层，从竖井等开口的顶部向下灌水进行灭火。

3）在着火层下层部署设防力量，防止燃烧物通过竖井、孔洞等部位掉落，引起着火层下层起火。

4）转移着火层外窗附近的可燃物，防止其燃烧后引起室外脚手架着火。当火势已经突破着火层外窗，脚手架受到严重威胁时，应集中射流打击火势，必要时应对脚手架进行射水冷却。

四、在建建筑火灾扑救行动要求及注意事项

扑救在建建筑火灾时，因火场环境特殊，作战行动艰难。因此，对灭火战斗行动的有效性必须提出更高的要求。

（一）脚手架火灾的灭火行动要求及注意事项

1）消防人员沿脚手架登高时，要有安全绳进行保护；在脚手架上行走时，要探步前进，防止坠落伤人。

2）脚手架着火时，火势发展蔓延较快，在燃烧区域上部和两翼部署力量时，水枪阵地的选择要安全合理。

3）大风天气时，脚手架的燃烧碎片极易形成飞火，引起新的火点，火场要留有一定的机动力量，以便及时扑灭。

（二）主体结构火灾的灭火行动要求及注意事项

1）消防人员进入着火层时，要注意楼板上有无上下贯通的孔洞，尽可能靠近墙体行进，以防止坠落伤人。

2）内攻灭火时，对未着火，但受火势威胁的桶（瓶）装胶水、稀释溶剂、油漆和泡沫塑料等易燃装修材料，要采取疏散转移或冷却保护等措施。

3）钢结构的在建建筑着火时，要对裸露的受热钢构件及时进行冷却，防止钢构件受热变形倒塌。

4）火势控制后，要对着火层及着火层的上、下层进行逐层搜索，尤其要注意检查竖井、孔洞、吊顶以及各种管道保温层内是否留有隐蔽火源，以便彻底消灭残火，防止复燃。

自学指导

学习重点：建筑物火灾发展的规律和影响因素，高层建筑、地下建筑、大型商场和在建建筑工地火灾扑救措施和方法。

学习难点：高层建筑、地下建筑、大型商场和在建建筑火灾特点。

复习思考题

一、简答题

1. 简述建筑火灾发展蔓延的形式。
2. 简述影响建筑火灾的因素。
3. 简述建筑火灾条件下，建筑火灾倒塌破坏的原因。
4. 简述高层建筑火灾特点。
5. 简述地下建筑火灾特点。
6. 简述大型商场火灾特点。
7. 简述在建建筑火灾特点。

二、论述题

1. 试述高层建筑火灾现场供水方法。
2. 试述地下建筑火灾灌注灭火的条件和方法。
3. 试述地下建筑火灾窒息灭火法。
4. 试述大型商场火灾扑救措施。
5. 试述在建建筑火灾扑救措施。

第七章 石油库罐区火灾扑救

学习目标

1. 应了解、识记的内容
- 油品的分类、特性、油罐的附件。
- 油品的火灾危险性与油罐火灾的爆炸形式。
- 油罐火灾发生后力量调集与火情侦察的主要内容。

2. 应理解、领会的内容
- 油罐的类型。
- 沸溢喷溅的形成过程、征兆与判断。
- 扑救油罐火灾的作战原则与扑救方法。
- 水、泡沫的灭火技术。

3. 应掌握、应用的内容
- 石油库消防设施。
- 变形倒塌的形式与处置措施。
- 不同类型油罐火灾的特点与处置。
- 与人员、装备、现场作战相关的安全注意事项。
- 油罐火灾扑救时的作战力量调集。

自学时数 10 学时

老师导学

本章在介绍油罐区油品的分类与火灾危险性、油罐火灾特点及发生火灾后的力量调集等情况的基础上，系统阐述了油罐火灾的作战原则、不同类型火灾的扑救方法及相关灭火剂使用的技术。重点强调了油罐火灾发生过程中的沸溢喷溅的形成过程、征兆与判断，应能针对不同类型、规模的火灾采取有效的处置技术与战术，做好人员、装备等的安全防护。在本章的学习中，应重在应用，要熟练准确地掌握油品特性、灭火力量需求等，特别是及时判断油罐火灾可能发生的重大险情，并根据不同火灾的危害，灵活运用进攻或防御的战术方法，将险情控制或消灭在一定的范围内。

石油库罐区泛指收发和储存原油、汽油、煤油、柴油、喷气燃料、溶剂油、润滑油和重油等散装油品的独立或企业附属的仓库或设施。石油库罐区通常储存大量石油及其各种产品，各种火灾危险因素并存，一旦爆炸往往会形成较大范围的火区，火势也异常猛烈，扑救困难。公安消防部队各级指挥人员，不但要熟知石油库罐区的基本构成与火灾特点，通晓石油库罐区火灾扑救技术、战术措施，同时还应掌握组织指挥的基本原则和方法。

第一节　石油库罐区概述

根据《石油库设计规范》(GB 50074—2002)的规定和要求,石油库总容量是指油罐容量和桶装油品设计存放量之总和,不包括零位罐和放空罐的容量,且当石油库储存液化石油气时,其容量计入石油库总容量。规范规定石油库按总容量大小分为五个等级:一级是指总容量在 100000m³ 以上,二级是指总容量在 30000~100000m³ 内,三级是指总容量在 10000~30000m³ 内,四级是指总容量在 1000~10000m³ 内,五级是指总容量在 1000m³ 以下。

为便于油品的储存、集散及安全管理,石油库罐区通常分为储油、装卸、辅助生产等不同区域。储油区是石油库罐区的重点部位,区内建筑物和设施主要有油罐、防火堤、油泵房、变配电间以及必要的消防设施等。

一、油品分类与特性

(一) 油品的分类

石油库储存的油品种类很多,根据生产、储存、火灾扑救等多方面的需要,通常按以下几个方面分类:

1. 按油品蒸馏沸点范围分类

开采的原油经过炼制后可以生产出各种石油产品,这些油品的区别主要是以蒸馏的沸点范围来划分,可分为原油、汽油、煤油、柴油、重油和渣油等。

2. 按油品的用途分类

原油经炼制而得到的各种油品,按其用途可分为燃料油,又称动力油,如汽油、煤油、柴油等;溶剂油,如丙酮、苯、甲苯等;润滑油,如机油、甘油等;润滑脂,如石蜡、上光蜡等。

3. 按油品的火灾危险性分类

现行《建筑设计防火规范》将油品按储存要求分成甲、乙、丙三类,现行《石油库设计规范》又将乙类油品细分为乙A类和乙B类,丙类油品细分成丙A类和丙B类,以便根据不同情况,采取相应的消防安全措施。油品按设计规范要求分类见表 7-1。

表 7-1　油品按设计规范要求分类

类别		油品闪点 F_t/℃	举例
甲		$F_t < 28$	原油、汽油
乙	A	$28 \leq F_t \leq 45$	喷气燃料、灯用煤油
	B	$45 < F_t < 60$	轻柴油、军用柴油
丙	A	$60 \leq F_t \leq 120$	柴油、重柴油、20号重油
	B	$F_t > 120$	润滑油、100号重油

4. 按油品的相对密度分类

从油品的相对密度上区分,可将油品分为重质油品和轻质油品两大类。

重质油品一般是指相对密度大于 0.9 的高沸点油品,如渣油、沥青油、原油等。轻质油品一般是指相对密度在 0.8 左右及以下的低沸点油品（沸点低于 300℃），如汽油、煤油、柴油等。

（二）油品的特性

1. 轻质油品的特性

轻质油品燃烧速度快，火焰高，火势猛，其特性主要体现于：油品的相对密度小，沸点低，极易燃烧；轻质油品燃烧时，油表面温度不高，只有表层温热；油品的燃尽速度等于油品的蒸发速度；油品的热波特性差，燃烧时间再长也不会使油品内出现高温层；成品的轻质油多呈稳定燃烧状态；燃烧热值高，易使罐壁塌陷；热辐射强，易引起相邻油罐及其他可燃物燃烧。

2. 重质油品的特性

重质油品密度大，燃烧速率低，其特性主要体现于：重质原油燃烧速度慢，轻质原油燃烧速度快；重质油品具有热波特性和一定的含水率，燃烧时易出现沸溢、喷溅现象；重质油品燃烧时，由于蒸发需要一定时间，蒸发出来的轻质组分量大时迅速燃烧，火焰变大；蒸发出来的轻质组分量小时，火焰变小，常呈现时高时低的现象，火焰低时，燃烧强度弱，是灭火的有利时机。

二、油品储罐

石油库的储油区内，最主要的设施是储存各种大量油品的油罐。

（一）油罐的类型

油罐是储存各类油品的大型容器。油罐的类型可按埋设深度、建造材料和结构形式等不同进行分类。

1. 按油罐的结构形式分类

油罐按其结构形式，可分为固定顶油罐、浮顶油罐、卧式油罐和油池等多种类型。

（1）固定顶油罐　固定顶油罐分为锥顶油罐和拱顶油罐两种。

锥顶油罐又分为自支撑式锥顶油罐和梁柱式锥顶油罐。自支撑式锥顶油罐，其罐顶是仅沿罐顶周边支撑而不借助支撑柱等给予支撑力的一种形式。梁柱式锥顶油罐，可用作大容量、接近常压的储罐，储存挥发性油品，如燃料油等，现在国内已很少使用，国外较多，其主要由顶板、檩条横梁和中间支柱组成。

拱顶油罐的罐顶为球缺形，球缺半径一般为油罐直径的 1.2 倍。拱顶本身是承重构件，有较大的刚性和内压，能降低蒸发损耗。一般设计压力正压为 1.9kPa，负压 0.49kPa。拱顶油罐常用作储存成品油或半成品油，如汽油、柴油等。

（2）浮顶油罐　浮顶主要用于大型油罐，储量一般在 $5000m^3$ 以上，一般分为内浮顶和外浮顶两种。外浮顶油罐的外部没有固定罐顶，而在罐的外上部设有钢浮顶，随着油面的升降而浮动。浮顶油罐主要储存原油或重油。

单盘式浮顶由单盘板和环形浮舱两部分组成。其中单盘板是一层薄钢板，主要起隔离储罐液面与外界大气的作用。环形浮舱由浮舱顶板、浮舱底板、内切边缘板、隔板等组成的许多独立隔舱构成。为了增加环形浮舱的承载能力和整体稳定性，在每个封闭的隔舱设有框架，在内、外边缘板上设有加强圈。

双盘式浮顶主要由浮顶顶板、浮顶底板、边缘板、环向隔板、径向隔板及加强框架等组成。直径小的储罐，顶板的坡度是向心的浮顶中央最低，即 V 形浮顶。直径大的储罐，顶板坡板是双向的，即 W 形浮顶，浮顶中央及边缘较高。大型储罐的浮顶，顶板坡度也可以做成多向的，即顶板形状呈多个 V 形坡。油罐一次密封多数为弹性密封，即在耐油橡胶袋内安装一定形状的泡沫塑料块，适应罐体的变形。我国 10 万 m^3 的油罐上大都安装有二次密封，以减少油品挥发，橡胶密封面积为 $250m^2$。

内浮顶外面有固定拱顶，在罐内的油面上有钢浮顶，随着油面的升降而浮动。内浮顶由密封装置、通气孔、高液位报警器、导向防转装置、静电引出线等组成。内浮顶使罐内储液与大气隔绝，它漂浮于储液表面并随液面升降。内浮顶油罐主要有带有周向边缘板的金属盘式内浮顶油罐、金属隔舱式内浮顶油罐、金属浮船式内浮顶油罐、金属双盘式内浮顶油罐、浮子式金属内浮顶油罐、金属式塑料夹层内浮顶油罐。

（3）卧式油罐　卧式油罐通常用于小型分配油库、加油站、企事业单位的附属油库等。在大型油库中常作为附属油罐使用，如放空罐、计量罐、灌装罐等。

（4）油池　油池一般用非金属材料建造，形式有长方形、正方形、椭圆形等，其深度大小各不相同，主要用来储存渣油、柴油等。

2. 按油罐埋设深度分类

按油罐埋设深度可以分为地上油罐、地下油罐和半地下油罐三种类型。

（1）地上油罐　地上油罐是指油罐基础等于或高于相邻区域（距罐周围不小于 4m 的范围内）设计标高的油罐。这类油罐目前数量最多，应用最普遍。有些个别油罐虽部分埋入地下，但埋设深度小于本身罐高的一半，也属于地上油罐。

（2）地下油罐　地下油罐是指油罐内最高液位低于相邻区域（即油罐四周 4m 范围内的地面）设计标高 0.2m，且罐顶覆土层的厚度不小于 0.5m 的油罐。

（3）半地下油罐　半地下油罐是指油罐埋设深度超过罐高的一半，且油罐内的最高液面比相邻区域（距罐不小于 4m 的范围内）设计标高不大于 3m 的油罐。

另外还有埋设在地下掩蔽室内或山洞内的洞室油罐。常遇到的洞室油罐有自然洞油库的油罐、地下水封式岩洞油库的油罐、人工洞油库的油罐等。洞室油罐有些储油量很大，如战备油罐、国家物资储备油罐等。

（二）油罐附件

为了保证油罐安全使用和便于油品的收发、储存，油罐上按设计规范要求设有各种附件和装置，这些附件和装置对于油罐的防火和灭火都十分重要。

1. 罐梯

罐梯由金属焊接而成，与罐壁相连，是上、下油罐的通道设施，宽约 70cm，灭火时可以用来作为进攻的途径。

2. 量油孔

量油孔是测量罐内油位高低和吊取油样的专门附件，每个油罐顶上设置一个，大都靠近罐梯平台处，量油孔直径通常为 150mm。

3. 机械呼吸阀

机械呼吸阀设在油罐的顶板上，是调节油罐内外压力、保持油罐储油安全的重要附件。它的作用是在一般情况下可保持油罐的密闭性，而必要时又能自动通气平衡压力。

4. 液压安全阀

液压安全阀是保护油罐安全的另一个重要附件。液压安全阀装设在油罐的顶部,其作用是当机械呼吸阀发生故障失灵时,代替机械呼吸阀进行工作,以增加油罐的安全保险系数。

5. 泡沫室

泡沫室也称空气泡沫发生器,装在油罐最上层圈板的罐壁上,是油罐上通常采用的一种固定泡沫灭火装置。

6. 采光孔

采光孔设在罐顶与罐壁人孔对面处,一般为直径500mm的圆孔。其作用是清理或检修油罐时用以通风、排气和采光,其结构形式大致与人孔相同。

7. 进出油短管

进出油短管安装在油罐最下层圈板上,用以连接输油管道,进出油短管的中心距底板300mm,每个罐上装有1~2个。

8. 阻火器

阻火器是油罐上的防火安全装置,位于罐顶机械呼吸阀的下部。

9. 水喷淋管

水喷淋管设在油罐顶部或罐顶下沿,是油罐上洒水降温的冷却设施。其作用是高温季节对罐体进行洒水,降低油品温度和罐内蒸气压,以减少油气挥发。火灾情况下,用来冷却罐体,控制油温。

10. 升降管

在罐内与进出油管相接,油品满罐时,可以升至罐内中心部位。升降管用钢索自罐内顶部通至罐外绞车,通过绞车操纵升降。主要作用是收发油,对于油罐的储油安全也有一定作用,如罐外进出油管爆裂,或管线阀门失灵出现跑油时,可将升降管摇出油面以防止大量油品从罐内流出。

11. 虹吸栓

虹吸栓也称放水阀,装设在油罐下部第一圈板下缘处(有的装在罐底板的集油槽坑处),罐外装有阀门,用以放出罐内垫水。

12. 人孔

人孔设在罐壁最下圈钢板上,大多为直径600mm的圆孔。人孔的作用是在清洗或维修油罐时,作为检修人员进出的道门,也可用来采光或通风。

三、消防设施

(一)消防给水系统

石油库的消防给水系统,主要用于扑救油罐火灾时配制泡沫和对罐体冷却或保护用水等方面的需要。消防给水系统主要包括喷水设施、消火栓、供水管道、消防给水泵房和消防水池。

1. 冷却范围

消防冷却范围是指火灾时需要冷却和消防给水系统能够冷却的着火油罐和相邻油罐。

对于地上式或半地下式的固定顶油罐区来说,消防冷却范围主要包括着火油罐和着火油罐直径1.5倍范围内的相邻油罐。当相邻油罐较多时,最大范围只能冷却其中三座较大的油罐。对于浮顶油罐来说,消防冷却范围通常只考虑着火油罐,不考虑相邻油罐。当着火的浮顶油罐、内浮顶油罐浮盘是浅盘、浮舱用易熔材料制作时，其相邻油罐也应冷却；距着火的浮顶油罐、内浮顶油罐罐壁距离小于 0.4D（D 为着火油罐与相邻油罐两者中较大油罐的直径）范围内的相邻油罐受火焰辐射热影响比较大的局部应冷却。

对于地下油罐或覆土油罐区来说，消防冷却范围不考虑着火罐和相邻罐，主要考虑灭火时的保护用水，即人身掩护和冷却地面及油罐附件的用水需要。

对于地上卧式油罐，消防冷却范围包括着火油罐和着火油罐直径与长度之和的一半范围内的相邻油罐。

2. 冷却供水强度

石油库内的消防给水系统，不但可满足固定设备冷却用水需要，而且还可满足移动装备冷却用水需要。

石油库内储罐区采用固定设备冷却时，是在油罐罐壁外上缘安设一个环形喷水冷却管。当采用这种方式冷却时，着火罐为固定顶油罐的，冷却供水强度为 $2.5L/(min \cdot m^2)$；着火罐为浮顶油罐的，冷却供水强度为 $2.0L/(min \cdot m^2)$，浮盘为浅盘式或浮舱用易燃材料制作的内浮顶油罐按固定顶油罐计算。相邻油罐的冷却供水强度为 $2.0L/(min \cdot m^2)$，冷却时应按其实际冷却面积计算，但不得小于罐壁表面积的一半。

石油库内储罐区采用移动装备冷却时，主要是利用消防车通过消火栓供水出设冷却水枪。当采用移动冷却方式时，着火罐为固定顶油罐的冷却供水强度为 $0.8L/(s \cdot m)$；着火油罐为浮顶油罐的冷却供水强度为 $0.6L/(s \cdot m)$，浮盘为浅盘式或浮舱用易燃材料制作的内浮顶油罐按固定顶油罐计算；相邻油罐的冷却供水强度为 $0.5L/(s \cdot m)$，冷却时按其实际周长的一半计算。

地上卧式油罐的冷却面积按油罐投影面积计算。着火油罐的冷却供水强度为 $0.1L/(s \cdot m^2)$；相邻油罐为 $0.05L/(s \cdot m^2)$。

3. 冷却水供给时间

石油库内大多都建有消防水池，或通过其他水源，来满足库内整个消防冷却用水需要。供水系统的储水量和供水能力，通常都是根据油罐的不同形式来确定的。

当储罐区内的油罐为直径大于 20m 的地上固定顶油罐时，冷却水的供给时间为 6h。当储罐区内的油罐为浮顶油罐或直径小 20m 地上固定顶油罐时，冷却水的供给时间为 4h。地上卧式油罐冷却水的供给时间为 1h。

石油库内消火栓的数量，通常按所需消防用水量来确定；每个消火栓的出水量为 10～15L/s。消火栓的位置是按保护半径来确定，每个消火栓的保护半径一般不大于 120m。

（二）泡沫灭火系统

泡沫灭火系统是各石油库罐区所普遍采用的一种固定灭火设备。火灾情况下，应及时启动，力争将火灾扑灭在初起阶段。

对于地上固定顶油罐、内浮顶油罐应设置低倍数泡沫灭火系统或中倍数泡沫灭火系统；对于浮顶油罐宜设置低倍数泡沫灭火系统，当采用中心软管配置泡沫混合液的方式时，可设中倍数泡沫灭火系统；覆土油罐可设高倍数泡沫灭火系统；对于缺水少电及偏远地区的四、五级油库，油罐着火后一般不会造成重大危害，当设置泡沫灭火设施困难时，可采用烟雾灭火设施。

1. 低倍数泡沫灭火系统

油罐区选择低倍数泡沫灭火系统时，非水溶性甲、乙、丙类液体固定顶油罐，应选用液上喷射、液下喷射或半液下喷射系统；水溶性甲、乙、丙类液体和其他对普通泡沫有破坏作用的甲、乙、丙类液体固定顶油罐，应选用液上喷射系统或半液下喷射系统；外浮顶和内浮顶油罐应选用液上喷射系统；非水溶性液体外浮顶油罐、内浮顶油罐、直径大于18m的固定顶油罐及水溶性甲、乙、丙类液体立式油罐，不得选用泡沫炮作为主要灭火设施；高度大于7m或直径大于9m的固定顶油罐，不得选用泡沫枪作为主要灭火设施。

油罐区泡沫灭火系统扑救一次火灾的泡沫混合液设计用量，应按罐内用量、该罐辅助泡沫枪用量、管道剩余量三者之和最大的油罐确定。

（1）固定顶油罐　固定顶油罐的保护面积应按其横截面面积确定，火灾时其灭火所需的泡沫混合液供给强度及连续供给时间应满足：非水溶性液体油罐液上喷射系统，其泡沫混合液供给强度和连续供给时间不应小于表7-2的规定。

表7-2　泡沫混合液供给强度和连续供给时间（非水溶性液体）

系统形式	泡沫液种类	供给强度/(L/min·m²)	连续供给时间/min	
			甲、乙类液体	丙类液体
固定式、半固定式系统	蛋白	6.0	40	30
	氟蛋白、水成膜、成膜氟蛋白	5.0	45	30
移动式系统	蛋白、氟蛋白	8.0	60	45
	水成膜、成膜氟蛋白	6.5	60	45

注：如果采用大于本表规定的混合液供给强度，则混合液连续供给时间可按相应的比例缩短，但不得小于本表规定时间的80%。

非水溶性液体油罐液下或半液下喷射系统，其泡沫混合液供给强度不应小于$5.0L/(min·m^2)$、连续供给时间不应小于40min。

水溶性液体和其他对普通泡沫有破坏作用的甲、乙、丙类液体油罐液上或半液下喷射系统，其泡沫混合液供给强度和连续供给时间不应小于表7-3的规定。

表7-3　泡沫混合液供给强度和连续供给时间（水溶性液体等）

液体类别	供给强度/(L/min·m²)	连续供给时间/min
丙酮、异丙醇、甲基异丁酮	12	30
甲醇、乙醇、正丁醇、丁酮、丙烯腈、醋酸乙酯、醋酸丁酯	12	25
含氧添加剂含量体积比大于10%的汽油	6	40

（2）浮顶油罐　对于外浮顶油罐，钢制单盘式与双盘式外浮顶油罐的保护面积应按罐壁与泡沫堰板间的环形面积确定。非水溶性液体的泡沫混合液供给强度不应小于$12.5L/(min·m^2)$，连续供给时间不应小于30min。

对于内浮顶油罐，钢制单盘式、双盘式与敞口隔舱式内浮顶油罐的保护面积，应按罐壁与泡沫堰板间的环形面积确定；其他内浮顶油罐应按固定顶油罐对待。非水溶性液体的泡沫混合液供给强度不应小于$12.5L/(min·m^2)$，水溶性液体的泡沫混合液供给强度不应小于

表 7-3 规定的 1.5 倍，泡沫混合液连续供给时间不应小于 30min。

按固定顶油罐对待的内浮顶油罐，其泡沫混合液供给强度和连续供给时间及泡沫产生器的设置，应符合：非水溶性液体，应符合表 7-2 的规定；水溶性液体，当设有泡沫缓冲装置时，应符合表 7-3 的规定；水溶性液体，当未设泡沫缓冲装置时，泡沫混合液供给强度应符合表 7-3 的规定，但泡沫混合液连续供给时间不应小于表 7-3 规定的 1.5 倍。

2. 中倍数泡沫灭火系统

中倍数泡沫通常是指发泡倍数在 20~200 倍的泡沫。中倍数泡沫比低倍数泡沫发泡倍数大，泡沫相对密度小，流动速度快，灭火时间短。

对于丙类固定顶与内浮顶油罐，单罐容量小于 10000m³ 的甲、乙类固定顶与内浮顶油罐，宜选用固定式中倍数泡沫灭火系统。油罐中倍数泡沫灭火系统应采用液上喷射形式，且保护面积应按油罐的横截面面积确定。系统扑救一次火灾的泡沫混合液设计用量，应按罐内用量、该罐辅助泡沫枪用量、管道剩余量三者之和最大的油罐确定。系统泡沫混合液供给强度不应小于 $4L/(min \cdot m^2)$，连续供给时间不应小于 30min。

在石油库泡沫灭火系统中，当固定顶油罐采用半固定式泡沫灭火设备时，在防火堤外的泡沫混合液输送管线上，通常都设有带闷盖的口径为 65mm 的管牙接口。灭火时用泡沫消防车通过水带连接起来，直接向罐内输送泡沫。这比全部采用移动式装备灭火，更易于人员操作，效率更高。

3. 烟雾灭火系统

烟雾灭火系统也称气溶胶灭火技术。其原理是当油罐着火后，罐内温度升高，温度达到 110℃ 时，感温探头的易熔合金熔化，使导火索外露，火焰点燃导火索，引燃发烟体内的烟雾剂，达到一定压力时，通过喷孔冲破密封薄膜，将产生的大量氮气、水蒸气、二氧化碳和碱金属盐雾的烟雾气体，分割和覆盖火焰，发生一系列物理、化学反应，窒息、冷却，终止燃烧。

（三）防火堤

为防止火灾情况下油品溢出罐外，形成更大范围的地面流淌火，石油库储油区内地上油罐与半地下油罐的油罐组，均采用非燃烧材料建造的防火堤。防火堤内的有效容量，通常不小于油罐组内一个最大固定顶油罐的容量，如浮顶油罐或内浮顶油罐，其容量则不小于油罐组内一个最大油罐容量的一半。

防火堤内油罐数量较多和储油量较大时，应设有隔堤。每一隔堤内油罐的数量，一般是等于或大于 20000m³ 的油罐不超过 2 座；5000~20000m³ 内的油罐不超过 4 座；小于 5000m³ 的油罐不超过 6 座，沸溢性油品油罐、隔堤内油罐不应多于 2 座。

第二节　石油库罐区火灾的危险性

一、油品的火灾危险性

（一）易燃、易爆性

油品属有机物质，其危险性的大小与油品的闪点、自燃点有关，油品的闪点和自燃点越低，发生着火燃烧时的危险性越大，表 7-4 列出了几种常用油品的闪点、自燃点。

表 7-4　几种常用油品的闪点、自燃点

油品名称	闪点/℃	自燃点/℃
原油	27 ~ 45	380 ~ 530
车用汽油	-50 ~ 10	426
煤油	28 ~ 45	380 ~ 425
轻柴油	45 ~ 120	350 ~ 380
润滑油	180 ~ 210	300 ~ 350

油品蒸气与空气混合形成的混合气体在一定的浓度范围内遇火源就会发生爆炸。爆炸极限一般用油品的蒸气浓度表示，也可用相应的温度来表示。表 7-5 列出了几种油品的蒸气爆炸浓度极限和爆炸温度极限。

表 7-5　几种油品的蒸气爆炸浓度极限和爆炸温度极限

油品名称	爆炸浓度极限(体积,%)		爆炸温度极限/℃	
	下限	上限	下限	上限
汽油	1.4	7.6	-38	-8
航空煤油	1.4	7.5	-34	-4
煤油	1.4	7.5	40	86

（二）易蒸发、易扩散

油品蒸发出的油气密度都比空气大，蒸发出的气体可随风沿地面扩散，在低洼处积聚不散。油品比水轻，能够在水面上扩散飘浮。飘浮在水面上的油品随水流到哪里，便会增加哪里的火灾危险性。若油品大量飘浮到江、河、湖、海的水面上，将对港口或水域下游的船只、岸边建筑物带来极大的危险。

重质或含有水分的油品着火燃烧时，可能发生沸腾突溢和喷溅。燃烧的油品大量外溢，甚至从罐内猛烈喷出，形成巨大的火柱，可高达 70 ~ 80m，火柱顺风向喷射距离可达 120m 左右，不仅扩大火场的燃烧面积，而且严重威胁扑救人员的人身安全。

（三）受热膨胀性

油品受热后，温度升高，体积膨胀，若窗口灌装过满，管道输油后不及时排空，又无泄压装置，便会导致容器和管件的破坏；另一方面由于温度降低，体积收缩，容器内出现负压，也会使容器变形破坏。

二、油罐火灾特点

（一）爆炸燃烧

油罐发生爆炸后，油品会被点燃，在油罐开口部位形成稳定燃烧。油罐爆炸时，由于罐顶为弱顶结构，一般多从最薄弱处炸开。爆炸会出现三种情况，第一种是罐顶炸飞，飞出距离可达几十米，同时油品在破坏的开口处呈敞开式燃烧；第二种是罐顶炸裂，形成鼓起裂口，发生火炬式燃烧；第三种是罐顶被炸开后威力不大，罐顶没有炸飞，部分落入罐内，液面暴露的部分燃烧猛烈，未露出部分被加热，并从罐壁的缝隙处形成喷射状燃烧。油罐爆炸起火后，当油品在油罐裂缝处向外流淌扩散时，又会形成带有不规则火区的立体式燃烧。油罐的爆炸燃烧主要有以下几种形式：

1. 先爆炸，后燃烧

"先爆炸，后燃烧"是指油罐的火灾是由爆炸而引起的。油罐爆炸按性质可分为化学性爆炸和物理性爆炸两大类，通常情况化学性爆炸威力较大，多数都能引起火灾；物理性爆炸威力小些，起火的概率比化学性爆炸小。爆炸后的燃烧，在一定的时间内处于稳定状态，但随着燃烧时间的延长，可进一步导致再次爆炸，或出现油品沸溢情况。

2. 先燃烧，后爆炸

"先燃烧，后爆炸"是指油罐的爆炸是由燃烧引起的。对于着火罐自身的爆炸来说，只有在着火罐开口部位较小，当外界空气收入罐内与油气形成爆炸性混合气体，并有火焰进入的条件下才能发生。对于着火油罐的相邻罐来说，则是由于着火罐产生的高温辐射对其影响的结果。

3. 只爆炸，不燃烧

"只爆炸，不燃烧"是一种一闪即逝的瞬间爆炸现象。有些空油罐由于洗罐不彻底，油品挥发的油蒸气与空气在空罐内形成爆炸性的混合气体，遇明火或达到自燃温度而发生爆炸。但由于罐内没有油品，失去了持续燃烧的条件，而没有出现燃烧。重质油品储罐内的油蒸气浓度高于爆炸浓度下限，遇到火源虽也可能在罐内发生爆炸，但由于油品挥发速度跟不上燃烧的需要，因而也不能在爆炸后持续燃烧。

（二）沸溢喷溅

含有一定水分或有水垫层的重质油品的储罐发生火灾时，随着燃烧时间的延续，因罐壁的热传导和油品的热波作用，水分或水垫层就会被加热汽化，出现沸溢或喷溅现象。

1. 沸溢

沸溢形成的原因，一是油罐发生火灾时，热辐射除向四周扩散外，也加热了液面；二是油品具有热波特性，温度不断下传，高温区域增厚；三是油品含有水分或由于灭火时向着火油罐内喷射了水；四是油品具有较高的沸点和较大的黏度，水沸腾汽化被油薄膜包围形成油泡沫。

沸溢一般在起火 30min 或 1h 后，由于断断续续向罐内喷射泡沫或水，而又未能将火扑灭，会使油罐提前出现沸溢现象。含水 1% 的原油，一般在起火后 45~60min 就会再现沸溢。在一般情况下，油品含水量大，传热速度快，沸溢出现早；含水量少，传热速度慢，沸溢出现晚。原油的传热速度见表 7-6。

表 7-6　原油的传热速度

原油含水量(%)	向液面下传热的速度/(mm/min)
3.8	5.92
0.7	5
0.45	4.7
0.1	3.62
0.175	4.38
微量	3.06

油罐火灾发生沸溢时，油品外溢，距离可达几十米，面积可达数千平方米，会形成大面

积燃烧。在油罐的燃烧过程中,会多次出现沸溢现象。

2. 喷溅

喷溅形成的原因,一是除具有沸溢的条件外,在油罐的底部要有水垫层存在;二是油罐着火后,由于热波向下传递,形成高温层,水垫层被加热汽化(100℃),水变成水蒸气,体积膨胀,蒸汽压力逐渐上升,将上部油品抬起,最后冲破油层而发生喷溅。

影响喷溅时间的主要因素有热波传播速度及油品燃烧速度等。油罐从着火到喷溅的时间与油层厚度成正比,与燃烧的速度和热波传播的速度成反比,同时还与油品性质、含水量及敞口燃烧面积有关。一般按照下面经验公式进行估算:

$$t = (H - h)/(v_0 + v_t) - KH$$

式中 t——预计发生喷溅的时间(h);

H——储罐液面高度(m);

h——储罐水垫层高度(m);

v_0——原油燃烧的线速度(m/h);

v_t——原油的热波传播速度(m/h);

K——提前常数(h/m),储油温度低于燃点时取 $K = 0$,高于燃点时取 $K = 0.1$。

上式说明,油层越薄,燃烧速度、油品温度传递速度越快,越能在着火后较短时间内发生喷溅。喷溅的时间一般晚于沸溢的时间,通常是先发生沸溢,间隔一段时间,再发生喷溅。原油热波传播速度与燃烧线速度见表 7-7。

表 7-7 原油热波传播速度与燃烧线速度

油 品	热波传播速度 v_t/(m/h)		燃烧线速度 v_0/(m/h)
	含水量 <0.3%	含水量 >0.3%	
轻质原油	0.3~0.9	0.43~1.27	0.102~0.6
重质原油	0.5~0.75	0.3~1.27	0.075~0.13

油罐火灾发生喷溅时,油品与火突然腾空而起,向外喷出,形成空中燃烧,火柱高达十几米甚至几十米,可导致附近的人员伤亡和燃烧面积迅速增大。在同一次火灾中,会反复出现几次喷溅。

3. 沸溢喷溅形式

油罐火灾发生沸溢喷溅时主要有以下三种形式:

(1)沸腾溢流 是指含水原油或重质油品储罐发生火灾后,由于油品热波特性的作用,在燃烧油面下形成稳定的高温油层,油品中的自由水或乳化水沸腾汽化,生成大量油泡,使油罐满溢外流,扩大火势的现象。

(2)发泡溢流 是指油罐发生火灾时,油品从罐顶边沿向罐外流出的现象。发泡溢流的原因较多,但无论是重质油罐还是轻质油罐,最主要的原因就是扑救措施不当,灭火中向罐内注水过多,水分蒸发形成气泡,体积扩大造成油品溢流。

(3)突沸喷溅 是指重质油品储罐发生火灾后在辐射热和热波特性作用下,高温热层向罐底传播,遇到罐底水垫层后引发的水突然沸腾,大量的水蒸气将上部油层从罐内喷溅出来的现象。油品发生突沸喷溅,可使火焰增高,火势增大,辐射热增强,给灭火救援带来极大困难。

4. 沸溢喷溅的判断

根据燃烧油罐外部变化特征，可判断即将出现的沸溢喷溅。重质油罐沸溢喷溅前，会有如下征兆：发出巨大的声响；火焰明显增高，火光显著增亮，呈鲜红色或略带黄色；烟雾由浓变淡、变稀；罐壁或其上部发生颤动；罐内出现零星噼啪声或啪啪作响。在出现这些征兆后，往往持续数秒到数十秒就将发生沸溢喷溅。

（三）变形倒塌

油罐发生火灾后，经过一段时间的燃烧，罐壁将会发生变形和倒塌，大量燃烧着的油品将会溢出罐外，迅速形成大范围的地面流淌火，使火势不断扩大，给扑救增加困难。

罐壁变形和倒塌时的形态主要表现为：罐壁向内卷曲，由于罐壁向罐内卷曲，将要有大量构件落入罐内，不仅使大量的油品溢出罐外，还将对灭火中的泡沫覆盖造成困难；罐壁向罐的一侧折曲，由于罐壁出现折曲后，不但使受火焰烧烤的上部罐体折下倒塌，而且还会使紧贴油品下部罐壁撕裂或变形，使大量油品跑出罐外，形成大范围的地面流淌火；罐壁沿同一旋转方面的扭曲，当罐内油品比较少时，爆炸的威力比较大，整个罐盖被掀掉，油罐往往会出现沿同一旋转方面的扭曲和倒塌，使大量油品外溢，造成火势不断扩大。

油罐在燃烧过程中，发生变形和倒塌的危险性主要取决于罐壁的重力方向、液位高低和相对密度大小。为有效防止油罐发生变形倒塌，在灭火作战过程中应满足水枪的冷却强度需要，均匀冷却，让水流沿罐壁自然向下流淌，水流与水流的接合部不要出现空白点。同时可运用注油搅拌的方法降低油温或采用升高液位的方法预防罐壁的变形和倒塌。

（四）火焰高，热辐射强

爆炸后敞开的油罐火灾，火焰高达几十米，并产生强烈的辐射热。在扑救火灾时，强烈的辐射热甚至能将距离油罐40m左右的消防车的喷漆烘烤脱落。装有轻质油品的油罐，燃烧时火焰呈喷射状，辐射热较强，人员难以靠近。装有原油或重油的油罐，燃烧时形成的黑烟较强，辐射热比轻质油略低。

着火油罐的火焰高度可达8~20m，罐壁被迅速加热，一般在5min之内可达500℃，使油罐的钢板强度下降，罐口部分下降50%，10min内温度达到700℃，罐口强度下降90%。如冷却供水强度不足，在一般情况下，罐口会出现向内卷曲塌陷的情况。

第三节　油罐火灾的扑救措施

扑救油罐火灾应当坚持冷却保护，防止爆炸，在充分准备灭火剂和灭火装备的基础上，迅速消灭火灾。

一、加强出动，集中调派

在加强第一出动力量的同时，根据灭火作战预案和报警情况，向火场调派足够扑灭油罐火灾的泡沫、干粉等灭火剂，以及泡沫钩管、泡沫供给消防车、举高喷射消防车、泡沫消防车和其他消防车辆等。

在赶赴火场途中，要启动油罐火灾灭火指挥管理系统和战斗编成系统，实施先期指挥作业，参战灭火力量根据任务分工展开战斗行动。

二、查明火情，掌握情况

油罐发生火灾后，应及时组织人员查明火情，掌握火场情况，为各级指挥员制定决策奠定基础。查明火情、掌握情况时可通过外部观察、询问知情人和控制室相关人员等方法，迅速明确：受火势威胁或热辐射作用的邻近油罐的情况；燃烧油罐的结构形式，尤其是罐顶结构；燃烧油罐内油品的种类、储量、液面高度和液面面积；固定、半固定式灭火装置完好程度，以及架设泡沫钩管或移动泡沫炮的位置和泡沫消防车、举高喷射消防车的停车位置；重质油品的含水率、有无水垫层；油罐爆炸后的燃烧开口情况；防火堤的阻油情况，可否排水，有无水封等。

三、油罐火灾的作战原则

（一）控制火势，消灭火灾

在"先控制，后消灭"的战术原则指导下，依据火场实际情况控制火势消灭火灾，应按照"先外围、后中间，先上风、后下风，先地面、后油罐"的要领实施灭火战斗。

1. 先外围，后中间

针对火场情况比较复杂的火场，油罐火灾引燃周围的建筑物或其他构筑物。在此情况下就应首先消灭油罐外围的火灾，然后从外围向中间逐步推进，包围油罐，最后消灭油罐火焰。灭火战斗的实践表明，只有控制住外围火灾，消灭外围火灾，才能有效地控制住火势的蔓延扩大，才能创造消灭油罐火灾的有利条件，实现整个灭火战斗胜利的最终目的。但在灭火力量比较雄厚，能够满足火场需要时，可以分区展开战斗。

2. 先上风，后下风

火场上出现油罐群同时发生燃烧，或形成大面积的地面油火时，灭火行动应首先从上风方向开始，并逐步向下风方向推进，最后将火灾歼灭。一方面，在上风方向可以避开浓烟，减轻火焰对人的烘烤，视线清楚，有利于观察火情，接近火源，便于充分发挥各种灭火剂的效能，也可大大缩短灭火战斗的时间，加快灭火进程，同时还可以降低油品复燃的几率。

3. 先地面，后油罐

火场上由于油罐的爆炸、沸溢、喷溅或罐壁的变形塌陷，使大量燃烧着的油品从罐内流出，造成大面积的流淌火，并与燃烧着的油罐连为一体形成地面罐上的立体式燃烧。在此情况下，只有先歼灭地面上的流淌火，才能有条件接近着火油罐，组织实施油罐火灾的进攻。此外，地面火对相邻储罐和建筑会构成严重的威胁。因此，对于地面出现了大量流淌火的油罐火灾，应采取先地面、后油罐的方法，逐次地组织灭火。

（二）集中兵力打歼灭战

在"集中兵力，准确迅速"的战术原则指导下，依据火场实际情况集中兵力打歼灭战，应按照集中兵力一次歼灭、集中兵力逐次歼灭的要领实施灭火战斗。

1. 集中兵力一次歼灭

集中兵力一次歼灭就是在战斗中，当到场的力量能够满足灭火的实际需要时，通过组织一次进攻战斗将火扑灭。体现在：

（1）首批到场力量一次歼灭　当火场情况比较简单，火势不大时，首批到场力量虽不是很多，但完全可以满足灭火的需要，这时就应抓住灭火的有力战机，集中现有力量一举歼灭。

（2）后续到场力量一次歼灭　火场情况比较复杂时，燃烧的火势比较大，比如大型的油罐、油池等，首批到场力量无法满足灭火的实际需要，这时就不能盲目地组织进攻，应该耐心等待增援力量的到达。在等待的过程中做好适当的灭火准备工作，待后续部队到达后，能够满足灭火的需要时，再进行组织进攻战斗，力求一次将火歼灭。

2. 集中兵力逐次歼灭

有些火场，特别是一些比较大型的火场，往往情况比较复杂，需要做的工作很多。比如多个油罐同时燃烧或周围有地面流淌火，中间是立式着火罐，附近是燃烧建筑物等，而到场的灭火力量有限，不可能同时出击，对整个火场开展全面进攻。在这种情况下，就应该根据现有力量将整个灭火战斗分为不同的阶段，每个阶段解决一个方面问题，逐次地将火灾歼灭。只有实施逐次歼灭，才能使到场的兵力，从全局上的劣势变为局部的优势，最后取得整个灭火战斗的成功。

（三）以固为主，主动进攻

在"固移结合，攻防并举"的战术原则指导下，依据火场实际情况，应按照"主动进攻、积极防御、以固为主、固移结合"的要领实施灭火战斗。

1. 以固为主，固移结合

"以固为主，以移为辅，固移结合消灭火灾"是火灾扑救过程中器材装备的使用原则，在扑救油罐火灾时必须坚持。

2. 主动进攻，积极防御

当灭火力量足以歼灭油罐火灾时，就要不失时机地发动进攻，一举消灭火灾；当灭火力量不足以歼灭火灾时，就要积极冷却防御，防止灾害扩大。

四、灭火战术方法

根据油罐火灾的特点、火灾发展变化规律和灭火战斗的实践经验，扑救石油库火灾的基本战术主要分为防御和进攻两类，其基本战术方法是：

（一）防御战术

防御战术就是战略上的积极防御，为防止燃烧进程中出现油罐的爆炸、油品的沸溢喷溅和罐体的变形倒塌、所采取的战术措施。

1. 冷却降温，预防爆炸

油罐发生火灾后，为防止着火罐的爆炸、变形倒塌和油品的沸溢喷溅，防止因着火油罐的高温辐射引燃或破坏周围建筑物、可燃物或相邻油罐，必须采取有效的冷却降温措施，以保护着火油罐，保护受火势威胁严重的周围建筑物、可燃物或相邻油罐免遭火灾破坏，防止爆炸、沸溢喷溅的发生或火势扩大。

冷却降温的方法主要有启动水喷淋装置冷却、直流水冷却、泡沫覆盖冷却。

着火罐实施全周长冷却，邻近罐实施半周长冷却。一般情况下，在实际操作中冷却着火罐的供水强度为 $0.8L/(s·m)$，冷却邻近罐的供水强度为 $0.6L/(s·m)$。每支 19mm 口径水枪，有效射程为 15m、流量为 6.5L/s 时，可冷却着火罐周长约 8m，冷却邻近罐周长约 10m；有效射程为 17m、流量为 7.5L/s 时，可冷却着火罐周长约 10m，邻近罐周长约 12m。但考虑到战术上的需要，着火罐部署冷却水枪的数量不得少于 4 支，邻近罐部署水枪的数量不得少于 2 支。

冷却油罐时，应注意：要有足够的冷却水枪和水量，并保持供水不间断；冷却水不宜进入罐内，冷却要均匀，不能出现空白点；冷却水流应成抛物线喷射在罐壁上部，防止直流冲击，使水浪费；冷却进程中，采取措施，安全有效地排除防火堤内的积水；油罐火灾歼灭后，仍应继续冷却，直至油罐的温度降到常温，才能停止冷却。

2. 倒油搅拌，抑制沸溢

倒油搅拌、抑制沸溢的方法，实际上就是搅拌降温的方法，从而破坏油品形成热波的条件。通常采取倒油搅拌的手段主要有：由罐底向上倒油，即在罐内液位较高的情况下，用油泵将油罐下部冷油抽出，然后再由油罐上部注入罐内，进行循环；用油泵从非着火罐内泵出与着火罐内油品相同质量的冷油注入着火罐；使用储罐搅拌器搅拌，使冷油层与高温油层混合，降低油品表面温度。

运用倒油搅拌手段时，应注意：一是由其他油罐向着火罐倒油时，必须选取相同质量的冷油；二是倒油搅拌前，应判断好冷、热油层的厚度及液位的高低，计算好倒油量和时间，防止倒油超量，造成溢流；三是倒油搅拌时不得将罐底积水注入热油层，以免造成发泡溢流；四是倒油搅拌的同时，要对罐壁加强冷却，以加速油品降温；五是倒油搅拌的同时，必须充分做好灭火准备，倒油停止时，即刻灭火；六是倒油搅拌时，要密切注意火情变化，若有异常，立即停止倒油。

3. 排除积水，防止喷溅

沸溢性油品在燃烧过程中发生喷溅的原因，主要是油层下部水垫汽化膨胀而产生压力的结果。为防止喷溅，必须排除油罐底部的水垫积水。通过油罐底部的虹吸栓将沉积于罐底的水垫排除到罐外，就可消除油罐发生喷溅的条件。

运用排水防止喷溅的手段时，应注意：排水前，应计算水垫的厚度、吨位和排水时间；排水口处应指定专人监护，防止排水过量，出现跑油现象；排水可与灭火同时进行。

4. 筑堤拦坝，阻止漫流

油罐发生火灾，形成大面积流淌火时，为堵截液体的流散，阻止火势无限度地蔓延，可利用有利的地形地物，采取不同的方法，筑堤拦坝，阻止漫流，把流散的燃烧液体局限在一定的范围内，为灭火创造条件。

筑堤拦坝，阻止漫流的方法主要包括：利用防火堤堵截，大量油品由罐内流淌到防火堤内燃烧时，要充分发挥防火堤的作用，迅速组织力量关闭排水阀门，防止油品流散到堤外；导向引流，当油品发生沸溢漫过防火堤燃烧时，可在防火堤外建立油品导向沟，将燃烧油品疏导至安全地点，并集聚，控制燃烧范围；筑坝堵截，未设防火堤的油罐发生火灾，油品已经流散或有可能流散时，要根据火场地形条件、流散油品的数量及溢流规模大小等情况，迅速组织人力、物力，在适当距离上建立一道或数道坝形土堤，堵截油品的流散，阻止火势蔓延；设围油栏，当油品由罐内流散到水面上燃烧时，将对水面或者水的下游方向建筑构成威胁。为此，必须将水面漂浮燃烧的油品，控制在一定范围内，通常用围栏将油品围起，使油品在有限的水面范围内控制燃烧；水流阻止，对于少量已流散燃烧的原油、重油、沥青和闪点较高的石油产品，可采用强有力的水流，阻挡燃烧油品的流散，并消灭火灾。

（二）进攻战术

扑救石油库火灾的进攻战术有：启动固定装置灭火、水流切封、覆盖窒息、炮攻打火、登罐强攻、挖洞内注、提升液位、穿插包围、分进合击、全面控制、逐个消灭、消除残火、预防复燃等方法。

1. 启动固定装置灭火

储存易燃及可燃油品的油罐，特别是 5000m³ 以上的大型油罐，一般都装有固定或半固定灭火装置，当油罐发生火灾后，在固定、半固定灭火装置没有遭受破坏的情况下，要迅速启动固定灭火装置，对着火油罐和临近油罐进行喷淋冷却保护。启动固定灭火装置灭火，根据着火油罐上设置的泡沫产生器所需泡沫液量，配制泡沫液，保证泡沫供给强度，连续不断地输送泡沫混合液，力争在较短时间内将火扑灭。固定灭火装置灭火具有操作简单、灭火快速、安全可靠等优点。

启动装置灭火的具体要求是：实施统一指挥，明确分工职责，在统一号令下，统一行动；迅速、准确地做好启动装置的准备工作，如确定起火罐区号位，开启泵阀门，调整好泡沫比例混合器的指针和关闭通往非着火油罐的管路阀门等；由技术全面、业务熟练、有排除故障经验的人员负责启动装置，以便出现故障能及时发现排除；启动装置后，要注意观察灭火效果和注入的泡沫剂量，以防泡沫失效，供给强度不足，或灭火时注入泡沫量过大，引起油品外溢。

2. 水流切封灭火

水流切封灭火是针对有关破裂缝隙、呼吸阀、量油孔、采光孔等处发生小方位稳定性燃烧的火炬而采取的一种灭火方法。灭火时，根据火炬直径的大小、高度，组织数个射水小组，分别布置在火点的不同方向上，进入预定阵地，当指挥员一声令下，数支直流水枪从不同方向，对准一点交叉向火焰根部射水，然后数支水枪同时由下向上移动，用水流将火焰抬起，使火焰熄灭。

3. 覆盖窒息灭火

对火炬形稳定燃烧可使用覆盖物盖住火焰，造成瞬间油气与空气的隔绝层，致使火焰熄灭。这是扑救油罐裂缝、呼吸阀、量油孔处火炬形燃烧火焰的有效方式。在覆盖进攻前，用水流对覆盖物及燃烧部位进行冷却；进攻开始后，覆盖组人员拿覆盖物，掩护人员射水掩护，覆盖组自上风向靠近火焰，用覆盖物盖住火焰，使火焰熄灭。

若油罐顶部孔洞较多，同时形成多个火炬燃烧，应用水流冷却油罐整个表面，使油品蒸气的压力降低。扑救火炬形燃烧用的覆盖物可用浸湿的棉被、麻袋、石棉毡、海草席等。

4. 炮攻打火

油罐发生爆炸，罐盖被掀开，液面上形成稳定燃烧，固定灭火装置遭到破坏时，可采用移动式泡沫灭火设备（车载炮、移动泡沫炮）灭火。炮攻打火就是用车载泡沫炮或移动泡沫炮向着火罐进攻灭火的一种战术手段。

运用泡沫炮攻打油罐的距离，应根据油罐高度确定，一般情况下，宜保持 30m 距离发射，泡沫炮上的倾角一般宜保持在 30°～45°。泡沫炮应保持不间断地向油罐喷射泡沫，直到火焰熄灭为止。

5. 登罐强攻灭火

登罐强攻灭火是指当油罐顶部发生火灾燃烧时，在采用泡沫管枪、泡沫钩枪灭火手段的情况下，利用消防梯或罐梯作为进攻通道，在水枪掩护下，登上油罐使用泡沫管枪或泡沫钩枪进行灭火，向罐内喷射泡沫的一种强攻灭火手段。

运用登罐强攻灭火手段时，应注意：实施进攻前，要选择精干人员，组成若干小组，明确任务与分工；对强攻小组人员要实施跟进掩护，同时又要对跟进掩护人员实施掩护；强攻小组人员要加强自身防护；登罐前要检查钩枪器件是否齐全；在地面对泡沫管枪、钩枪要进行试射，以便检查是否好用。

6. 挖洞内注灭火

当燃烧油罐液位很低时，由于罐壁温度较高和高温热气流的作用，使从油罐上部打入的泡沫遭到较大的破坏，或因油罐顶部塌陷到油罐内，造成燃烧死角，泡沫不能覆盖燃烧的油面，而降低了泡沫灭火效果时，可采取挖洞内注灭火法。即在离液面上部 50~80cm 处的罐壁上，开挖 40cm×60cm 的泡沫喷射孔，然后利用挖开的孔洞，向罐内喷射泡沫，可以提高泡沫的灭火效率，也可采用新型可移动式泡沫灭火设备——磁吸附式油罐自动抢险灭火泡沫钻枪灭火。

开挖孔洞是一件很艰难的工作，不仅需要一定的破拆工具，而且需要花费较长时间。因此，在不得已的情况下，不建议采取这种措施。开挖孔洞时，要注意加强对挖洞人员的保护。

7. 提升液位

当油品在储罐内处于低液位燃烧，罐内气流压力大，温度高或油罐塌陷出现死角时，可采取提升液位的方法，使液面高出塌陷部位罐盖，形成水平液面，然后用泡沫歼灭火灾。

运用提升液位的手段时应注意：对于重质油品，要采取注入同一种油品油的方法提升液位的尺度，提升液位后的液面与罐口之间要留有充分余地，以防注入泡沫时发生满溢；提升液位停止时，应立即进行灭火。

8. 穿插包围，分进合击

对大面积的油罐流淌火，在筑堤拦坝、阻止漫流的基础上，应从战术上进行穿插包围、分进合击。充分利用有利地形、地物，使用水枪、泡沫管枪等灭火器材，或利用海草席等，选准突破点，强行穿插，将整体燃烧面积分割成若干小片，并从不同方向予以包围，分进合击，逐片消灭。

运用穿插包围，分进合击战术的要求是：要充分利用地形地物，选准突破点，快速穿插，快速包围；近战快攻，不给火焰回火的机会，一举歼灭；做好进攻穿插中的掩护工作。

9. 全面控制，逐个消灭

在油罐区有数个油罐同时发生燃烧时，消防队到达火场后，应采取全面控制、集中兵力、逐个消灭的方法。首先冷却全部燃烧的油罐和受到火灾威胁的邻近油罐，尽快控制火势扩大蔓延；在此基础上，集中兵力，对燃烧油罐根据轻重缓急发起猛攻。扑救油罐火灾，不攻则已，攻则必克。

10. 消除残火，预防复燃

油罐火灾歼灭后，不仅应该在罐内液面上保持有相应厚度的泡沫覆盖层，以继续冷却降温，预防油品复燃，而且还要彻底消除隐藏在各个角落里的残火、暗火，不留火灾隐患。同时，指派专人监护火灾现场。

五、几种油罐火灾扑救方法

（一）环形火灾扑救

环形火灾主要是指浮顶油罐火灾，按环形着火面积的大小，包括局部环形火灾、全部环形火灾。

当外浮顶油罐发生火灾形成局部环形火时，其火灾一般仅局限在环形面积的局部，此时火灾尚处于初期阶段，辐射热小，需要的灭火力量少。火场主要方面为着火油罐灭火，这时火场情况比较简单，火势不大，首批到场力量虽不是很多，但完全可以满足灭火的需要，应抓住灭火的有力战机，只灭火，不冷却，集中首批到场力量一次歼灭。

当外浮顶油罐发生火灾形成全部环形火时，其火灾已经蔓延并逐渐扩大，辐射热较大。若相邻罐为固定顶油罐，火场主要方面为起火油罐本身和相邻的固定顶立式油罐。这时着火罐如果是沸溢性油品，应该适当部署冷却力量，重点是相邻的固定顶立式油罐；若浮船已经烧沉，应该加强对着火油罐的冷却力量；若着火油罐有保温层，必要时拆除保温层。此时火场情况比较复杂，燃烧的火势比较大，首批到场力量无法满足灭火的实际需要，不能盲目地组织进攻，应该耐心等待增援力量的到达，在等待的过程中做好冷却与灭火的准备工作，待后续部队到达后，能够满足灭火的需要时，再组织灭火战斗，力求一次将火歼灭。

（二）火炬形火灾扑救

轻质油品储罐在气温较高时，挥发出大量油品蒸气，这些油品蒸气从呼吸阀、采光孔、量油孔等处冒出，遇到火源会出现稳定的火炬形燃烧。因燃烧的部位和条件不同，火炬形燃烧通常有直喷式燃烧和斜喷式燃烧两种形式：直喷式燃烧通常发生在油罐顶部的呼吸阀、测量孔等处，火焰垂直向上，燃烧范围只局限于较小的开口部位；斜喷式火炬燃烧主要发生在罐内液体上部的罐壁裂缝处。

火炬形燃烧的主要特点是如果火灾刚开始，辐射热不是很大，此时受威胁的主要是着火油罐；如果燃烧时间长，喷口直径大，下风方向的固定顶立式油罐需要冷却。因此火场主要方面表现为着火油罐和相邻固定顶立式油罐。灭火作战时应加强对着火油罐的冷却，适时灭火，必要时，下风方向固定顶油罐也部署冷却，但所需力量较小。

针对火炬形燃烧火灾具体可采取水流切封法灭火，用直流水流扑救斜喷式火炬火灾时最好使用带架水枪，并保证每个火点至少使用3～4支水枪交叉喷射。也可使用覆盖法灭火，这是扑救火炬形燃烧火焰的有效方式。扑救这类火灾时应特别注意，发生火炬燃烧时，不要将罐内油料抽走，否则会使油位降低并形成负压，导致大量空气补充入罐内，使罐内蒸气达到爆炸浓度极限，在罐外燃烧的火焰被吸入罐内的同时引起爆炸。

（三）敞开式火灾扑救

敞开式燃烧是油罐在爆炸威力较大、冲击力很强的情况下，将整个罐盖掀掉后，火焰在整个油面上燃烧的一种形态。敞开式火灾的主要特点表现为：油罐上的固定式或半固定式灭火设备同时可能会受到破坏，使灭火作战难度加大；当着火油罐为固定顶立式油罐，满液敞开燃烧，火势很大，着火油罐危险性稍小，相邻固定顶立式油罐相对比较危险。因此其火场主要方面为相邻固定顶立式油罐和着火油罐。

扑救这类火灾，若油罐所设置的固定灭火设施未受影响，应立即启动进行灭火。若无固定泡沫灭火设施或因爆炸破坏，则应迅速组织力量，采用高喷消防车、泡沫炮、泡沫钩管向罐内喷射泡沫灭火。初期灭火作战力量相对薄弱时，应将主要冷却力量部署在相邻的固定顶立式油罐，特别是下风位置的邻近油罐。随着液位降低，着火油罐上部也要加大冷却强度，在冷却邻近油罐的同时应集中力量冷却着火油罐，不使其变形、破裂。火灾扑救过程中应特别注意使用移动式泡沫枪炮时，阵地应选在停靠油罐的上风方向，尽可能在地势较高处，并与油罐有一定的距离；为了防止相邻油罐的油蒸气被引燃或引爆，应用石棉被、湿棉被等把相邻油罐的透气阀、量油孔等覆盖起来；敞开式燃烧火势比较猛，罐口火风压较大，扑救时需要投入较多的灭火力量，应做好打大仗、打恶仗的准备。

（四）塌陷状火灾扑救

塌陷状燃烧是金属油罐火灾的爆炸，因威力相对较小一些，冲击力不是很均匀，使罐盖被掀掉一部分后，而塌陷到油品中的一种半敞开式的燃烧。塌陷状火灾的特点主要表现为：因部分金属构件塌陷在油品中，导致灭火时出现死角，泡沫不易覆盖到塌陷部件下的油面，造成灭火困难；当着火油罐为固定顶立式油罐且液位较低时，塌陷状燃烧对其他罐辐射热较小，而本身很容易烧塌。因此其火场主要方面为着火罐的控制。

扑救这类火灾时，其力量部署应着重考虑冷却着火油罐，如果有风则根据现场实际情况在下风方向适当部署冷却力量。实践表明，油罐发生爆炸燃烧，多数情况下罐盖塌入罐内，部分在液面下，部分在液面上，液面敞露部分燃烧猛烈，火焰能将液面上的罐顶烧得很热，对泡沫有破坏作用。罐盖遮住部分，火焰微弱，泡沫不易覆盖住被罐盖遮挡的那一部分火焰，影响灭火的效果。在此情况下，当条件允许时，可以提高油品液面，使液面高出暴露的部分罐顶，形成水平的液面，然后用泡沫扑灭火灾。也可采用泡沫钩管挂在暴露在液面上的那部分罐盖的一侧，喷射泡沫灭火。同时，灭火人员也可利用登高工具接近罐顶，用泡沫枪直接射击高出液面的罐盖根部，配合泡沫钩管灭火。

（五）立体式火灾的扑救

立体式燃烧是指由于油品沸溢、喷溅、溢流或其他原因而形成的罐内、罐外、地面的同时燃烧。立体式火灾的特点主要表现为：油罐敞开燃烧，大面积地面流淌火包围油罐，油罐受到直接烘烤，同时又有本身的辐射的影响。所以立体式火灾的主要方面为地面流淌火与着火油罐火灾。

扑救这类火灾时，其力量部署应为首先消灭地面流淌火，并且加强着火油罐的冷却。如果附近有相邻的固定顶立式油罐，也要加强冷却。对于油罐破裂后油品外溢，残存的油罐及其防火堤内均出现油品燃烧，油罐周围全是燃烧的油火，灭火人员难以接近油罐灭火。这时，即使固定泡沫灭火设备未被破坏也不能使用，因为着火油罐中火焰即便能扑灭，也由于罐外仍有流淌火，罐内被扑灭的油火又会很快复燃。扑救这类火灾时，如有可能应先冷却着火油罐，避免油罐在火焰中进一步破裂和损坏，使更多的油品流出罐外；如果油罐破坏十分严重，比如只剩一底座或底部破裂，可不必冷却，而应集中力量先扑救防火堤内的油火，然后再扑救油罐火灾，或者同时扑救。扑救防火堤内的油火时，要集中足够的泡沫枪或泡沫炮，形成包围态势，从防火堤边沿开始喷射泡沫，使泡沫逐渐向中心流动，覆盖整个燃烧液面，然后迅速向罐内火灾发起进攻，扑灭罐内火灾。

在扑救过程中，应注意油品流淌状况，防止其流出堤外，火灾扩大。必要时应及时加高加固防火堤，提高防火堤的阻油效能。对大面积地面流淌性火灾，采取围堵防流、分片消灭的灭火方法。

（六）重质油品储罐的火灾扑救

重质油品由于存在水垫层，发生火灾时，在高温油层及热波特性的作用下，可能发生沸溢喷溅，所以其火场主要方面表现为控制油罐稳定燃烧，防止沸溢喷溅的发生。

扑救此类火灾时，其力量部署应以破坏其高温油层的形成或冷却降低其温度为主，这是防止沸溢喷溅的有效措施。在灭火作战过程中，争取时间尽快灭火至关重要，如果燃烧时间延长，重质油品就会沸溢喷溅，造成扑救困难。实战中可通过倒油搅拌降低高温油层温度，破坏油品形成热波的条件，从而抑制沸溢喷溅，具体可采取的倒油搅拌手段主要有：由罐底向上倒油，即在罐内液位较高的情况下，用油泵将油罐下部冷油抽出，然后再由油罐上部注入罐内，进行循环；用油泵从非着火罐内泵出，与着火罐内油品相同质量的冷油注入着火罐；使用储罐搅拌器搅拌，使冷油层与高温油层融在一起，从而降低油品表面温度。倒油操作时应注意：由其他油罐向着火罐倒油时，必须选取相同质量的冷油；倒油搅拌前，应判断好冷、热油层的厚度及液位的高低，计算好倒油量和时间，防止倒油超量，造成溢流；倒油搅拌时不得将罐底积水注入热油层，以免造成发泡溢流；同时还要对罐壁加强冷却，以加速油品降温，并做好灭火准备，倒油停止时，即刻灭火；当发现火情异常时，应立即停止倒油。

由于重质油品在燃烧过程中发生喷溅的原因主要是油层下部水垫汽化膨胀而产生压力。防止沸溢喷溅，还可通过排除罐底水垫的方法实现，即通过油罐底部的虹吸栓将沉积在罐底的水层排出，消除发生沸溢喷溅的条件。在排水操作前，应估算出水垫层的厚度及需要的排水时间。排水时，应有专人监视排水口，防止排水过量出现跑油。

在扑救火灾过程中，应注意：要指定专人观察油罐的燃烧情况，判断发生喷溅的时间，保护扑救人员的安全。

（七）多罐同时燃烧的火灾扑救

当油罐区有多个油罐同时发生火灾时，应采取全面控制，集中兵力，逐个消灭的办法扑救，同时应组织力量，冷却燃烧的油罐和受到火灾威胁的邻近油罐，尽力控制住火势的发展，尽量输转油料。

当没有足够的力量同时扑灭数个油罐火灾时，可集中兵力逐个歼灭，根据现有力量将整个灭火战斗分为不同的阶段，每个阶段解决一个方面问题，逐次地将火歼灭。一般情况下，应先扑灭上风方向的燃烧油罐，然后依次扑灭。当有数个并列的上风油罐时，应先扑灭对邻近油罐威胁较大的油罐，只有这样才能实施逐步歼灭。若灭火力量充足，则可在做好灭火充分准备的基础上，对燃烧的油罐发起猛攻，集中兵力一次歼灭。对于多个油罐同时燃烧的复杂情况，特别应注意首批到场力量无法满足灭火需要时，应禁止盲目组织进攻，等待增援力量的到达后，能够满足灭火的需要时，再组织进攻战斗，力求一次将火歼灭。

扑救此类火灾过程中，应严格遵守固移结合、攻防并举的作战原则，根据实际情况利用未遭损坏的固定式泡沫灭火设备和移动式泡沫灭火设备（例如泡沫钩管、泡沫枪、泡沫炮等）和其他器材，分配力量，同时扑灭数个油罐的火灾。在扑救过程中，应注意不能急于求成，不允许在无把握情况下盲目喷射泡沫，在人员、装备、泡沫均不足的条件下去扑救全部燃烧罐，防止出现灭火剂用完，而一个油罐火灾也未扑灭的情况。

六、油罐火灾扑救的注意事项

扑救油罐火灾，必须重视可能发生的油罐爆炸、沸溢喷溅等危险情况，做好安全防护，防止人员伤亡和装备损毁。

（一）个人防护、安全可靠

灭火作战人员进行油罐火灾的冷却控制与灭火时，应根据油罐的规格科学确定作战距离，在保证喷射器具的有效作战距离的同时，确保人员不受辐射热伤害。因此前方作战人员应做到：加强个人防护，借助地形地物掩护，防止伤亡；着防火隔热服或者利用水幕保护，防止高温和热辐射灼伤；通过轮换作业的方式减少作战人员在热辐射环境下的作业时间；在有毒害性气体的场所，作战人员应当佩戴空（氧）气呼吸器等安全防护器具，防止人员中毒；对有可能发生爆炸、沸溢喷溅等危险情况的作战，可使用移动水炮或遥控水炮，固定位置实施冷却，减少前沿阵地人员；扑救原油和重质油罐火灾，应在防火堤内四个方面设置翻越设施，以便发生沸溢或喷溅前快速撤离；扑救卧式油罐火灾时，水枪阵地要避开油罐封头，防止卧式油罐爆炸时从两头冲出伤人。

（二）合理停车、确保安全

进行油罐火灾扑救时，消防车停放距离在保证喷射器具流量压力的前提下，必须停在设备的安全距离范围内（距罐 $2D$ 距离处），以确保险情发生时不受伤害。因此，为合理停车、确保安全，应做到：消防车尽量停在上风或侧风方向，与燃烧油罐保持一定的安全距离；扑救重质油罐火灾时，消防车头应背向油罐，一旦出现危及生命的状况，可及时撤离；消防车应停在地势较高处，且避免停放在工艺管线、高压线、地沟（暗沟）之上。

（三）充分准备、攻坚灭火

扑救大型油罐火灾时应从火场供水、泡沫液准备等方面做好充分准备，为有效攻坚灭火奠定基础，具体应做到：

检查固定泡沫装置情况，包括检查固定装置和泡沫液储量情况，在确认固定装置可以使用和泡沫储量足以灭火时，方可实施灭火。

检查火场供水准备，包括供给泡沫灭火用水量是否够用、水源是否可靠等，使用水池等水源时存水量要保证满足一次灭火的需要，中间不得断水。

检查泡沫灭火准备，包括是否有相当于一次灭火需要 6 倍的泡沫液；是否有足够的泡沫灭火设备，对已有的泡沫液及泡沫灭火设备是否进行过仔细检查；消防人员是否能熟练地操作泡沫灭火设备。

（四）持续冷却、防止复燃

燃烧油罐经过泡沫扑救，燃烧停止之后，为了防止罐内油品复燃，应继续供给泡沫 $3\sim5\text{min}$。同时，还要继续冷却罐壁，直至油温降到常温为止。

对于罐顶一半塌落在内的油罐火灾，从地面观察已经扑灭后，不要轻易利用铁梯登高观察，应不断加大泡沫供给强度，并适时对罐顶实施冷却，以阻止未塌落部分油品蒸发，消除罐顶内不完全燃烧的结炭火星，防止意外爆炸造成伤害。

第四节　油罐灭火技术要求

扑救油罐火灾的灭火技术，主要是操纵水枪、泡沫枪炮、干粉炮的方法和技能。

一、水灭火技术

（一）水灭火力量的计算

1. 冷却供水力量的确定

进行油罐火灾冷却控制时，针对着火油罐而言，其冷却的供水强度为 $0.8\text{L}/(\text{s}\cdot\text{m})$，

邻近油罐的冷却强度为 0.6L/(s·m)。已知油罐直径、供水强度和水枪流量时，可由式（7-1）确定水枪数量

$$n = \pi Dq/q_{枪} \tag{7-1}$$

式中　n——所需冷却水枪数量，向上取整；
　　　D——油罐外径（m）；
　　　q——冷却供水强度（L/s·m）；
　　　$q_{枪}$——水枪流量（L/s）。

因此，运用 19mm 直流水枪冷却油罐时，当水枪有效射程 $S_k = 17m$、流量为 7.5L/s 时，着火罐可冷却周长约为 9m，邻近罐可冷却周长约为 12.5m。

2. 灭火供水力量的确定

油罐火灾时，灭火供水力量主要是指配置泡沫液所需要的用水量，已知泡沫液的混合比、燃烧液面面积、泡沫混合液供给强度及泡沫喷射时间，配置泡沫液所需要的用水量可按式（7-2）计算

$$Q_{水} = (1 - \alpha)Aqt \tag{7-2}$$

式中　$Q_{水}$——配置泡沫所需的水（L）；
　　　A——燃烧面积（m²）；
　　　q——灭火泡沫混合液供给强度，取 10.0L/(min·m²)；
　　　t——喷射时间（min）；
　　　α——泡沫液混合比（3% 或 6%）。

（二）**直流水灭火技术**

使用直流水扑救油类火灾，一是要注意水枪与水枪之间的间隔不要太宽，一般以 1~2m 为宜，二是向前推进时要做到统一行动，平行推进。

（三）**喷雾水灭火技术**

试验证明，使用喷雾水是扑救原油等重质油品火灾一种理想的灭火方法，在使用喷雾水灭火时，应做到：要使水的雾状形成得好，一般喷雾水枪的工作压力在 0.69MPa 左右时，才能使雾状水达到灭火的要求；要掌握好喷射角度和距离，喷射的角度在 20°左右，喷射的距离 2~3m 比较合适；掌握好推进的速度，使用喷雾水灭油类火灾，因喷雾水枪覆盖的面积较小，所以往往要不断向前推进，推进的速度一般在 0.5m/s 比较合适，否则一旦产生回火，前功尽弃。

二、泡沫灭火技术

（一）**泡沫灭火力量计算**

油罐发生火灾后，已知泡沫液的混合比、燃烧液面面积、泡沫混合液供给强度及泡沫喷射时间，灭火所需要的泡沫液量可按式（7-3）计算

$$Q_{液} = \alpha Aqt \tag{7-3}$$

式中　$Q_{液}$——灭火所需泡沫液（L）；
　　　A——燃烧面积（m²）；
　　　q——灭火泡沫混合液供给强度，取 10.0L/(min·m²)；
　　　t——喷射时间（min）；

α——泡沫液混合比（3%或6%）。

（二）泡沫灭火技术

泡沫灭火技术，一是要保证泡沫形成的质量；二是要保证泡沫覆盖的效率，尽可能地把泡沫全部喷射到油面上。

从保证泡沫形成的质量来讲，主要涉及以下几个环节：

一是整个泡沫系统上的各种器材要齐全，相互之间的连接要紧密。

二是各种指针、阀门要调节好，相互之间要协调一致。当使用泡沫枪炮、泡沫钩枪喷射泡沫时，泡沫混合器上的指针的位置和所使用的泡沫管枪或泡沫钩枪的型号要一致。泵出口的阀门和泡沫管枪上的关闭与开启阀门，都要彻底打开。另外还要注意打开泡沫罐顶上盖，让空气进入。

三是保证各种枪炮的入口压力，使混合液与空气能够充分混合。目前所使用的空气机械泡沫，要使混合液与空气充分混合，就必须具有足够的混合液入口压力，从而确保泡沫的发泡倍数。

从保证泡沫覆盖的效率来讲，主要有以下几个问题需要注意：

一是尽量减少对泡沫的机械冲击，尽可能地避免泡沫遭到破坏。所以，在喷射泡沫时，要尽量沿着罐壁，或贴着油面喷射。

二是尽量避免高温破坏。高温要对泡沫产生一定的破坏作用，所以在喷射泡沫时，要尽量使泡沫避免流经高温的罐壁，并注意避开火浪。

三是要尽量加快流动速度。使用泡沫扑救油类火灾，主要是靠泡沫本身流动来进行覆盖，从而达到灭火效果。为了加快泡沫流动的速度，可适当移动枪炮，使灭火效果更好。

三、干粉灭火技术

干粉灭火技术主要是使用干粉炮灭火的技术。使用干粉炮灭火应该注意以下几个问题：

（一）要调整好角度

试验证明，使用干粉灭火大都是以侧壁喷射（也就是水平喷射）效果最好。因此，在使用干粉炮灭火时应尽量使炮的发射方向与油面平行。

（二）要掌握移动速度

解放车干粉灭火的喷射时间为50s，在喷射时是移动还是不移动，若移动，移动速度是多少，在事先要确定好。因为干粉灭火的特点是要一次覆盖完毕，如掌握不好就可能造成回火，从而导致整个灭火失败。

（三）要保证有足够压力

干粉炮的工作压力为13.8MPa，在使用中要通过压力表检查干粉罐内的压力，保证有足够压力时才能开炮。

（四）最低供给强度

单独使用干粉灭油品火灾的最低供给强度，应不小于$8.3kg/m^2$。

自学指导

学习重点：油罐火灾灭火力量的调集、油品特性及不同类型火灾的处置措施。

学习难点：灭火剂数量的确定及重大险情的辨识与处置。

复习思考题

一、填空题

1. 油罐火灾发生后，其冷却降温的方法主要有（   ）、（   ）、（   ）或（   ）等。

2. 在"集中兵力，准确迅速"的战术原则指导下，依据火场实际情况集中兵力打歼灭战，应按照（   ）、（   ）的要领实施灭火战斗。

3. 当储罐区内的油罐为直径大于20m的地上固定顶油罐时，冷却水的供给时间为（   ）h。当储罐区内的油罐为浮顶油罐或直径小20m的地上固定顶油罐时，冷却水的供给时间为（   ）h。

4. 进行油罐火灾扑救时，消防车停放距离在保证喷射器具流量压力的前提下，必须停在设备的安全距离范围内，要求距罐（   ）处，确保险情发生时不受伤害。

5. 一重型泡沫车车载泡沫液2000L，出1只PP24泡沫炮灭火，可连续喷射的时间为（   ）。

二、单项选择题

1. 油罐发生火灾时，在实际操作中冷却着火罐供水强度为（   ）。
A. 0.8L/(s·m)　B. 0.6L/(s·m)　C. 0.45L/(s·m)　D. 0.6L/(s·m)

2. 油罐发生火灾时，每支19mm口径水枪，有效射程为17m、流量为7.5L/s时，可冷却着火罐周长约为（   ）。
A. 8m　B. 10m　C. 12m　D. 6m

3. 防火堤内油罐数量较多和储油量较大时，应设有隔堤，每一隔堤内油罐的数量，一般是单罐容量等于或大于5000m³且小于20000m³时，隔堤内油罐数量不应多于（   ）座。
A. 2　B. 3　C. 4　D. 5

三、简答题

1. 灭沸溢性油品火灾，消防车停车位置应遵循哪些原则？
2. 为什么轻质油品不会发生沸溢、喷溅？
3. 沸溢喷溅的形式有哪些？其征兆是什么？
4. 油罐火灾的作战原则是什么？

四、论述题

1. 以油罐火灾为例，说明如何正确理解"先控制、后消灭"的作战原则。
2. 试论述立体式油罐火灾的扑救措施。

第八章 危险化学品泄漏事故处置

学习目标

1. 应了解、识记的内容
- 危险化学品泄漏事故的形成过程。
- 危险化学品泄漏事故处置的基本任务和程序。
2. 应理解、领会的内容
- 危险化学品事故现场的侦检方法及侦检的实施过程、危险区域的确定方法。
- 常见危险化学品洗消方法、所采用的洗消剂种类、所需的药剂量的确定及具体洗消过程的实施。
3. 应掌握、应用的内容
- 危险化学品泄漏事故现场人员的安全防护技术和方法,并能够采取正确的安全防护等级进行防护。
- 危险化学品泄漏事故的现场控制技术和泄漏物的现场处置技术。

自学时数 10 学时

老师导学

本章在介绍危险化学品泄漏事故现场处置基本任务和程序的基础上,系统阐述了危险化学品泄漏事故现场侦检、安全防护、现场处置和洗消等技术方法。重点强调了危险化学品泄漏事故现场人员的安全防护技术和方法,能针对不同类型、规模的事故,采取正确的安全防护等级进行防护。在本章的学习中,应重在应用,要熟练掌握危险化学品泄漏事故的现场控制技术和泄漏物的现场处置技术,特别是对于较大的泄漏事故现场,能充分分析事故现场及其周围的危险状况,灵活采取控制或处置措施,将事故的危害控制在一定范围内。

危险化学品在生产、储存、运输和使用过程中经常会发生泄漏事故。危险化学品泄漏事故具有突发性,事故危险源扩散迅速,对现场人员危害严重,作用范围广,处置难度大等特点,是消防应急救援工作的主要方面。危险化学品泄漏事故的现场处置必须做到迅速、准确和有效。研究危险化学品泄漏事故的处置程序和方法,对于控制事故现场、减少人员伤亡和财产损失意义重大。

第一节 危险化学品泄漏事故处置的任务和程序

危险化学品泄漏事故发生后,具有潜在的火灾、爆炸、毒害等危险,可能造成重大的人员伤亡及其他社会危害,事故现场处置十分复杂、艰巨和困难。了解和掌握事故处置的基本任务和一般程序,对于有效控制事故现场,准确处置事故是十分必要的。

一、现场处置的基本任务

1. 控制危险源

及时控制事故的危险源,是危险化学品泄漏事故处置工作的重要任务,只有及时控制住危险源，防止事故的继续扩展，才能及时、有效地进行救援。

2. 抢救受害人员

抢救受害人员是危险化学品泄漏事故处置工作的首要任务，体现了"救人第一"的指导思想。在应急救援行动中，及时、有序、有效地实施现场急救与安全转送伤员是降低伤亡率、减少事故损失的关键。

3. 指导防护，组织撤离

由于危险化学品泄漏事故发生突然、扩散迅速、涉及面广、危害大，应及时指导和组织群众采取各种措施进行自身防护，并向上风向迅速撤离出危险区域或可能受到危害的区域。在撤离过程中应积极组织群众开展自救和互救工作。

4. 现场清消，消除危害后果

对事故泄漏的有毒有害物质和可能对人体和环境继续造成危害的物质，应及时组织人员予以清除，采取封闭、隔离、洗消等措施，消除危害后果，防止对人体的继续危害和对环境的污染。

5. 查清事故原因，估算危害程度

事故发生后应及时调查事故的发生原因和事故性质，估算出事故的危害波及范围和危险程度，查明人员伤亡情况，做好事故调查。

二、现场处置的一般程序

1. 调集救援和处置力量

根据接警时了解的危险化学品泄漏事故的规模、危害和发生的场所，迅速确定和派出第一出动力量，注意考虑同时调集其他社会救援力量，带足有关的抢险救援器材，如空呼器、防化服、侦检、毒物收集、输转、堵漏、洗消、照明等器材。

2. 了解和掌握现场主要情况

采取询问和现场侦检的方法，了解和掌握泄漏物种类、性质、泄漏时间、泄漏体的泄漏部位、泄漏开口形式、储罐容积、实际储量、压力和泄漏量、泄漏事故已波及的危害范围、潜在的险情（燃烧、爆炸、中毒等）以及人员遇险和被困等与处置行动有关的信息。

3. 现场防护

危险化学品泄漏事故处置之前，搞好现场处置人员的安全防护工作。根据泄漏介质的危险性及侦察划定的危险区域，确定处置人员的防护等级和防护标准，如佩戴空气呼吸器，着防毒衣或防化服等。

4. 疏散抢救人员和控制险情发展

疏散抢救人员，要充分依靠当地的公安民警、事故单位的保安、居民委员会人员及医疗急救中心的医务人员等，迅速对污染区的受害人员进行现场医疗救助，对其他群众进行疏散。

控制险情发展，可采取的具体技术措施：划定警戒区，设置警戒线；控制火源，防止爆炸；稀释浓度，减弱危害；冷却罐体，降低蒸发；设置水幕，阻止扩散；封堵地沟，堵截流散。

5. 消除危险源

消除危险源包括控制危险化学品的泄漏和对已泄漏危险化学品的处置两部分内容。消除危险源常用的技术措施有：关阀断源、堵漏止流、包封隔离、倒罐置换、回收输转、强力驱散、放空点燃、引火焚烧等。

6. 现场洗消

洗消是消除现场残留有毒物质的有效方法。它是利用大量的、清洁的、加温的水，对人员和事故发生地域进行的清洗。当发生的灾害事故特别严重，仅使用普通清水无法达到洗消效果时，要使用特殊的洗消剂进行洗消。

现场临时洗消站（点）的设立，在抢救疏散人员时就应开始。因为对疏散出来的人员、动物或设备要先检测，并消除其携带污染毒物。即使经过第一次洗消后，还需要做第二次检测，合格者可被转移到安全区域中，或被送往医院接受治疗，不合格者仍需再次洗消，直至合格。

现场洗消包括对人员的洗消、对器材装备（甚至洗消设备）的洗消、对污染区域的地面、建筑的洗消。

洗消污水的排放，要经过环保部门的检测，以防止造成二次污染。

7. 撤离归队

清理现场，将残留的泄漏介质收集后送至废物处理站或移交环保部门处置；现场清理后，视情将现场管理交由物权单位或事权单位，并由负责人签字；交接后，各参战单位应清点人数，整理装备，统一撤离现场。

第二节　危险化学品泄漏事故现场侦检

侦检是危险化学品泄漏事故现场处置的首要环节，及时准确地查明事故现场的情况是有效处置危险化学品泄漏事故的前提条件。危险化学品泄漏事故现场侦检的目的是掌握危险化学物质的种类、浓度及其分布。危险化学品的侦检一般在情况不明又十分紧迫时，以定性查明危险物的品种为主，只有准确知道危险物是什么物质，才能有效地对危险化学品泄漏事故进行处置。在确定如何救援时，则要重视定量分析的结果，即确定危险化学物质的浓度及其分布，准确定量才能使采取的处置措施更可靠与完善。

一、现场侦检的方法

（一）感官检测法

感官检测法是最简易的监测方法，即根据各种危险化学品的物理性质，通过受过训练人员的嗅觉、视觉等感觉器官察觉危险化学品的颜色、气味、状态和刺激性，进而初步确定危险化学品种类的一种方法。对危险化学品泄漏事故的现场实施侦检时，进行必要的主观判断有利于克服侦检的盲目性和便于选用正确的侦检方法和器材。感官检测法有以下几种途径：

1. 根据盛装危险化学品容器的漆色和标识进行判断

盛装危险化学品的容器或气瓶，一般要求涂有专门的漆色并写有物质名称字样及其字样颜色标识。常见的有毒危险气体气瓶的漆色和字样见表8-1。

表 8-1 常见的有毒危险气体气瓶的漆色和字样

气瓶名称	气瓶漆色	字样（颜色）	化学式
氨	黄	液氨（黑）	NH_3
氯	草绿	液氯（白）	Cl_2
硫化氢	白	液化硫化氢（红）	H_2S
碳酰二氯（光气）	白	液化光气（黑）	$COCl_2$
氯化氢	灰	液化氯化氢（黑）	HCl
氟化氢	灰	液化氟化氢（黑）	HF
三氟化硼	灰	三氟化硼（黑）	BF_3
溴甲烷	灰	液化溴甲烷（黑）	CH_3Br

2. 根据危险化学品的物理性质进行判断

危险化学品的物理性质包括气味、颜色、沸点等。不同危险化学品的物理性质不同，在事故现场的表现也有所不同。比如：危险化学品中的有毒气体多具有特殊气味，在其泄漏扩散区域内都可能嗅到其气味，如氰化物具有杏仁味，二氧化硫具有特殊的刺鼻味，氯气为黄绿色异臭味的强烈刺激性气体；氨气为无色有强烈臭味的刺激性气体，燃烧时火焰稍带绿色；硫化氢为无色有臭鸡蛋气味的气体，浓度达到 $1.5 mg/m^3$ 时就可以用嗅觉辨出，浓度为 $3000 mg/m^3$ 时由于嗅觉神经麻痹，反而嗅不出来。再如，沸点低、挥发性强的物质，如光气、氯化氰等泄漏后迅速汽化，在地面无明显的霜状物；而沸点低蒸发潜热大物质，如氢氰酸、液化石油气泄漏的地面上则有明显的白霜状物。

许多化学物质的形态、颜色相同，无法区别，所以单靠感官检测是不够的，并且对于剧毒物质也不能用感官方法检测，因此只能依靠根据危险化学品的物理性质对事故现场进行初步的判断。常见的某些危险化学品的可嗅浓度见表 8-2。

表 8-2 常见的某些危险化学品的可嗅浓度

种类	气味	可嗅浓度/(mg/m^3)	种类	气味	可嗅浓度/(mg/m^3)
氨气	刺激性恶臭味	0.7	氢氰酸	苦杏仁味	1.0
氯气	刺激味	0.06	光气	烂干草味	4.4
芥子气	大蒜味	1.3	氯化氰	刺激味	2.5
路易氏剂	天竺葵味	1.0	沙林或梭曼	有微弱的水果香味或樟脑味	5.0

3. 根据人或动物中毒的症状进行判断

通过观察危险化学品引起人员和动物中毒症状或死亡，以及引起植物的花、叶颜色变化和枯萎的方法，初步判断危险化学品的种类。危险化学品的毒害作用不同，人或动物的中毒症状有所差异。例如，中毒者呼吸有苦杏仁味、皮肤黏膜鲜红、瞳孔散大，为全身中毒性毒物；中毒者开始有刺激感、咳嗽，经 2~8h 后咳嗽加重、吐红色泡痰，为光气；中毒者的眼睛和呼吸道的刺激强烈、流泪、打喷嚏、流鼻涕，为刺激性毒物等。

（二）动植物检测法

动物检测法是利用动物的嗅觉或敏感性来检测有毒有害化学物质，如狗的嗅觉特别灵敏，国外利用狗侦查毒品已很普遍。美军曾训练狗来侦检化学毒剂，使其嗅觉可检出六种化学毒剂，当狗闻到微量化学毒剂时即反映出不同的吠声，其能检出浓度低至 0.5～1.0mg/L 的化学毒剂。还有一些鸟类对有毒有害气体特别敏感，如在农药厂的生产车间里养一种金丝鸟或雏鸡，当有微量化学物质泄漏时，动物就会立即有不安的表现，甚至挣扎死亡。

检测植物表皮的损伤也是一种简易的检测方法，现已逐渐被人们所重视。有些植物对某些有毒气体很敏感，如人能闻到二氧化硫气味的浓度为 1～5mg/m³，在感到明显刺激，如引起咳嗽、流泪等时，其浓度约为 10～20mg/m³，而有些敏感植物在浓度为 0.3～0.5mg/m³ 时，就在叶片上就会出现肉眼能见的伤斑。再如氢氟酸污染叶片后，其伤斑呈环带状，分布于叶片的尖端和边缘，并逐渐向内发展。利用植物这种特有的"症状"，可为事故现场危险化学品的检测提供旁证。

（三）便携式检测仪侦检法

根据危险化学品泄漏事故现场侦检的准确、快速、灵敏和简便的要求，现场使用的侦检仪器也应具备便携性、可靠性、选择性和灵敏性、测量范围宽和安全性等特点。

便携性即轻便、防振、防冲击；可靠性即响应时间短、能迅速读出测量数据、测量数据稳定；选择性和灵敏性即抗干扰能力强，能识别所测物质；测量范围宽和安全性即仪器内部能防止各种不安全因素，如外在电压、火焰、热源所引起的电火花等。目前，比较常用的便携式检测仪有智能型水质分析仪和有毒气体检测仪等。

1. 智能型水质分析仪

智能型水质分析仪主要用于定量分析水中氰化物、甲醛、硫酸盐、氟、苯酚、二甲酚、硝酸盐、磷、氯、铅等共计 23 种有毒有害物质。

注意事项：在使用时置于平面，避免强光照射，远离热源，环境不得有烟尘。

2. 有毒气体检测仪

有毒气体检测仪类型众多，有检测单一品种气体的检测仪，如一氧化碳检测仪、氨气检测仪等；也有同时检测多种气体的多功能气体检测仪，如奥德姆 MX21 智能型多种气体检测仪。

奥德姆 MX21 检测仪，可同时检测四类气体的浓度，且根据设定的危险值进行报警。可检测的四类气体为可燃气体（甲烷、煤气、丙烷、丁烷等 31 种）、毒气（一氧化碳、硫化氢、氯化氢等）、氧气和有机挥发性气体。

使用该检测仪时应注意的事项：

（1）使用前检查电源情况　检测仪器使用的电池有一定的时限，当电池不足时，应及时更换，否则检测不准。

（2）使用前检查传感器的寿命　传感器使用时间长后，检测的灵敏度下降明显，需要更换或校验，尤其是电化学传感器，因为电解液放置一定时间后会失效，其使用寿命一般为 1～3 年。因此，要根据使用说明，检查传感器的使用寿命。

（3）在现场使用时，注意留有一定的响应时间　检测仪需要气体扩散或被抽吸到传感器入口，并进行相应的反应，这个过程虽然较快，但仍需要一定时间，例如 1s。因此，现场侦检时，移动速度不能太快，以致来不及检测出对应位置的气体浓度。

（4）在爆炸危险场所，禁止拆卸仪器　即使检测仪是防爆的，但在更换电池时、充电时、临时性修理时都可能破坏仪器的防爆性能。当必须拆卸时，必须离开爆炸危险场所到安全区进行。

(四) 化学侦检法

利用化学品与化学试剂反应后,生成不同颜色、沉淀、荧光或产生电位变化进行侦检的方法称为化学侦检法。用于侦检的化学反应有亲核反应、亲电反应、氧化还原反应、催化反应、分解反应和配位反应等,利用化学侦检法的原理,可以制成各种侦检器材,例如侦检管和侦检纸。

1. 侦检管

侦检管是一种检测化学品事故现场中可燃气体和毒性气体浓度的检测仪,由检测管(或检气管)和采样器两部分组成。侦检管按测定方法可分为比长型侦检管和比色型侦检管。在已知危险化学品种类的条件下,利用侦检管可在 $1\sim2$ min 内,根据检测管颜色的变化确定是否存在被测物质,根据检测管色变的长度或程度测出被测物质的浓度。

常见危险化学品的侦检管见表 8-3。

表 8-3 常见危险化学品的侦检管

检气管	颜色变化	所用试剂	类型
一氧化碳	黄→绿→蓝	硫酸钯、硫酸铵、硫酸、硅胶	比色型
二氧化碳	蓝→白	百里酚蓝、氢氧化钠、氧化铬	比长型
二氧化硫	棕黄→红	硝普钠、氯化锌、乌络托品、素陶瓷	比长型
硫化氢	白→褐	醋酸铅、氯化钡、素陶瓷	比长型
氯	黄→红	荧光素、溴化钾、碳酸钾、氢氧化钠、硅胶	比长型
氨	红→黄	百里酚蓝、硫酸、硅胶	比长型
氧化氮	白→绿	联邻甲苯胺、硫酸铜、硅胶	比长型
磷化氢	白→黑	硝酸银、硅胶	比长型
氰化氢	白→蓝绿	联邻甲苯胺、硫酸铜、硅胶	比长型
丙烯腈	白→蓝	联邻甲苯胺、硫酸铜、硅胶	比长型
苯	白→紫褐	发烟硫酸、多聚甲醛、硅胶	比长型

2. 侦检纸

侦检纸是用化学试剂处理过的滤纸、合成纤维或其他合成材料压成的纸样薄片,是一种化学试纸。目前已有的侦检纸可对多种有害化学物质进行定性和半定量测定。其侦检原理是利用危险化学品与显色试剂的特征化学反应使侦检纸发生颜色变化,或化学品对染料的特征溶解作用使侦检纸出现色斑来确定化品的种类。

表 8-4 列出了常见的化学毒害气体侦检纸所用的显色剂及颜色变化。

表 8-4 常见的化学毒害气体侦检纸所用的显色剂及颜色变化

被测物	显色剂	颜色变化	被测物	显色剂	颜色变化
一氧化碳	氯化钯	白→黑	二氧化碳	碘酸钾+淀粉	白→紫蓝
二氧化硫	亚硝酰铁氰化钠+硫酸锌	浅玫瑰色→砖红色	二氧化氯	邻甲联苯胺	白→黄
二氧化氮	邻甲联苯胺	白→黄	二硫化碳	哌啶+硫酸铜	白→褐

二、现场侦检的实施

为了准确和迅速地测出现场危险化学品的浓度及其分布，侦检小组人员在做好个人安全防护工作的前提下，应掌握以下几点内容。

（一）选择采样和检测点

危险化学品泄漏事故发生后，泄漏的化学物质分布极不均匀，时空变化大，对周围环境、人员等要素的污染程度各不相同。因此，应急监测时采样和检测点的选择对于准确判断污染物的浓度分布、污染范围与程度等极为重要。

采样和检测点选择的基本要求是染毒浓度高、密度大、检测干扰小。在选择采样和检测点时应考虑以下因素：

1）事故的类型、严重程度与影响范围。
2）事故发生的地点（如是否为饮用水源地、水产养殖区等敏感水域）与人口分布情况（是否在市区等）。
3）事故发生时的天气情况，尤其是风向、风速及其变化情况。

（二）现场侦检的实施方法

污染物进入周围环境后，随着稀释、扩散、降解和沉降等自然作用以及应急处理处置后，其浓度会逐渐降低。为了掌握事故发生后的污染程度、范围及变化趋势，需要实时进行连续的跟踪监测，原则上主要根据现场污染状况确定采样频率和次数。

各侦检小组至少应由 3 人组成，其中 2 人负责检测浓度，1 人随后记录和设置标志。其行进队形可根据现场地形特点，采用后三角（前 2 人后 1 人）形式向前推进。在较大的场地条件下，担任检测的 2 名队员，间隔应在 50m 以内，便于相互呼应。负责设置标志的队员（通常由组长担任）紧跟其后。

当危险化学品浓度超过最高容许浓度（或预定吸入反应区边界浓度）时，开始放置标志，由这些标志物构成的一线，即为吸入反应区边界。然后，继续推进，边前进边侦检，直至测得轻度区边界浓度时，再设置标志，为轻度危险区边界。依此类推，直至标出重度危险区边界。

用来划分和标出危险区域边界的标志物，应具有醒目、易于放置、便于携带等特点。对于城市建筑物林立、车辆人流繁杂环境，可用长 10m、宽 2cm 的有色塑料标志带和带有可拆卸的底座的三角旗作标志物，根据当时的地形地物，灵活放置。对不同危险区边界标志物的颜色应有明确区分，例如重度区边界的标志物为红色，中度区边界的标志物为黄色，轻度区边界的标志物为白色。

由于现场测得的是化学危险源的瞬间浓度。随着气体或挥发性液体的扩散和大气气象条件的变化，化学品的浓度不断变化，因此在测得各危险区边界后应派 1~2 名侦检人员，监视危险区边界变化，随时根据变化情况重新标志，增大或减小现场的危险区域范围，并及时向上级报告。

三、现场危险区域的确定

根据事故现场侦检情况，考虑危险化学品对人体的伤害程度，一般将危险化学品泄漏事故现场危险区域分为重度区、中度区、轻度区和吸入反应区四个区域，各危险区域边界浓度应根据危险化学品对人体的急性毒性数据，适当考虑爆炸极限和防护器材等其他因素综合确定。常见危险化学品的危险区域及边界浓度见表 8-5。

表 8-5 常见危险化学品的危险区域及边界浓度

名 称	车间最高容许浓度 /(mg/m³)	轻度区边界浓度 /(mg/m³)	中度区边界浓度 /(mg/m³)	重度区边界浓度 /(mg/m³)
一氧化碳	30	60	120	500
氯 气	1	3~9	90	300
氨	30	80	300	1000
硫化氢	10	70	300	700
氰化氢	0.3	10	50	150
光气	0.5	4	30	100
二氧化硫	15	30	100	600
氯化氢	15	30~40	150	800
氯乙烯	30	1000	10000	50000
苯	40	200	3000	20000
二硫化碳	10	1000	3000	12000
甲醛	3	4~5	20	100
汽油	350	1000	4000	10000

1. 重度区及边界浓度

重度区为半致死区，由某种危险化学品对人体的 Lct_{50}（半致死剂量）确定，一般是指化学品事故危险源到 Lc_{50}（半致死浓度）等浓度曲线边界的区域范围，小则下风向几十米，大则上百米的范围。该区域危险化学品蒸气的体积百分比浓度高于 1%，地面可能有液体流淌，氧气含量较低。人员如无防护并未及时逃离，半数左右人员有严重的中毒症状，不经紧急救治 30min 内有生命危险，只有少数佩戴氧气面具或隔绝式面具，并穿着防毒衣的人员才能进入该区。

2. 中度区及边界浓度

中度区为半失能区，由某种危险化学品对人体的 Ict_{50}（半失能剂量）确定，一般是指 Lc_{50} 等浓度曲线到 Ic_{50}（半失能浓度）等浓度曲线的区域范围。该区域中毒人员比较集中，多数都有不同程度的中毒，是应急救援队伍重点救人的主要区域。该区域人员有较严重的中毒症状，但经及时治疗，一般无生命危险；救援人员戴过滤式防毒面具，不穿防毒衣能活动 2~3h。

3. 轻度区及边界浓度

轻度区为中毒区，由某种危险化学品对人体的 Pct_{50}（半中毒剂量）确定，一般是指 Ic_{50} 等浓度曲线到 Pc_{50}（半中毒浓度）等浓度曲线的区域范围。该区域人员有轻度中毒或吸入反应症状，脱离污染环境后经门诊治疗基本能自行康复。人员可利用简易防护器材进行防护，关键是根据毒物的种类选择防毒口罩浸渍的药物。

4. 吸入反应区及边界浓度

吸入反应区是指 Pc_{50} 等浓度曲线到稍高于车间最高容许浓度的区域范围。该区域内一部分人员有吸入反应症状或轻度刺激，在其中活动能耐受较长时间，一般在脱离染毒环境后24h内恢复正常，救援人员可对群众只作原则指导。

第三节 危险化学品泄漏事故现场防护

在危险化学品泄漏事故现场，救援人员常要直接面对高温、有毒、易燃易爆及腐蚀性的化学物质，或进入严重缺氧的环境，为防止这些危险因素对救援人员造成中毒、烧伤、低温伤等伤害，必须加强个人的安全防护，掌握相应的安全防护技术。

一、现场安全防护标准

不同类型的化学事故其危险程度不同。对于危险化学品的泄漏事故现场，要根据不同种类和浓度的化学毒物对人体无防护条件下的毒害性和确定的危险区域范围，并充分考虑到救援人员所处毒害环境的实际安全需要，来确定相应的安全防护等级和防护标准，具体见表8-6和表8-7。

通常用于化学事故应急救援的个人防护器材按用途可分成两大类：一类是呼吸器官和面部防护器材，统称呼吸防护器材；另一类是身体皮肤和四肢的防护器材，统称皮肤防护器材。根据化学事故危害的程度、救援任务的要求、现场环境及救援人员生理等因素确定的个人防护器材合理使用和组合的等级就称为安全防护等级。安全防护等级确定后，并不是一直不变的，在救援初期可能使用高等级的防护措施，但当泄漏的有毒化学品浓度降低时，可以降为低一级的防护。

表 8-6 现场安全防护等级

毒类 \ 危险区	重度危险区	中度危险区	轻度危险区
剧毒	一级	一级	二级
高毒	一级	一级	二级
中毒	一级	二级	二级
低毒	二级	三级	三级
微毒	二级	三级	三级

表 8-7 现场安全防护标准

级别	形式	防化服	防护服	防护面具	其他
一级	全身	内置式重型防化服	全棉防静电内外衣	正压式空气呼吸器	—
二级	全身	封闭式防化服	全棉防静电内外衣、头罩	正压式空气呼吸器	防化手套、防化靴、安全帽
三级	头部	简易防化服；头罩式化学防护服	战斗服	滤毒罐、面罩或口罩、毛巾等防护器具	抢险救援手套、抢险救援靴

二、呼吸防护器材

在化学事故应急救援中，用于保护救援人员呼吸器官、眼睛和面部免受有毒有害化学品直接伤害的器材，统称呼吸防护器材。

（一）呼吸防护器材的种类

呼吸防护器材按其使用环境（气源不同）、结构和防毒原理主要分为过滤式和隔绝式两种。过滤式呼吸器只能在不缺氧的劳动环境和低浓度毒污染下使用，一般不能用于罐、槽等密闭狭小容器中作业人员的防护。隔离式呼吸器能使戴用者的呼吸器官与污染环境隔离，由呼吸器自身供气或从清洁环境中引入空气维持人体的正常呼吸，可在缺氧、有毒、严重污染或情况不明的危险化学品泄漏事故处置现场使用，一般不受环境条件限制。

1. 过滤式呼吸器

过滤式呼吸器是靠过滤原理清除空气中的有毒物，也称净化呼吸器。这类呼吸器材的气源是环境的大气，自身不带气瓶，它是利用吸入环境空气，经过过滤除毒得到干净的空气，提供给使用者，因此，仅当空气中含氧量不低于18%或有害气体浓度小于2%时方可使用。

2. 隔绝式呼吸器

隔绝式呼吸器使救援人员的呼吸器官与有毒空气隔绝，由器材本身供给人员呼吸用的空气和氧气，也称供气式呼吸器。目前有自给式供气呼吸器和非自给式供气呼吸器两大类。自给式供气呼吸器能自身供给空气（氧气），在充满各种有毒气体和缺氧的条件下提供呼吸道保护。非自给式供气呼吸器是借助软管或管路连通无污染空气源向使用者提供洁净空气。根据所用气瓶和供气源种类的不同，又可分为氧气呼吸器和空气呼吸器。

（二）呼吸防护器材的选择原则

在熟悉和掌握各种防护器材的性能、结构及防护对象的情况下，应根据化学事故现场毒物的浓度、种类、现场环境及劳动强度等因素，合理选择不同防护种类和级别的滤毒罐，并且使用者应选择适合自己面型的面罩型号。一般情况下，呼吸防护器材应按有效、舒适和经济的原则选择，同时还应考虑以下几方面的因素：

1. 选用何种类型的呼吸防护器材

在污染物质性质、浓度不明或确切的污染程度未查明的情况下必须使用隔绝式呼吸防护器材；在使用过滤式防护器材时要注意不同的毒物应使用不同的滤料。

2. 呼吸防护器材能否起作用

新的防护器材要有检验合格证，库存的是否在有效期内及用过的是否已更换新的滤料等。

3. 佩戴呼吸防护器材

一定要保证呼吸道防护用具的密封性，佩戴面具感到不舒服或时间过长时，要摘下防护器材或检查滤料是否要更换。

三、皮肤防护器材

在化学事故应急救援中，用于保护人体的体表皮肤免受毒气、强酸强碱、高温等的侵害的特殊服装，统称皮肤防护器材。皮肤防护器材主要包括防化服、防火服、防火防化服以及与之配套使用的其他头部和脚部防护器材等。

（一）防化服

防化服主要用于化学物质作业场所和应急处理现场人员的防护，从结构上分为全密闭式和非全封闭式两类。前者采用抗浸透性、抗腐蚀的材料制成，在污染较严重的场所使用；后者主要在轻、中度污染场所使用。

1. 简易防化服

简易防化服又称短时轻度污染用防毒服，由拉伸性极强的高强度聚乙烯制成，具有防液体化学喷射及污染功能，适用于液态化学品溅射的防护。该服仅供一次性使用并与防化手套和防化胶靴联用。

2. 封闭式防化服

封闭式防化服的材料为双层，内层为活性炭布，它是由普通棉布或阻燃布双面起绒，然后在单面粘涂活性炭，多孔性活性炭具有吸附毒气的性能，外层为聚四氟乙烯覆膜布，它具有很强的耐腐蚀和防毒性能。该防化服可与所有防毒面具配用，重量轻，防化学毒物的渗透性能良好，可以满足在救援人员进行现场侦检、救人和消除化学物质污染等任务时个人皮肤防护的需要。

3. 内置式重型防化服

内置式重型防化服由头部设备、主体服、手套、靴子组成。头部设备配有空气呼吸器和内置式通话系统。头部由头盔保护，面罩可防止化学物品的喷射并可任意转动，不妨碍视野；主体服由高重量的弹性塑料涂层织物制成，其基料聚酰亚胺具有阻燃、隔热、防腐、防毒和耐老化的性能，在基料的内外两面共涂有三层橡胶涂层，该涂层织物可抗芳香烃、卤代烃、酸、植物油和动物油、液态和气态氯的渗透。该防化服由双层缝制，衣服的拉锁由氯丁橡胶粘合，完全密封。主体服的背部的口袋中留有气门，用于排除多余气体，可保持防化服内的正压；手套由氯丁橡胶制成，有高弹性塑料的涂层。袖子的安装是通过一种自动安全的坚固装置完成的，可快速安装及拆卸，两只手套可互换；靴子由防扎、防腐蚀材料制成，具有较好的安全保护性能。该服能让使用者免受液态或气态危险化学品的侵袭，适合在高浓度危险化学品泄漏后进行堵漏作业时使用。

（二）防火防化服

防火防化服由上衣和裤子组成，采用内外两层材料制作而成。外层均匀喷涂有耐火材料或镀上铝保护层，能在短时间内抵御高温对人体的袭击。内层为防化材料，可以防止液态或气态的有毒有害化学品对人体的侵袭。主要是在执行同时伴有危险化学品泄漏和火灾事故救援时使用。

（三）手、脚部防护用品

在危险化学品泄漏事故现场，救援人员主要使用耐腐蚀和耐高热的手套和鞋（靴）来保护手脚部免受化学物质的腐蚀、渗透和高温的威胁。常用的有耐酸碱手套、防火隔热手套和隔热胶靴等。

1. 防化手套和防化靴

防化手套和防化靴应具有良好的耐酸碱性能和抗渗透性能，主要用于有酸碱及其他腐蚀性液体或有腐蚀性液体飞溅的场所。

2. 防火隔热手套

防火隔热手套采用高强度耐高温纤维织物制成，手背部位加铝膜覆面层以隔绝辐射热，里层采用不燃性合成纤维毡以防热传导，该手套可接触赤热燃烧物。

3. 隔热胶靴

隔热胶靴的筒部、脚部、底及后跟表面采用耐热橡胶，中层采用绝热海绵层或绝热石棉层，脚趾前部用金属护板加强，以防止掉落物落下而击伤，内表面使用棉针织物，表面涂耐热银色，为防止扎透，内层放置薄钢板。

（四）皮肤防护器材的选用与维护

在选用皮肤防护器材时，应根据事故现场存在的危险因素选择质量合格的、适宜的防护服种类。并注意以下几点：

1) 必须清楚防护服装的防护种类和有效防护时间。

2) 要了解污染物质的性质和浓度，尤其要根据其毒性、腐蚀性、挥发性等性质选择防护服装的种类，否则起不到防护作用。

3) 了解防护服装是否能反复使用，能反复使用的防护服装在使用后一定要检查是否有破损，无破损的根据要求清洗干净以备下次使用。

第四节 危险化学品泄漏事故现场处置

危险化学品具有易燃易爆性、强氧化性、毒害性和腐蚀性。一旦危险化学品在生产、经营、储存、运输和使用过程中发生泄漏事故，会给国家和人民群众的生命财产以及生态环境造成极大的危害。

危险化学品泄漏事故是指盛装危险化学品的容器、管道或装置，在各种内外因素的作用下，其密闭性受到不同程度的破坏，导致危险化学品非正常地向外泄放、渗漏的现象。危险化学品泄漏事故区别于正常的跑冒滴漏现象，直接原因是在密闭体中形成了泄漏通道和泄漏体内外存在压力差。

一、危险化学品泄漏事故的形成过程

（一）设计方面存在缺陷

如选址不当，将重要的化工设施建在地震断裂带、易滑坡地带、雷击区、大风带区等，一旦地形、气象发生变化，化工设施遭到破坏，就会发生危险化学品泄漏事故。

（二）设备方面存在问题

如盛装危险化学品的设备质量达不到有关技术标准的要求。表现在设备材料缺陷，如固有的裂缝、微孔、砂眼；加工焊接比较差，如焊接拼缝中存在气孔、夹渣或未焊透情况；化工装置区防爆炸、防火灾、防雷击等设施不齐全、不合理，维护管理不落实等；设备老化、带故障运行等造成阀体磨损、管道腐蚀而使危险化学品泄漏。

（三）安全管理薄弱，从业人员违章行为突出

某些企业在危险化学品的生产、储存和使用过程中安全管理薄弱，未制定完善的工艺操作规程，没有严格执行监督检查制度，从业人员擅自离岗、误操作或违章操作等导致危险化学品泄漏。

某些危险化学品运输企业的从业人员未经过严格系统的操作技能和防护知识的培训，由于超载、疲劳驾驶、运输路线选择不正确、发生交通事故或受到外部机械撞击等因素导致危险化学品泄漏。

（四）自然灾害

自然界的地震、海啸、台风、洪水、山体滑坡、泥石流、雷击以及太阳黑子周期性的爆

发引起地球大气环流变化等自然灾害，都会对化工企业造成严重的影响和破坏，由此导致的停电、停水使化学反应失控而发生火灾、爆炸，导致危险化学品泄漏。

（五）人为或战争破坏

恐怖分子或战争的交战双方可能将危险化学品生产、储存场所及运输工具等作为袭击的目标，故意制造破坏，致使危险化学品泄漏。

二、危险化学品泄漏的控制技术

控制危险化学品泄漏的技术是指通过控制危险化学品的泄放和渗漏，从根本上消除危险化学品的进一步扩散和流淌的措施和方法。

（一）关阀断料

管道发生泄漏，泄漏点处在阀门以后且阀门尚未损坏，可采取关闭输送物料管道阀门，断绝物料源的措施，制止泄漏。关闭管道阀门时，必须设开花或喷雾水枪掩护。

关阀断料是指通过中断泄漏设备物料的供应，从而控制灾情的发展。如果泄漏部位上游有可以关闭的阀门，应首先关闭该阀门，泄漏自然会消除；如果反应容器、换热容器发生泄漏，应考虑关闭进料阀。通过关闭有关阀门、停止作业或通过采取改变工艺流程、物料走副线、局部停车、打循环、减负荷运行等方法控制泄漏源。

（二）堵漏封口

管道、阀门或容器壁发生泄漏，且泄漏点处在阀门以前或阀门损坏，不能关阀止漏时，可使用各种针对性的堵漏器具和方法实施封堵泄漏口，控制危险化学品的泄漏。进行堵漏操作时，要以泄漏点为中心，在储罐或容器的四周设置水幕、喷雾水枪，或利用现场蒸汽管的蒸汽等雾状水对泄漏扩散的气体进行围堵、稀释降毒或驱散。常用的堵漏封口的方法有调整间隙消漏法、机械堵漏法、气垫堵漏法、磁压堵漏法和胶堵密封法等。

1. 调整间隙消漏法

调整间隙消漏法常用的有关闭法、紧固法和调位法等。关闭法是对于关闭体不严导致管道内物料泄漏的情况采用的方法；紧固法是通过增加密封件的预紧力，如紧固法兰的螺栓，进一步压紧垫片、填料或阀门的密封面等实现消漏的目的；调位法是通过调整零部件间的相对位置，如调整法兰、机械密封等间隙和位置来控制或减少非破坏性的渗漏。

2. 机械堵漏法

机械堵漏法是利用密封层的机械变形力强压堵漏的方法，主要有卡箍法、塞楔法和上罩法。

（1）卡箍法　卡箍法是将密封垫压在管道的泄漏口处，再套上卡箍，上紧卡箍上的螺栓而达到止漏的方法，适用于中低压介质的堵漏。堵漏工具由卡箍、密封垫和紧固螺栓组成。密封垫的材料有橡胶、聚四氟乙烯、石墨等，卡箍材料有碳钢、不锈钢、铸铁等，应根据泄漏介质的具体情况选用卡箍材料和密封垫材料。

（2）塞楔法　塞楔法是利用韧性大的金属、木质、塑料等材料制成的圆锥体楔或斜楔挤塞入泄漏孔、裂缝、洞而止漏的方法，适用于常压或低压设备本体小孔、裂缝的泄漏。塞楔的材料主要有木材、塑料、铝、铜、低碳钢、不锈钢等，塞楔的形式常用的有圆锥塞、圆柱塞、楔式塞等，应根据漏口形状和泄漏介质的性质来确定。

3. 气垫堵漏法

气垫堵漏法是通过特殊处理的、具有良好可塑性的充气袋（筒）在带压气体作用下膨胀，直接封堵泄漏处，从而控制危险化学品泄漏的方法。该方法适用于低压设备、容器、管道本体孔洞、裂缝、管道断口的泄漏，一般来说，泄漏的介质为液体，温度不超过 85～95℃。根据充气垫和泄漏口的相对位置又分为气垫外堵法和气垫内堵法。

（1）气垫外堵法 气垫外堵法是先将密封垫压在泄漏口处，再利用固定带将充气垫牢固地捆绑在泄漏的设备上，最后通过充气源如气瓶或脚踏气泵给气垫充气，气垫袋鼓起对密封垫产生的压力将泄漏口堵住。气垫袋的充气压力一般不超过 0.6MPa。

（2）气垫内堵法 气垫内堵法是将充气垫塞入泄漏口，然后充气使之鼓胀，而将漏口堵塞住。该方法适用于堵塞地下的排水管道、断裂的管道断口等，要求泄漏介质的压力低于 1.0MPa。

4. 磁压堵漏法

磁压堵漏法是利用磁铁产生的磁力将泄漏处的密封垫或密封胶压紧而堵漏的方法，适用于泄漏处的表面平坦、设备内压不高、因砂眼、夹渣的漏孔泄漏的堵漏。如低碳钢或低合金钢材料的立式罐、卧式罐、球罐和异形罐等大型储罐所产生的孔、缝、线、面等的泄漏，也可用于一般管线和设备上的泄漏堵漏。

5. 胶堵密封法

胶堵密封法分为胶粘法和强压注胶法。

（1）胶粘法 胶粘法是利用强力胶粘剂将漏口粘合而堵漏。根据泄漏介质压力大小，可采取先堵后补法和盖板引流法。先堵后补法是先利用固态的软性胶棒将漏口堵塞住，然后再用胶将其粘合、固化的方法，适用于常压小孔、裂缝的泄漏。盖板引流法是利用预先制成的钢质堵漏盖板，盖板上有直径 5～10mm 的螺纹孔作为引流孔，用强力磁铁将涂有胶粘剂的盖板吸压在泄漏口的设备本体上，泄漏介质此时从引流孔流出，当胶粘剂固化后，再用螺栓将引流孔拧上而堵漏，适用于带压介质的泄漏。

（2）强压注胶法 强压注胶法是先在泄漏部位建造一个封闭的空腔或利用泄漏部位原有的空腔，然后再利用专门的注胶工具，把耐高温又具有受压变形的密封胶注入泄漏部位与夹具所形成的密封空腔内并使之充满，从而在泄漏部位形成密封层，在注胶压力远大于泄漏介质压力的条件下，泄漏被强行止住，密封胶在短时间内迅速固化，形成一个坚硬的新的密封结构，达到重新密封的目的，将漏口堵住。该方法适用于本体泄漏、连接面泄漏、关闭件泄漏等几乎所有的泄漏，适用温度为 -200～800℃，适用压力为 0～32MPa。

（三）倒罐

倒罐是通过输转设备和管道将液态化学品从事故储运装置倒入安全装置或容器内的操作过程。当液化石油气储运装置如储罐、液化石油气槽车，采用上述堵漏方法不能制止储罐、容器或装置泄漏时，可采取疏导的方法通过输送设备和管道将泄漏装置内部的液体倒入其他容器、储罐中，以控制泄漏量和配合其他处置措施的实施。常用的倒罐方法有压缩机倒罐、烃泵倒罐、压缩气体倒罐和压差倒罐四种。

1. 压缩机倒罐

压缩机倒罐就是首先将事故装置和安全装置的液相管连通，然后将事故装置的气相管接到压缩机出口管路上，安全装置的气相管接到压缩机入口管路上，用压缩机来抽吸安全装置的气相压力，经压缩后注入事故装置，这样在装置压力差的作用下将泄漏的液体由事故装置倒入安全装置。压缩机倒罐工艺流程如图 8-1 所示。

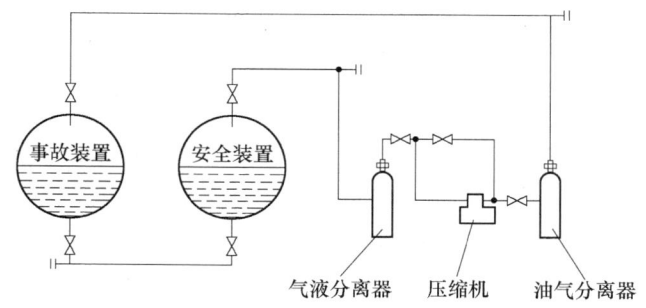

图 8-1 压缩机倒罐工艺流程

压缩机倒罐技术的优点是效率高、速度快；缺点是压力的增大会增加事故罐的泄漏量。

注意事项：采用压缩机进行倒罐作业，事故装置和安全装置之间的压差应保持在 0.2～0.3MPa 范围内，为加快倒罐作业速度，可同时开启两台压缩机；应密切注意控制事故装置的压力和液位的变化情况，不宜使事故装置的压力过低，一般应保持在 147～196kPa 范围内，以免空气渗入，在装置内形成爆炸性混合气体；在开机前，应用惰性气体对压缩机汽缸及管路中的空气进行置换。

2. 烃泵倒罐

烃泵倒罐是将事故装置和安全装置的气相管相互接通，事故装置的出液管接在烃泵的入口，安全装置的进液管接烃泵的出口，然后开启烃泵，将液体由事故装置倒入安全装置。烃泵倒罐工艺流程如图 8-2 所示。

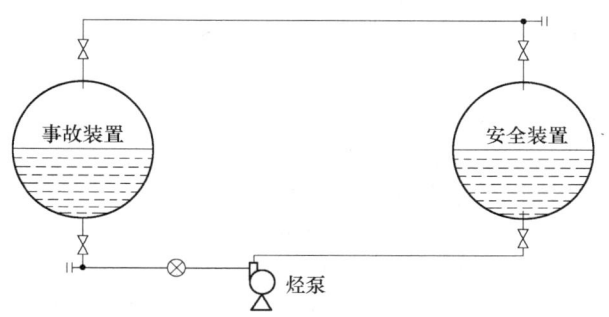

图 8-2 烃泵倒罐工艺流程

烃泵倒罐技术工艺流程简单，操作方便，能耗小。

注意事项：当事故装置内的压力过低时，应和压缩机联用，以提高事故装置内的气相压力，保证烃泵入口管路上有足够的静压头，避免发生气阻和抽空。

3. 压缩气体倒罐

压缩气体倒罐是将甲烷、氮气、二氧化碳等压缩气体或其他与储罐内液体混合后不会引起爆炸的不凝、不溶的高压惰性气体送入准备倒罐的事故装置中，使其与安全装置间产生一定的压差，从而将事故装置内的液体导入安全装置中。压缩气体倒罐工艺流程如图 8-3 所示。

压缩气体倒罐工艺流程简单，操作方便。

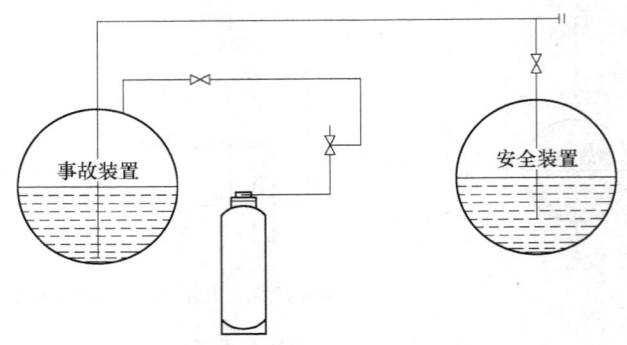

图 8-3　压缩气体倒罐工艺流程

注意事项：压缩气瓶中的气体在导入事故装置前应减压，且进入装置的压缩气体压力应低于装置的设计压力；压缩气瓶出口的压力一般控制在比事故装置内液化气饱和蒸气压高 1～2MPa 范围内。

4. 压差倒罐

压差倒罐就是将事故装置和安全装置的气、液相管相连通，利用两装置的位置高低之差产生的静压差将事故装置中的液体倒入安全装置中。压差倒罐工艺流程如图 8-4 所示。

静压差倒罐的优点是工艺流程简单，操作方便。缺点是速度慢，两容器间容易达到压力平衡，倒罐不完全。

注意事项：采用此方法倒罐必须保证事故装置和安全装置间有足够的位置高度差。

（四）转移

当储罐、容器、管道内的液体大量外泄，堵漏方法不奏效又来不及倒罐时，可将事故装置转移到安全地点处置。首先应在事故点周围的安全区域修建围堤或处置池，然后将事故装置及内部的液体导入围堤或处置池内，再根据泄漏液体的性质采用相应的处置方法。如泄漏的物质呈酸性，可先将中和药剂（碱性物质）溶解于处置池中，再将事故装置移入，进而中和泄漏的酸性物质。

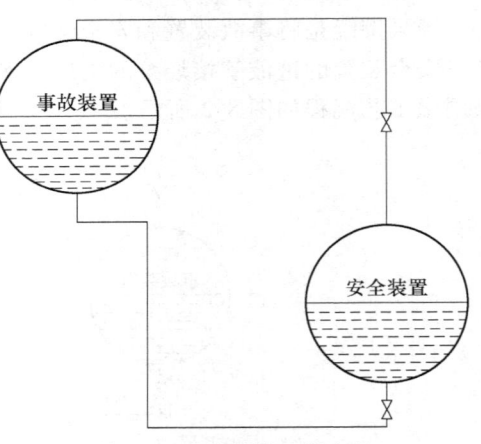

图 8-4　压差倒罐工艺流程

（五）点燃

当无法有效地实施堵漏或倒灌处置时，可采取点燃措施使泄漏出的可燃性气体或挥发性的可燃液体在外来引火物的作用下形成稳定燃烧，控制其泄漏，降低或消除泄漏毒气的毒害的程度和范围，避免易燃和有毒气体扩散后达到爆炸极限而引发燃烧爆炸事故。

1. 点燃准备

实施点燃前必须做好充分的准备工作，首先要确认危险区域内人员已经撤离，其次担任掩护和冷却等任务的喷雾水枪手要到达指定位置，检测泄漏周边地区已无高浓度混合可燃气体后，使用安全的点火工具操作。

2. 点燃方法

当事故装置顶部泄漏，无法实施堵漏和倒灌，而装置顶部泄漏的可燃气体范围和浓度有限时，处置人员可在上风方向穿避火服，根据现场情况在事故装置的顶部架设排空管线，使用点火棒如长杆或电打火器等点燃。

当泄漏的事故装置内可燃化学品已燃烧时，处置人员可在实施冷却控制，保证安全的前提下从排污管接出引流管，向安全区域排放点燃。点燃时，操作人员处于安全区域的上风向，在做好个人安全防护的前提下，通过铺设导火索或抛射火种（信号枪、火把）等方法点燃。

三、危险化学品泄漏物的处置技术

危险化学品泄漏物的处置技术是指对事故现场泄漏的危险化学品及时采取筑堤、收集、覆盖、固化等措施，使泄漏的化学品得到安全可靠的处置，从根本上消除危险化学品对环境的危害。

（一）筑堤

筑堤的作用是将液体泄漏物控制到一定范围内，是进行泄漏物处置的前提。筑堤拦截处置泄漏物除与泄漏物本身的特性外，还要确定修筑围堤的地点，既要离泄漏点足够远，保证有足够的时间在泄漏物到达前修好围堤，又要避免离泄漏点太远，使污染区域扩大，带来更大的损失。

对于无法移动装置的泄漏，则在事故装置周围筑堤或修建处置池，并根据泄漏液体的性质采用相应的处置方法。如泄漏的物质呈酸性，一般采用中和法处置。即先在处置池中放入大量的水，然后加入中和药剂（碱性物质），边加入边搅拌，使其迅速溶解，并混合均匀，防止药剂溶解放出大量的热使处置池内温度上升，造成危险品更大量地外泄。

（二）收集

对于大量液体的泄漏，可选择隔膜泵将泄漏出的物料抽入容器内或槽车内再进行其他处置；对于少量液体的泄漏可选择合适的吸附剂采用吸附法处理，常用的吸附剂有活性碳、砂子、黏土和木屑等。

（三）覆盖

为降低挥发性的液体化学品在大气中的蒸发速度，可将泡沫覆盖在泄露物表面形成覆盖层，或将冷冻剂散布于整个泄漏物表面固定泄漏物，从而减少了泄漏物的挥发，降低其对大气的危害和防止可燃性泄漏物发生燃烧。

通常泡沫覆盖只适用于陆地泄漏物，并要根据泄漏物的特性选择合适的泡沫，一般要每隔 30~60min 覆盖一次泡沫，以便有效地抑制泄漏物的挥发。另外，泡沫覆盖必须和其他的收容措施如筑堤、挖沟槽等配合使用。

常用的冷冻剂有二氧化碳、液氮和冰，要根据冷冻剂对泄漏物的冷却效果、事故现场的环境因素和冷冻对后续采取的其他处理措施的影响等因素综合选用冷冻剂。

（四）固化

通过加入能与泄漏物发生化学反应的固化剂或稳定剂使泄漏物转化成稳定形式，以便于处理、运输和处置。有的泄漏物变成稳定形式后，由原来的有害变成了无害，可原地堆放，不需进一步处理；有的泄漏物变成稳定形式后仍然有害，必须运至废物处理场所进一步处理或在专用废弃场所掩埋。常用的固化剂有水泥、凝胶、石灰，要根据泄漏物的性质和事故现场的实际情况综合选择。

四、常见类型泄漏介质处置

(一) 气体泄漏介质的处置

1) 合理通风、加速扩散。

2) 用喷雾状水中和、稀释、驱散、溶解。使用喷雾水枪、屏封水枪，设置水幕或蒸气幕，驱散积聚、流动的气体，稀释气体浓度，中和具有酸碱性的气体，防止形成爆炸性混合物。

3) 构筑围堤或挖坑收容处置过程中产生的大量废水。

(二) 液体泄漏介质的处置

1. 小量泄漏的处置

用砂土、活性炭、蛭石或其他惰性材料吸收。如果是可燃性液体也可在保证安全情况下就地焚烧。

2. 大量泄漏的处置

(1) 封闭下水道口　用砂袋、内封式堵漏袋封闭下水道口、排洪沟等狭小空间。

(2) 稀释蒸气　用雾状水稀释和驱散蒸气。

(3) 覆盖　用泡沫覆盖，降低蒸气危害。

(4) 筑堤收容　用砂袋或泥土筑堤拦截，或挖坑导流、蓄积、收容；若是酸碱性物质，还可向沟、坑内投入中和（消毒）剂。

(5) 收集转移　用防爆泵转移至槽车或专用收集器内，回收或运至废物处理场所处置。

(三) 固体泄漏介质的处置

1. 大量泄漏的处置

构筑围堤收容，然后收集、转移、回收或无害化处理后废弃。无法及时回收且需要避光、干燥保存的物质，可用帆布临时覆盖，也可用水泥、沥青、热塑性材料固化后废弃。

2. 小量泄漏的处置

小量泄漏或现场残留的固体介质，可用洁净的铲子将泄漏介质收集到洁净、干燥、有盖的容器中。无法回收或回收价值不大的介质，可以用水泥、沥青、热塑性材料固化后废弃。

(四) 易燃泄漏介质的处置

1. 小量泄漏的处置

避免扬尘，使用无火花工具收集于袋中或洁净、有盖的容器中转移至安全场所，也可在保证安全的情况下就地焚烧。

2. 大量泄漏的处置

构筑围堤或挖坑收容，可用水润湿，或用塑料布、帆布覆盖，减少飞散，然后使用无火花工具收集转移至槽车或专用收集器内，回收或运至废物处理场所处置。

(五) 遇湿易燃泄漏介质的处置

1. 小量泄漏的处置

用无火花工具收集于干燥、洁净、有盖的容器中，转移回收。对于化学性质特别活泼的物质须保存在煤油或液状石蜡中。

2. 大量泄漏的处置

不要直接接触泄漏介质，禁止向泄漏介质直接喷水。可用塑料布、帆布等进行覆盖。在技术人员和专家指导下清除。

（六）爆炸性泄漏介质的处置

1. 小量泄漏的处置

使用无火花工具收集于干燥、洁净、有盖的防爆容器中，转移至安全场所。

2. 大量泄漏的处置

用水润湿，然后收集、转移、回收或运至废物处理场所处置。

（七）腐蚀性泄漏介质的处置

1. 小量泄漏的处置

将地面洒上砂土、干燥石灰、煤灰或苏打灰等，然后用大量水冲洗，洗水稀释后放入废水系统。

2. 大量泄漏的处置

构筑围堤或挖坑收容。视情喷雾状水冷却和稀释。用泵转移至槽车或专用收集器内，回收或运至废物处理场所处置。

第五节 危险化学品泄漏事故现场洗消

危险化学品泄漏事故发生后，泄漏的有毒、有害化学品不仅造成空气、地面、水源的污染，还可能导致周围的构建物、群众、动植物以及救援人员和器材装备的污染。因此，在危险化学品泄漏事故基本得到有效处置后，应对事故现场残余有毒有害化学品开展洗消工作，从而最大限度地降低事故现场的人员伤亡、财产损失和毒物对环境的污染。洗消是危险化学品泄漏事故现场处置中一项必不可少的环节和任务。

一、洗消原则

（一）及时、快速和高效的原则

事故发生后，危险化学品中的有毒有害气体或挥发性液体泄漏后毒性强，扩散范围广，客观上要求在完成现场侦检、人员现场疏散和救治、泄漏物控制和处置等工作的同时，必须及时、快速和高效地对现场侦检和堵漏等人员开展洗消工作，彻底地消除污染他们的危险化学品对其他救援人员的污染及二次中毒的可能性，将灾害事故的危害降到最低限度。

（二）因地制宜，专业性和群众性洗消相结合的原则

目前我国洗消器材装备和技术水平有限，在大型化学事故现场洗消任务重、时间性和技术性要求高的条件下，必须因地制宜地立足于现有的消防器材装备并充分发挥其作用，同时积极借助和发挥当地其他专业力量的作用，并提高群众的自消自护水平，增加人民群众的自我保护意识，才能最大限度地满足现场应急洗消的需要。

二、洗消方法

根据有毒有害化学品的分子结构在洗消过程是否受到破坏与变化，可将洗消方法分为化学洗消法和物理洗消法。

(一) 物理洗消法

物理洗消法就是通过利用物理手段，如通风、稀释、溶洗、吸附、机械转移、掩埋隔离等将毒物的浓度稀释至其最高容许浓度以下，或防止人体接触来减弱或控制毒物的危害，但洗消剂（或其他消毒介质如热空气、高压水）不与毒剂发生化学反应，在洗消过程中毒剂的分子结构没有被破坏。其突出特点是通用性好，洗消时可不用考虑毒剂的化学结构，如吸附法不受温度限制，对于精密装备使用热空气吹扫和有机溶剂冲洗等都是非常有效的方法，但是它只适合于临时性解决现场毒物的危害，清除下来的毒剂可能对地面和环境造成二次危害，需要进行二次消毒。

(二) 化学洗消法

化学洗消法是利用洗消剂与毒剂发生化学反应，改变毒物的分子结构和组成，使毒物转变成无毒或低毒物质，达到降低或消除毒物危害。常用的化学反应有亲核反应（如水解）、亲电子反应（如氧化，氯化）、催化反应（如酶催化、金属离子催化）、光化学或辐射化学降解反应、热分解（如高温分解）或以上反应机制的综合反应等。化学洗消法一般都比较有效、可靠、彻底，但也具有很大的局限性，一种洗消剂往往只对某种或几种毒剂起的作用很大，不能适合大多数毒剂的洗消，而且还应考虑洗消剂的最佳洗消效果和不良作用（如腐蚀）之间的协调；另外，反应受温度影响较大，温度越低，反应速度越慢。

(三) 洗消方法的选择

洗消方法的选择应符合洗消速度快、洗消效果好、洗消费用低及洗消剂不会造成人员伤害等基本要求。

物理洗消法和化学洗消法各有其特点和适用条件的限制，可能是顺次进行的，也可能是同时进行的。要根据化学事故现场毒物的种类、性质、泄漏量以及被污染的对象及范围等因素全面考虑，合理选择，使这些方法的综合运用产生更加显著的效果。

三、洗消剂

洗消剂是开展洗消工作的根本要素。目前，主要有氧化氯化为机制的次氯酸盐（三合二、次氯酸钙）和有机氯胺、以碱性消除或水解为机制的有机超碱体系和苛性碱（氢氧化钠、碳酸钠）、以吸附为机制的吸附粉（如漂白土）和乳状液洗消剂四大类。

(一) 氧化氯化型洗消剂

氧化氯化型洗消剂是指含有"活泼氯"的无机次氯酸盐和有机氯胺，主要有三合二、一氯胺、二氯胺等，适用于低价有毒而高价无毒的化合物的洗消。

1. 三合二

三合二是白色固体粉末，有氯气味，能溶于水，溶液呈浑浊状，并有杂质沉淀，不溶于有机溶剂，主要成分为 $3Ca(OCl)_2 \cdot 2Ca(OH)_2$。其洗消的原理是：三合二溶于水后生成次氯酸，并放出活泼的新生态氧和氯气，新生态氧和氯气能和有毒物发生氧化氯化作用，另外，碱性物质氢氧化钙可使某些毒物发生碱催化水解反应，从而达到洗消的目的。

在化学事故现场洗消时，可用粉状三合二或将其配成水乳浊液，如将其与水调制成 1:1 或 1:2 的水浆，可用于混凝土表面、木质以及粗糙金属表面的洗消；按 1:5 调制的悬浊液，可用于道路、工厂、仓库地面的洗消。使用粉状时要注意避免其与某些有机物体作用猛烈而引起燃烧反应。

2. 一氯胺

一氯胺是白色或淡黄色的固体结晶,稍溶于酒精和水,溶液呈混浊状,主要可用于对低价化学毒物进行洗消。其洗消的原理是:一氯胺在水中能发生缓慢水解生成次氯酸钠和苯磺酰胺,在酸性条件下,次氯酸钠迅速水解,生成的次氯酸和有毒物发生氧化氯化作用,从而达到消毒的目的。值得注意的是在有酸存在时,一氯胺的氧化氯化能力增强,但酸性过强,则会使一氯胺分解过快,反而失去消毒能力。

虽然一氯胺的刺激味及腐蚀性较小,但是价格较贵,适合于小面积污染处的洗消。通常用18%~25%的一氯胺水溶液对染毒人员的皮肤消毒,5%~10%一氯胺酒精溶液对精密器材消毒,0.1%~0.5%的一氯胺水溶液对眼、耳、鼻、口腔等消毒。

(二) 碱性消除型或水解型洗消剂

碱性消除型或水解型洗消剂是指洗消剂本身呈碱性或水解后呈碱性的物质,主要有碱醇胺洗消剂、氢氧化钠、碳酸钠(或碳酸氢钠),适用于酸性化合物的洗消。

1. 碱醇胺洗消剂

碱醇胺洗消剂是将苛性碱(氢氧化钠或氢氧化钾)溶解于醇中,再加脂肪胺配制成多组分的溶液,该溶液呈碱性,琥珀色,略带氨味。具有代表性的是美国在20世纪60年代装备的DS2洗消剂,随后被许多国家采用,但是,由于对环境有污染,本身有一定的毒性,所以逐渐被其他洗消剂所取代。

2. 氢氧化钠

氢氧化钠又称苛性钠或烧碱,是白包固体,吸水性很强,易潮解,吸收空气中二氧化碳变成了碳酸钠,腐蚀性强;易溶于水和乙醇,溶解时放热,溶液呈碱性。其洗消的原理是:与化学物质发生中和反应生成盐和水,从而达到洗消的目的。

通常采用5%~10%的氢氧化钠水溶液对硫酸、盐酸、硝酸中和洗消。需要注意的是中和反应后,还要用大量的水冲洗,以免碱性的洗消剂过量引起新的伤害。

3. 碳酸钠或碳酸氢钠

碳酸钠俗称苏打或纯碱,碳酸氢钠俗称小苏打,它们都溶于水,不溶于有机溶剂,腐蚀性小,它们的水溶液都可用于对皮肤、服装上染有的各种酸进行中和。

一般采用2%的碳酸钠水溶液可对染有沙林类的服装、装具进行洗消;2%的碳酸氢钠水溶液可对口、眼、鼻等部位进行洗消。

(三) 吸附型洗消剂

吸附型洗消剂是利用其较强的吸附能力来吸附化学毒物,从而达到洗消的目的的,常用的有活性碳、活性白土等。这些吸附型洗消剂虽然使用简单、操作方便、吸附剂本身无刺激性和腐蚀性,但是消毒效率较低,还存在吸附的毒剂在解吸时二次染毒的问题。

为了提高吸附型洗消剂的反应性能,美国、德国进行了大量研究,主要是将一些反应活性成分(如次氯酸钙)或催化剂,通过高科技手段均匀混入吸附型洗消剂中,所吸附的毒剂会被活性成分消毒降解,在一定程度上解决了由于毒剂解吸时的二次染毒问题。

(四) 乳状液洗消剂

上述洗消剂在洗消效果上基本能满足应急洗消的要求,但在性能上仍存在对洗消装备腐蚀性强、污染大等问题。为解决这些问题,科研人员利用新材料、新技术和新工艺,不断开发研究新的洗消剂,乳状液洗消剂就是其中的一种。

乳状液洗消剂就是将洗消活性成分制成乳液、微乳液或微乳胶，不仅降低了次氯酸盐类洗消剂的腐蚀性，而且乳状液洗消剂的黏度较单纯的水溶液大，可在洗消表面上滞留较长时间，从而减少了消毒剂用量，大大提高了洗消效率。主要使用的是德国以次氯酸钙为活性成分的 C8 乳液消毒剂以及意大利以有机氯胺为活性成分的 BX24 消毒剂。

四、洗消技术及洗消器材

在化学事故现场对染毒对象实施洗消时，一般采用大量的、清洁的水或加温后的热水，如果化学毒物的毒性大，应根据毒物的性质选择相应的洗消剂，通过洗消装备并采用相应的洗消技术实施洗消。

（一）洗消技术

洗消技术的发展经历了三个阶段，即常温常压喷洒洗消阶段，高温、高压、射流洗消阶段和非水洗消阶段。洗消技术的发展，也推动了洗消器材和装备的开发和研究。

1. 常温常压喷洒洗消阶段

20 世纪 40 年代以来，传统的洗消技术是以水基、常温常压喷洒技术为主。常温是指洗消装备中除人员、洗消车外无加热元件，洗消液接近自然界水温度；常压是指工作压力较低，一般为 $0.2 \sim 0.3$ MPa；喷洒是指洗消装备的冲洗力量小，洗消液流量大。这种技术的缺点是效率较低，洗消液用量大，而且低温会导致洗消液严重冻结，影响了装备效能的发挥。

2. 高温、高压、射流洗消阶段

20 世纪 80 年代，高温、高压、射流技术在洗消领域得到广泛应用。高温是指水温为 80℃、蒸汽温度为 $140 \sim 200$℃、燃气温度在 500℃ 以上；高压是指工作压力为 $6 \sim 7$MPa、燃气流速可高达 400m/s；射流包括液体、气体射流和光射流。德国、意大利率先将高温、高压、射流技术应用于水基洗消装备，由于高温、高压、射流技术利用高温和高压形成的射流洗消，产生物理和化学双重洗消效能，因此具有洗消效率高、省时、省力、省洗消剂甚至不用洗消剂等特点，是洗消技术的发展趋势。

3. 非水洗消阶段

随着科学技术的发展，各类洗消装备中应用的电子、光学精密仪器、敏感材料将逐渐增多，它们一般受温湿度影响较大，不耐腐蚀，在受污染的情况下，不能用水基和具有腐蚀性的洗消剂，只能采用热空气、有机溶剂和吸附剂洗消法进行洗消。因此，开发新型免水洗消方法、研制免水洗消装备是新时期的研究课题。

（二）洗消装备

洗消装备是实施机动洗消的主要装备，常用的主要有防化洗消车、喷洒车、消防车、燃气射流车等。实施洗消时，可直接将粉状洗消剂或洗消剂溶液加入干粉消防车或洒水车中，对污染的人员、污染区域、染毒的地面等进行洗消。

防化洗消车的工作程序一般为展开、投入使用和结束洗消。

展开包括选择停车展开地点、架设洗消流水线。洗消车驶抵事故现场后，必须依据当时的气候状况，根据地形、地势，选择合理的停车位置，该位置应位于危险区域与安全区域连接地带之间；架设洗消流水线包括打开车体卷帘门、启动车载发电机组、设置警戒标志划分洗消区域、铺设供电、供水管线、操作液压折叠升降平台将车载设备移至地面、设置洗消帐篷、连接供水泵、均混器、洗消水加热器、污水回收泵、铺设水带、向帐篷充气等。

投入使用包括广播洗消注意事项,开启洗消流水线向喷淋间供水,对受污染的人员进行洗消前的检测,组织人员更衣、喷淋、检测、更衣;伤员洗消完毕后,更换病号服,转送医院。

在洗消工作完成以后,关闭洗消流水线,收集、整理清洁水流管道及不受污染的设备,擦拭干净装车;对污水的管线、设备以及洗消帐篷进行集中洗消,检测合格擦拭干净装车;洗消污水转送化工厂处理;所有设备装车完毕以后,对防化洗消车辆进行洗消,撤离现场。

五、常见危险化学品的洗消

(一) 氯气的洗消

氯气泄漏是化工厂中常易发生的事故,在大量氯气泄漏后,除用通风法驱散现场染毒空气使其浓度降低外,对于较高浓度的泄漏氯气云团,可采取喷雾水直接喷射,因为氯气能部分溶于水,并与水作用能发生自氧化还原反应而减弱其毒害性,反应如下:

$$Cl_2 + H_2O \rightleftharpoons HCl + HClO$$

$$HCl \longrightarrow H^+ + Cl^-$$

$$HClO \rightleftharpoons H^+ + ClO^-$$

因此,喷雾的水中存在氯气、次氯酸、次氯酸根、氢离子和氯离子。次氯酸和稀盐酸因浓度不高,可视为无害。但是,氯在水中的自氧化还原反应是可逆的,即水中存在的次氯酸和稀盐酸会阻止氯气的进一步反应,甚至当溶液的酸性增高到一定程度时,还会导致从溶液中产生氯气。由此可见,用喷雾水洗消泄漏的氯气必须大量用水。

为了增强用水洗消的效果,可以采取一定的方法把喷雾水中的酸度减低,以促使氯气的进一步溶解。常用的方法是在喷雾水中加入少量的氨(溶液 pH > 9.5),即用稀氨水洗消氯气,效果比较好,但是在消毒时,洗消人员应戴防毒面具和着防护服。

稀氨水既能与盐酸、次氯酸反应,又能直接与氯气反应。这些反应如下:

$$2NH_4OH + 2Cl_2 \longrightarrow 2NH_4Cl + 2HClO$$

$$2HClO + 2NH_4OH \longrightarrow 2NH_4Cl + 2H_2O + O_2\uparrow$$

总反应式:

$$4NH_4OH + 2Cl_2 \rightleftharpoons 4NH_4Cl + 2H_2O + O_2\uparrow$$

因此,用含少量氨的水去对氯气消毒要比单用水为好。通过上述反应,氯气可完全溶于氨水中,并转化为氯化铵、水和氧气。

(二) 氰化物的洗消

氰化物包括氰化氢、氢氰酸、氰化钠、氰化钾、氰化锌及氰化铜等。氰化物的洗消可分为两部分,一是对气态的氰化氢(或易挥发液体氢氰酸)的吸收消除,二是对水中的氢氰根的消毒。

1. 气态氰化氢的洗消

气态氰化氢毒性很大,人员通过呼吸道吸入少量就易迅速死亡,溶于水后形成氢氰酸,可利用酸碱中和原理和络合反应进行消毒。

酸碱中和法是利用氰化氢的弱酸性,用中等以上强度的碱进行中和生成盐类及其水溶液,经收集再进一步处理。洗消剂可用石灰水、烧碱水溶液、氨水等。反应如下:

$$2HCN + Ca(OH)_2 \longrightarrow Ca(CN)_2 + 2H_2O$$

络合吸收法是利用氰根离子易与银和铜金属络合，生成银氰络合物和铜氰络合物，这些络合物是无毒的产物。例如：防氰化氢染毒空气的防毒面具就是利用这种原理，在过滤罐内装填有氰化银、氰化铜的活性炭，其中活性炭是载体，对氰化氢不能吸收，但其表面附着的氰化银或氰化铜很容易与氰化氢迅速进行络合反应，生成无毒的银氰络离子、铜氰络离子而使染毒空气起到滤毒作用。

$$Cu^+ + CN^- \longrightarrow CuCN$$

$$CuCN + CN^- \longrightarrow [Cu(CN)_2]^-$$

2. 水中氰根离子的洗消

水中的氰根离子可采用碱性氯化法洗消。即先将含有氰根的水溶液调至碱性，再加入三合二消毒剂或通入氯气，利用生成的次氯酸与氰根发生氧化分解反应，而生成无毒或低毒的产物。

三合二的水溶液或氯气溶解在水中都会产生次氯酸：

$$Cl_2 + H_2O \rightleftharpoons HClO + H^+ + Cl^-$$

再用碱液将溶液调至 pH≥10。在 pH≥10 碱性溶液中，次氯酸能与氰根发生如下反应：

$$CN^- + HClO \longrightarrow HOCN + Cl^-$$

其中生成的氰酸，可以通过把溶液 pH 值再调至 7.5~8.0，会进一步分解变成 CO_2 和 N_2，反应如下：

$$2OCN^- + 3OCl^- + H_2O \xrightarrow{pH = 7.5~8.0} 2CO_2 + N_2 + 3Cl^- + 2OH^-$$

因此，通过上述处理，可以对液体中的氰化物进行消毒。但是在消毒时，洗消人员应戴防毒面具和着防护服。

（三）光气的洗消

光气微溶于水，并逐步发生水解，但水解缓慢。根据光气的这种性质，可选用水、碱水作为洗消剂。其中，氨气或氨水能与光气发生迅速的反应，生成物主要为无毒的脲和氯化铵，反应如下：

$$4NH_3 + COCl_2 \longrightarrow CO(NH_2)_2 + 2NH_4Cl$$

因此，可用浓氨水喷成雾状对光气等酰卤化合物消毒，但是在消毒时，洗消人员要着防护服，为了防护氨的刺激可佩戴防毒面具或空气呼吸器，若现场条件不允许，也可佩戴碱水口罩甚至清水口罩、毛巾等。

自学指导

学习重点：现场安全防护技术与方法，危险化学品泄漏事故的现场控制技术和泄漏物的现场处置技术。

学习难点：便携式检测仪侦检法，现场安全防护标准的确定。

复习思考题

一、填空题

1. 危险化学品泄漏事故现场侦检的方法有（　　　　）法、动植物检测法、便携式检测仪侦检法和（　　　　）法四种。

2. 危险化学品泄漏事故现场侦检的主要内容包括有毒物质的（　　　　）、（　　　　）及其分布。

3. 强压注胶法的原理是先在泄漏部位建造一个封闭的空腔，然后把耐高温又具有受压变形的（　　　　）注入泄漏部位并充满，从而在泄漏部位形成密封层，当注胶压力远大于泄漏介质压力时，泄漏被止住，密封剂在短时间内迅速（　　　　　　），形成一个坚硬的密封结构，将漏口堵住。

4. 如果采用堵漏方法不能制止储罐、容器或装置泄漏时，可采取疏导的方法将泄漏装置内部的液体倒入其他容器或储罐中，以控制泄漏量和配合其他处置措施的实施。常用的倒罐方法有（　　　　）、（　　　　　）、压缩气体倒罐和压差倒罐四种方法。

5. 氧化氯化型洗消剂是指含有"活泼氯"的（　　　　　）和有机氯胺，常用的有三合二、（　　　　　）、二氯胺等。

二、单项选择题

1. 属于危险化学品泄漏控制技术的是（　　　）。
A. 覆盖　B. 筑堤　C. 倒罐　D. 收集

2. 正压式空气呼吸器的使用时间与（　　　）无关。
A. 气瓶容积　B. 气瓶工作压力　C. 空气质量　D. 人体耗气速度

3. 下列类型洗消剂的洗消机理属于物理洗消法的是（　　　）。
A. 氯化型洗消剂　B. 吸附型洗消剂　C. 乳状液洗消剂　D. 水解型洗消剂

三、简答题

1. 危险化学品泄漏事故现场侦检的作用和目的是什么？
2. 过滤式呼吸器的原理和使用注意事项分别是什么？
3. 简述常用的皮肤防护器材的类型。
4. 在危险化学品泄漏事故现场，控制危险化学品泄漏的技术有哪几种？对泄漏的危险化学品的处置技术有哪几种？
5. 为什么用氨水洗消氯气效果比水好？

四、论述题

1. 如何对危险化学品实施现场浓度及其分布的侦检？
2. 如何对泄漏事故现场的氰化物进行洗消？

附录　部分复习思考题参考答案

第一章　绪　　论

一、名词解释

1. 执勤战斗——公安消防部队为完成火灾扑救、应急救援任务以及重大活动现场消防勤务而实施的准备与行动。

2. 灭火战术——指导灭火战斗的原则与方法。

3. 应急救援——应对社会上发生的紧急情况（不含火灾）所进行的施救援助行动。

二、简答题

1. 灭火战术是指导灭火战斗的原则与方法。应从以下三个方面理解：灭火战术是一门独立的学科，灭火战术是对各种技术的综合应用，灭火战术是灭火战斗三要素之一。

2. 从以下两个方面理解二者关系：灭火技术决定战术，战术反过来促进技术的进步与发展。

3. 灭火战术研究内容按照知识体系分为基础理论和应用战术两部分。基础理论部分主要研究灭火救援行动一般原则和方法，具有普遍性；应用战术部分主要针对某种对象或者某类事故研究其作战原则与方法，具有一定的特殊性。

4. 研究灭火战术的方法通常称为四步教学法，即基础理论学习、战例研究、想定作业和战术演习。

第二章　灭火战斗行动

一、填空题

1. 集中接警　分散接警
2. 接警出动　火情侦察　战斗展开　战斗进行　战斗结束
3. 准备展开　预先展开　全面展开
4. 直接供水　接力供水　运水供水

二、简答题

1. 火情侦察的方法：
1) 外部观察。
2) 询问知情人。
3) 利用消防控制中心侦察监控。
4) 深入内部侦察。
5) 仪器探测。

2. 火场破拆的目的：
1) 迅速查明火情。
2) 救人和疏散物资。

3）充分发挥灭火剂的效能。
4）阻截火势蔓延。
5）消除建（构）筑物倒塌的危险。
6）排除有毒气体和烟雾。
7）改变火势蔓延和烟雾流动方向。
3．排烟的目的：
1）简化救生工作。
2）有利灭火行动。
3）降低财产损失。
排烟方法：
1）自然排烟。
2）人工排烟。
3）机械排烟。
4．遇有下述情形时，必须实施火场警戒。
1）毒气、可燃气体扩散。
2）有爆炸、倒塌危险。
3）疏散大量人员或组织大量人员疏散物资。
4）有大量人员和车辆参加灭火战斗。
5）有大量围观人员。
6）不能控制火势以及燃烧面积较大。
7）指挥部认为有必要实行火场警戒。

第三章　灭火战斗原则

一、填空题
1．调集　使用
2．移动灭火装备　固定灭火系统
二、简答题
1．灭火战斗原则的实践性包括两个方面的含义：一是指灭火战斗原则的来源于灭火战斗实践，并用于指导灭火战斗实践；二是灭火战斗原则只有在灭火战斗实践中，才能得以检验和发展。
2．灭火战斗原则的系统性是灭火战斗原则知识体系内的各条原则，既相对独立，有特定的含义，从不同侧面反映灭火战斗的规律，又不是孤立的，相互之间有着内在的、不可分割的联系，以其整体内涵从较高层次上反映灭火战斗规律，形成指导灭火战斗的系统理论。
三、论述题
1．准确迅速就是以最快的速度，在最短的时间内采取战术行动，实现灭火救援的目的。灭火行动要求准确和安全无误，只有"准确"才能保证灭火战斗顺利正确地进行。
"迅速"就是以消防部队的快速作战行动去对付火灾的快速发展蔓延，以期达到在短时间内控制或消灭火灾。
准确与迅速是互相依赖的。准确是迅速的前提，迅速是准确的基本要求。

每一个战斗行动要求快，还要求稳妥，不出差错。注意安全，避免事故发生，才能保证快与准，达到高效率。

2. "先控制，后消灭"是对发展的火势实施有效控制，防止蔓延扩大，为迅速消灭火灾创造有利条件；在控制火势的同时，集中兵力向火源展开全面进攻，逐一或全面彻底消灭火灾。

建筑火灾的控制火势是以控制建筑内的高温烟气流动为主，控制其流动的方向、降低其温度，以达到控制火势蔓延的目的。这就要求在具体实施时要选择好恰当的阵地与喷射的水流，从而提高控制的效率。

第四章 灭火救援指挥

一、填空题

1. 指挥者　指挥员　指挥机关
2. 逐级指挥　越级指挥
3. 属地指挥　直接指挥或授权指挥
4. 掌握现场情况

二、简答题

1. 集中指挥与分散指挥是对立统一的关系，它们在指挥权的集中和分散的程度上具有不同的要求。集中指挥强调现场指挥权的相对集中，而分散指挥则要求现场指挥权相对地赋予下级指挥员，两者在相应的指挥条件下都有各自独特的地位和作用。

2. 灭火救援指挥一般按照下列程序进行：迅速调集作战力量、启动指挥决策系统、侦察掌握现场情况、制定作战方案、部署作战任务、指挥战斗行动、落实战勤保障。

3. 灭火救援指挥规律具有客观性，主要体现在它是指挥活动本身所固有的规律，即指挥规律的客观性，是灭火救援指挥活动的本质反映，也是指挥规律能够成为科学规律的基本依据。灭火救援指挥规律具有可知性，可以认识、发现、研究和遵循它们。灭火救援指挥规律具有必然性，只要有灭火救援指挥活动出现，指挥规律就不可避免地发生作用，指挥活动必须遵循指挥规律。

4. 实用性，确立灭火救援指挥原则的目的在于将其运用于指挥实践；独立性，反映了灭火救援指挥原则不同于其他军事原则的特殊本质和内涵；继承性，是指灭火救援指挥原则是一个历史范畴，即它是人们在长期的灭火救援指挥实践中总结和提炼出来的科学法则，因此需要不断地加以继承和发展。

三、论述题

1. 指挥者、指挥信息、指挥手段、指挥对象也不是孤立存在的，它们之间相互联系、相互作用，共同构成灭火救援指挥活动的有机整体。

指挥者与指挥对象之间是主观见之于客观、指令与执行、作用与反作用的关系。

指挥信息与指挥手段的关系，是信息和信道的关系。

指挥者与指挥信息、指挥手段的关系，反映了灭火救援指挥目的与条件的关系。

指挥信息、指挥手段与指挥对象的关系，反映了条件与结果的关系。

指挥者、指挥信息、指挥手段和指挥对象，它们之间相互依存、相互制约。高效益、高质量的灭火救援指挥同样是指挥者、指挥信息、指挥手段、指挥对象四个基本要素形成的统一整体共同作用的结果。

2. 在灭火救援过程中指挥者应遵循"知彼知己"的指挥原则。

"知彼知己"是灭火救援指挥的首要原则，它是灭火作战对灭火救援指挥的根本要求。

"知彼知己"强调的是要充分掌握灾害和灭火救援所使用的力量等方面的情况。

"知彼"是指发生灾害的建筑、设施、装置以及灾害发生的场所等情况。

"知己"是指能够参加灭火救援的各种救援力量，包括消防部队、专业抢险队伍、医疗卫生机构等。

"知彼知己"，要知全、知深、知真、知得及时。

作为灭火救援指挥者，平时就必须加强对火灾对象的研究。掌握本单位人员结构、素质状况；掌握消防装备的技战术性能指标；掌握消防装备的战斗编成与战斗力估算；掌握新技术、新装备的灭火战斗力。

第五章　执勤战斗预案

一、填空题

1. 火灾扑救　应急救援
2. 文档学习法　考核熟悉法
3. 消防安全重点单位　灭火救援作战

二、简答题

1. 执勤战斗预案的范围主要包括：消防安全重点单位、在建重点工程、各类重大灾害事故、重要保卫勤务、跨区域救援行动以及其他需要制定预案的单位或场所。

2. 执勤战斗预案的类型有：跨区域灭火与应急救援预案、灭火战斗和应急救援类型预案、重点单位灭火作战预案和重大活动现场消防勤务预案。

3. 执勤战斗预案制定方法有：分类制定和分级制定预案。分类制定预案是指将可能发生的灾害事故按其性质和类别制作预案；分级制定预案是指根据发生灾害事故规模与程度，按照灾害事故划分的不同等级制定的灭火救援预案。

4. 重点单位的基本情况、可供调度使用的灭火救援力量、火情预想和灭火作战部署等。

第六章　建筑火灾扑救

一、简答题

1. 建筑火灾发展蔓延形式主要有：火焰接触、延烧、导热、热辐射和热对流。
2. 影响火灾发展蔓延的因素有：火灾温度、可燃物荷载、燃烧速度、建筑物的空间布局。
3. 主要原因：高温作用、爆炸作用、附加荷载、冷热骤变、外力冲击等。
4. 火灾发展过程特征明显、易形成立体火灾、人员疏散困难、灭火作战难度大。
5. 易形成大面积火灾、易形成立体火灾、易造成人员伤亡、灭火作战难度大。

二、论述题

1. 从以下方面论述：利用固定消防设施供水、利用移动装备与固定设施相结合供水、垂直铺设水带供水、举高车供水等。

2. 从以下方面论述：灌注法含义和使用条件、高倍数泡沫灌注、低倍数泡沫与高倍数泡沫联用灌注、采用惰性气体或高压蒸汽灌注。

3. 从以下方面论述：窒息法含义和使用条件、封闭方法、定期检测和启封措施等。

4. 从以下方面论述：迅速组织火情侦察、积极营救遇险人员、全力控制火势发展、及时进行火场排烟、及时疏散和保护物资。

5. 从以下方面论述：脚手架火灾扑救措施、主体结构火灾灭火措施。

第七章　石油库罐区火灾扑救

一、填空题

1. 直流水枪射水　开花（喷雾）水枪洒水　泡沫覆盖　启动油罐固定喷淋装置洒水
2. 集中兵力一次歼灭　集中兵力逐次歼灭
3. 6　4. 距罐 $2D$　5. 23.15min

二、单项选择题

1. A　2. B　3. C

三、简答题

1. 消防车停放距离在保证喷射器具流量压力的前提下，必须停在设备的安全距离范围内（距罐 $2D$ 处），确保险情发生时不受伤害。因此为合理停车，为确保安全，应做到：消防车尽量停在上风或侧风方向，与燃烧罐保持一定的安全距离；扑救重质油罐火灾时，消防车头应背向油罐，一旦出现危及生命的状况，可及时撤离；消防车应停在地势较高处，且避免停放在工艺管线、高压线、地沟（暗沟）之上。

2. 因为：

1）汽油等轻质油品燃烧时，从燃烧液面到下层油品虽然也传热，但不会形成100℃以上的高温层，只会形成温热层。

2）温热层不会随着燃烧时间的延长而增厚。因为轻质油品燃烧时产生的热能主要用于加热油表面温度至沸点，其余热能则消耗于油品吸热蒸发上了。

3）汽油等轻质油品本身不含水分。

3. 油罐火灾发生沸溢喷溅时的形式主要有沸腾溢流、发泡溢流、突沸喷溅。

征兆：根据燃烧油罐外部变化特征，可判断即将出现的沸溢喷溅。重质油罐沸溢喷溅前，会有如下征兆：发出巨大的声响；火焰明显增高，火光显著增亮，呈鲜红色或略带黄色；烟雾由浓变淡、变稀；罐壁或其上部发生颤动；罐内出现零星噼啪声或啪啪作响。

4. 油罐火灾的作战原则：

1）控制火势消灭火灾：先外围，后中间；先上风，后下风；先地面，后油罐。

2）集中兵力打歼灭战：集中兵力一次歼灭、集中兵力逐次歼灭。

3）以固定为主，主动进攻：以固为主，固移结合；主动进攻，积极防御。

四、论述题

1. 在"先控制，后消灭"的战术原则指导下，依据火场实际情况控制火势消灭火灾，应按照先外围、后中间，先上风、后下风，先地面、后油罐的要领实施灭火作战。

（1）先外围，后中间　针对情况比较复杂的火场，若油罐火灾引燃周围的建筑物或其他构筑物，应首先消灭油罐外围的火灾，然后从外围向中间逐步推进，包围油罐，最后油罐火焰。灭火战斗的实践表明，只有控制住外围火灾，消灭外围火灾，才能有效地控制住火势的蔓延扩大，才能创造消灭油罐火灾的有利条件，实现整个灭火战斗胜利的最终目的。但在灭火力量比较雄厚，能够满足火场需要时，可以分头展开战斗。

（2）先上风，后下风　火场上出现油罐群同时发生燃烧，或形成大面积的地面油火时，灭火行动应首先从上风方向开始扑救，并逐步向下风方向推进，最后将火灾歼灭。一方面，在上风方向可以避开浓烟，减少火焰对人的烘烤，视线清楚，有利于观察火情，接近火源，便于充分发挥各种灭火剂的效能，同时也可大大缩短灭火战斗的时间，加快灭火进程。同时还可以降低油品复燃的概率。

（3）先地面，后油罐　火场上由于油罐的爆炸、沸溢、喷溅或罐壁的变形塌陷，使大量燃烧着的油品从罐内流出，造成大面积的流淌火，并与燃烧着的油罐连为一体形成地面罐上的立体式燃烧。在此情况下，只有先歼灭地面上的流淌火，才能有条件接近着火油罐，组织实施油罐火灾的进攻。此外，地面火对相邻储罐和建筑会构成严重的威胁。因此，对于地面出现了大量流淌火的油罐火灾，应采取先地面、后油罐的方法，逐次地组织灭火。

2. 立体式燃烧是指由于油品沸溢、喷溅、溢流或其他原因而形成的罐内、罐外、地面的同时燃烧。立体式火灾的特点主要表现为：油罐敞开燃烧，大面积地面流淌火包围油罐，油罐受到直接烘烤，同时又有本身的辐射的影响。所以立体式火灾的主要方面为地面流淌火与着火罐火灾。

扑救这类火灾时，其力量部署应首先消灭地面流淌火，并且加强着火油罐的冷却。如果附近有相邻的固定顶立式罐，也要加强冷却。对于油罐破裂后油品外溢，残存的油罐及其防火堤内均出现油品燃烧，油罐周围全是燃烧的油火，灭火人员难以接近油罐灭火。这时，即使固定泡沫灭火设备未被破坏，也不能使用，因为着火油罐中火焰即便能扑灭，也由于罐外仍有流淌火，罐内被扑灭的油火又会很快复燃。扑救这类火灾，如有可能应先冷却着火油罐，避免油罐在火焰中进一步破裂和损坏，使更多的油品流出罐外；如果油罐破坏十分严重，比如只剩一底座或底部破裂，可不必冷却，而应集中力量先扑救防火堤内的油火，然后再扑救油罐火灾，或者同时扑救。扑救防火堤内的油火时，要集中足够的泡沫枪或泡沫炮，形成包围态势，从防火堤边沿开始喷射泡沫，使泡沫逐渐向中心流动，覆盖整个燃烧液面，然后迅速向罐内火灾发起进攻，扑灭罐内火灾。

在扑救过程中，应注意油品流淌状况，防止其流出堤外，火灾扩大。必要时应及时加高加固防火堤，提高防火堤的阻油效能。对大面积地面流淌性火灾，采取围堵防流、分片消灭的灭火方法。

第八章　危险化学品泄漏事故处置

一、填空题

1. 感官检测　化学检测　　2. 种类　浓度　　3. 密封剂　固化
4. 压缩机倒罐　烃泵倒罐　　5. 无机次氯酸盐　一氯胺

二、单项选择题

1. C　2. C　3. B

三、简答题

1. 通过危险化学品泄漏事故现场侦检可以及时准确地查明事故现场的情况，掌握危险化学物质的种类、浓度及其分布，是有效处置危险化学品泄漏事故的前提条件。

2. 过滤式呼吸器的原理和使用注意事项分别是：

（1）原理　过滤式呼吸器的滤毒罐内装有浸渍催化剂的颗粒活性炭，染毒空气通过过滤器时，罐内的吸附剂与毒气发生化学反应，产生物理和化学的吸附力，将毒气吸附在吸附剂上，使染毒空气净化，为人体提供干净空气。

（2）使用注意事项

1）环境空气中的氧浓度低于18%时不能使用。

2）使用时要选用针对性的滤毒罐，保证良好的过滤效果。

3）正常使用的滤毒罐，其具有的防护作用的时间是一定的，当发现吸入的过滤空气有异味或呼吸有阻力时，应立即更换滤毒罐。

3. 皮肤防护器材主要包括防化服、防火服、防火防化服以及与之配套使用的手、脚部防护器材等。其中，防化服包括简易防化服、封闭式防化服、内置式重型防化服等。手、脚部防护用品包括防化手套和防化靴、防火隔热手套、隔热胶靴等。

4. 控制危险化学品泄漏有关阀断料、堵漏封口、倒罐、转移、点燃等技术。泄漏的危险化学品的处置技术包括筑堤、收集、覆盖、固化等。

5. 氨水既能与盐酸、次氯酸进行化学反应，又能直接与氯气进行反应，因而用含少量氨的水去对氯气消毒要比单用水好。通过化学反应氯气可完全溶于氨水中，并转化为氯化铵、水和氧气。

四、论述题

1. 为了准确和迅速地测出现场危险化学品的浓度及其分布，侦检小组人员在做好个人安全防护工作的前提下，应掌握以下几点内容：

1）正确选择采样和检测点。

2）实施方法：各侦检小组至少应由3人组成，其中2人负责检测浓度，1人随后记录和设置标志。当危险化学品浓度超过最高容许浓度（或预定吸入反应区边界浓度）时，开始放置标志，由这些标志物构成的一线，即为吸入反应区边界。然后，继续推进，边前进边侦检，直至测得轻度区边界浓度时，再设置标志，为轻度危险区边界。依此类推，直至标出重度危险区边界。用来划分和标出危险区域边界的标志物，应具有醒目、易于放置、便于携带等特点。

3）实时进行连续的跟踪监测：由于现场测得的是化学危险源的瞬间浓度，随着气体或挥发性液体的扩散和大气气象条件的变化，化学品的浓度不断变化，因此在测得各危险区边界后应派1~2名侦检人员，监视危险区边界变化，随时根据变化情况重新设置标志，增大或减小现场的危险区域范围，并及时向上级报告。

2. 氰化物的洗消可分为两部分，一是对气态的氰化氢（或易挥发液体氢氰酸）的吸收消除，二是对水中的氢氰根的消毒。

（1）气态氰化氢的洗消　气态氰化氢可利用酸碱中和原理和络合反应进行消毒。酸碱中和法是利用氰化氢的弱酸性，用中等以上强度的碱进行中和生成的盐类及其水溶液，经收集再进一步处理。洗消剂可用石灰水、烧碱水溶液、氨水等。络合吸收法是利用氰根离子易与银和铜金属络合，生成银氰络合物和铜氰络合物，这些络合物是无毒的产物。

（2）水中氰根离子的洗消　水中的氰根离子可采用碱性氯化法进行洗消。即先将含有氰根的水溶液调至碱性，再加入三合二消毒剂或通入氯气，利用生成的次氯酸与氰根发生氧化分解反应，而生成无毒或低毒的产物。

注意在对泄漏事故现场的氰化物进行洗消时，洗消人员应戴防毒面具和着防护服。

参考文献

[1] 王仕国. 消防应急救援概论 [M]. 济南: 山东大学出版社, 2010.
[2] 李建华. 灭火战术 [M]. 北京: 群众出版社, 2004.
[3] 商靠定. 灭火救援战术训练教程 [M]. 北京: 中国人民公安大学出版社, 2008.
[4] 商靠定. 灭火救援典型战例研究 [M]. 北京: 中国人民公安大学出版社, 2012.
[5] 中华人民共和国公安部消防局. 中国消防手册 [M]. 上海: 上海科学技术出版社, 2007.
[6] 董绍棠. 倒罐技术在液化石油气泄漏事故中的应用 [J]. 消防科学与技术, 2004, 23 (3): 279-281.
[7] 王自奇, 赵金垣. 化学事故与应急救援 [M]. 北京: 化学工业出版社, 1997.
[8] 岳茂兴. 灾害事故现场救援 [M]. 北京: 化学工业出版社, 2006.
[9] 周志军. 灭火员消防抢险救援员工作要求 [M]. 北京: 群众出版社, 2006: 238.
[10] 张益民. 交通事故消防应急救援 [M]. 成都: 四川人民出版社, 2008.
[11] 喻德友, 等. 对我军作战指挥理论研究的几点思考 [J]. 重庆通信学院学报, 1999. 18 (4): 6-8.
[12] 王光宙. 作战指挥学 [M]. 北京: 解放军出版社, 1994.
[13] 江苏省消防总队. 公安消防部队重大危险源调查评估培训教程 [Z]. 南京: 江苏省消防总队, 2006.
[14] 郭铁男. 中国消防手册（火灾扑救）[M]. 上海: 上海科技出版社, 2006.
[15] 李树. 灭火应用战术 [M]. 北京: 警官教育出版社, 1998.
[16] 公安部消防局. 中国消防年鉴2008 [M]. 北京: 中国人事出版社, 2008.
[17] 王晖. 论作战协同指挥 [M]. 北京: 国防大学出版社, 2005.
[18] 程启月. 作战指挥决策运筹分析 [M]. 北京: 军事科学出版社, 2006.
[19] 冷俐, 等. 百起特大火灾战例统计分析及对策研究 [J]. 消防科学与技术, 2007. 26 (4): 439-442.
[20] 吴宗之, 刘茂. 应急救援概论: 应急救援系统及计划 [M]. 北京: 化学工业出版社, 2003.
[21] 苗国典, 魏捍东. 地震灾害应急救援队行动准则初探 [J]. 武警学院学报, 2008 (8): 12-16.
[22] 陈家强. 在应急救援力量体系建设中充分发挥公安消防部队的突击队作用 [J]. 消防科学与技术, 2005 (11): 614-618.
[23] 周泉兴. 我军院校初级指挥军官培养模式研究 [D]. 上海: 华东师范大学, 2005: 158-159.
[24] 张京, 范茂魁. 由四川汶川地震看科学施救 [J]. 武警学院学报, 2008 (8): 25-28.
[25] 甘应爱, 田丰. 运筹学 [M]. 北京: 清华大学出版社, 2005.
[26] 伍和员. 消防战训工作的改革与发展 [M]. 南京: 东南大学出版社, 2008.
[27] 公安部消防局. 消防灭火救援 [M]. 北京: 中国人民公安大学出版社, 2003.
[28] 史越东. 指挥决策学 [M]. 北京: 解放军出版社, 2005.
[29] 韩志明. 作战决策行为研究 [M]. 北京: 国防大学出版社, 2005.

后 记

经全国高等教育自学考试指导委员会同意，由全国高等教育自学考试指导委员会电子电工与信息类专业委员会负责消防工程专业教材的审定工作。

本教材由中国人民武装警察部队学院商靠定教授任主编。第一章、第六章由商靠定教授编写；第二章由王铁副教授编写；第三章、第四章由贾定夺副教授编写；第五章由任少云副教授编写；第七章由汤华清讲师编写；第八章由夏登友副教授编写。全书由商靠定教授统稿。

全国高等教育自学考试指导委员会电子电工与信息类专业委员会组织了本教材的审稿工作。中国人民武装警察部队学院岳庚吉教授担任主审，天津消防总队张国高级工程师、武警学院姜连瑞高级工程师参加审稿，并提出修改意见，谨向他们表示诚挚的谢意。

全国高等教育自学考试指导委员会电子电工与信息类专业委员会最后审定通过了本教材。

全国高等教育自学考试指导委员会
电子电工与信息类专业委员会
2014 年 1 月